Sous la direction de
Jean Radvanyi

Observatoire des États postsoviétiques
INALCO

LES ÉTATS POSTSOVIÉTIQUES

Identités en construction, transformations politiques, trajectoires économiques

Deuxième édition
entièrement mise à jour

ARMAND COLIN

Remerciements
Les auteurs remercient le CEDUCEE de la Documentation française et la documentation du CEPII pour leur aide constante ainsi que Frédérique Longuet-Marx, Dominique Pianelli et Sébastien Peyrouse qui ont contribué à la préparation de cet ouvrage.

Chiffres clés
Michèle Kahn, Irène Kamenka, Jean Radvanyi

Cartographie
Élaboration : Jean Radvanyi, Julien Thorez
Réalisation : Sophie Pauchet, Atelier du Château d'Eau

Couverture
(Hg) - Bakou (Azerbaïdjan), centre piétonnier. Ph © Jean Radvanyi
(Hm) - Grozny (Tchétchénie). Ph © Aude Merlin
(Hd) - Femme russe. Ph © Bruijn/Aramco/Sipa Press
(Bas) - Biruni (Ouzbékistan), place centrale. Ph © Julien Thorez

ISBN 2-200-26746-0

ARMAND COLIN • 21, RUE DU MONTPARNASSE • 75006 PARIS

Les auteurs

Céline Bayou : rédacteur au *Courrier des pays de l'Est* (La Documentation française), docteur à l'INALCO. (*Estonie, Lettonie, Lituanie*)

Matthieu Chillaud : doctorant en science politique et en relations internationales ATER à l'université Bordeaux-IV, rattaché au Centre d'analyse et de politiques comparées. (*Estonie, Lettonie, Lituanie*)

Françoise Daucé : docteur en science politique, chargée du programme Russie à la Maison des sciences de l'Homme. (*Russie*)

Vitaly Denysyuk : doctorant en sciences économiques GRATICE/Faculté de sciences économiques (Paris-XII). (*Ukraine, Biélorussie*)

Wanda Dressler : chercheur en sociologie politique à l'UMR LADYSS (CNRS-Paris-X). (*Kazakhstan*)

Bruno Drweski : maître de conférences à l'INALCO. (*Ukraine, Biélorussie*)

Hervé Dupouy : Géographe, enseignant chercheur, Civic Education Project à Chisinau. (*Moldavie*)

Habiba Fathi : anthropologue. Chercheur à l'IFEAC (Tachkent) (*Tadjikistan*)

Kristian Feigelson : sociologue, maître de conférences à l'université Paris-III. (*Estonie, Lettonie, Lituanie*)

Damien Helly : allocataire de recherche au CERI/IEP de Paris. (*Azerbaïdjan*)

Michèle Kahn : chargée d'études à la Documentation française. (*Chiffres clés, Géorgie*)

Irène Kamenka : analyste rédacteur à la Documentation française. (*Chiffres clés, Turkménistan*)

Marlène Laruelle : post-doctorante à l'IFEAC (Tachkent) et à l'Observatoire franco-russe des sciences humaines (Moscou). (*Kazakhstan*)

Raphaëlle Mathey : consultante pour OSCE. (*Kirghizstan, Ouzbékistan, Turkménistan*)

Emmanuel Mathias : docteur en économie (Paris-I). (*Estonie, Lettonie, Lituanie*)

Claire Mouradian : directeur de recherches au CNRS. (*Arménie*)

Isabelle Ohayon : post-doctorant INALCO, IFEAC. (*Kazakhstan*)

Boris-Mathieu Petric : anthropologue, Laboratoire d'anthropologie des institutions et des organsiations sociales (LAIOS-CNRS). (*Kirghiztan*)

Catherine Poujol : professeur à l'INALCO. (*Kazakhstan, Ouzbékistan, Turkménistan*)

Gaël Raballand : post-doctorant, chargé de mission à la Banque mondiale. (*Kazakhstan, Kirghizstan, Ouzbékistan, Turkménistan*)

Jean Radvanyi : professeur à l'INALCO, directeur de l'Observatoire des États postsoviétiques. (*Chiffres clés, Georgie, Russie, Chronologie, Conclusion*)

Jean-Robert Raviot : maître de conférences à l'université Paris-X. (*Russie*)

Armand Sarian : économiste, ancien Conseiller économique auprès du gouvernement d'Arménie. (*Arménie*)

Silvia Serrano : post-doctorante à l'INALCO. (*Géorgie*)

Arnaud Serry : doctorant à l'université du Havre (UMR IDEES 6063, CIRTAI). (*Estonie, Lettonie, Lituanie*)

Julien Thorez : agrégé de géographie. ATER à l'université de Nantes (*Kazakhstan, Kirghizstan*)

Charles Urjewicz : maître de conférences à l'INALCO. (*Ukraine, Biélorussie*)

Gérard Wild : conseiller auprès du directeur du CEPII (Centre d'études prospectives et d'informations internationales), chargé de cours à l'IEP Paris. (*Introduction, Biélorussie, Russie, Ukraine*)

Sommaire

INTRODUCTION	L'ex-URSS comme champ de forces	7
PREMIÈRE PARTIE	**Les États baltes**	
	L'Estonie	16
	La Lettonie	28
	La Lituanie	40
DEUXIÈME PARTIE	**Les États du Sud-Ouest**	
	La Moldavie	54
	L'Ukraine	66
	La Biélorussie	80
TROISIÈME PARTIE	**La Fédération de Russie**	93
QUATRIÈME PARTIE	**Les États du Caucase**	
	L'Arménie	112
	L'Azerbaïdjan	124
	La Géorgie	136
CINQUIÈME PARTIE	**Les États d'Asie centrale**	
	Le Kazakhstan	152
	Le Kirghizstan	164
	L'Ouzbékistan	176
	Le Tadjikistan	188
	Le Turkménistan	200
CONCLUSION		213
ANNEXES		
Chronologie		221
Bibliographie		225
TABLES ET INDEX		229

Note sur la transcription des noms propres

La transcription des noms propres est devenue, un véritable casse-tête, reflet logique des processus identitaires en cours. Outre la diversité naturelle des langues, la volonté d'affirmer son identité passe souvent par des modifications des alphabets et de la toponymie. Les translittérations scientifiques en usage sont précises mais souvent illisibles pour des non-spécialistes.

Nous avons donc opté dans les textes et les cartes pour un compromis qui facilite la lecture. D'une façon générale, la transcription traditionnellement utilisée en français a été conservée, en intégrant cependant la plupart des modifications décidées dans les différents États. Nous évitons toutefois l'utilisation des lettres spécifiques ajoutées dans les variantes de latinisation des langues turques (en Azerbaïdjan, en Asie centrale) qui rendent leur lecture difficile. Les modifications de toponymes adoptées en Ukraine ont été introduites à l'exception de Kiev, Sébastopol et Simféropol. Pour la Biélorussie, qui admet deux graphies, russe et biélorussienne, nous avons maintenu l'usage français proche de la graphie russe.

Sur un autre plan, nous tenons à attirer l'attention sur les questions de terminologie liées au terme « russe ». À l'origine on appelait « Ruthènes » en français, les habitants des trois pays issus de la « Rous » (Biélorussie, Russie, Ukraine), appellation la plus juste mais tombée en désuétude. Le terme « Russe » n'a été introduit en français au XVIIIe siècle que pour qualifier les habitants de l'État de Moscou à qui les tsars ont donné, dans leur langue, le nom de « Rossiya ». Les autorités soviétiques ont changé l'appellation de « Biélorous » en « Bielorussiya » afin de marquer la proximité avec la Russie. En 1991, les autorités de Minsk ont réaffirmé l'appellation de « Bielarus » pour désigner officellement leur État mais l'usage français de Biélorussie demeure.

La Russie d'aujourd'hui utilise deux termes différents (mais malencontreusement traduits par le mot français « russe ») pour désigner ses propres habitants : « Rousskie » désigne les citoyens de langue et de nationalité « grand-russienne » ; « Rossyanin » désigne l'ensemble des citoyens de la Fédération de Russie indépendamment de leur langue ou de leur identité éthnique (Russes, Tartars, Kalmoukes...). Il conviendrait de traduire différemment ces deux termes (par exemple le premier par « Russes », le second par « Russiens » ?). Mais l'usage acquis demeure plus fort même s'il entretient une confusion regrettable.

Introduction

L'ex-URSS comme champ de forces

Tous les États issus de la désagrégation de l'URSS ont dû résoudre, depuis plus de dix ans, une question fondamentale, née de leur séparation : celle de la définition et de l'affirmation de leur identité.

Dans l'ouvrage présenté aujourd'hui[1], les auteurs ont tout d'abord évalué la façon dont chaque pays — les États baltes ont été pris en compte[2] — a perçu et assumé le statut d'État-nation auquel l'éclatement de l'URSS l'a conduit. Ils se sont ensuite efforcés de décrire comment les évolutions du système politique, de l'économie, et enfin du positionnement géopolitique ont participé du processus d'affirmation nationale.

Tous ces pays, pour résoudre une question qui, par principe, se posait de façon similaire, ont eu recours à des ressources puisant aux mêmes fondements de légitimité : la perspective libérale (recherchée ou consentie), le passé soviétique (assumé ou rejeté), les racines anciennes (avérées ou réinventées). Mais, surtout, ces trois moteurs du changement sont constitués, selon les pays, d'éléments nécessairement dissemblables, et leur combinaison dynamique ne pouvait aboutir qu'à une différenciation extrême des schémas d'organisation sociale.

De l'identité soviétique à l'éclatement

Au commencement était « LURSE », un pays dont le nom, fait exceptionnel dans l'histoire, ne renvoyait, à l'origine, à aucun repère géographique ou culturel

1. Cet ouvrage fait suite au précédent publié par l'Observatoire des États postsoviétiques, *De l'URSS à la CEI : douze États en quête d'identité (Ellipses, 1997).*
2. Les États baltes se distinguent des autres ex-républiques de l'Union soviétique par bien des traits. Notons, entre autres : leur « soviétisation plus tardive ; leur volonté, affirmée dès avant 1991, d'intégrer les structures européennes et atlantiques ; leur refus de toute participation aux institutions de la CEI. Mais ils ont appartenu à l'espace russe pendant près de deux siècles, et ils ont dû, malgré tout, affronter des défis semblables à ceux des autres États. Somme toute, ils fournissent une des bornes de l'éventail de positions qui s'est ouvert dans l'espace postsoviétique. Leur résolution, aujourd'hui satisfaite, à adhérer à l'Union européenne et à l'OTAN n'est que la formulation la plus radicale d'une aspiration largement diffusée dans tout l'isthme Baltique-mer Noire et même dans certaines couches de la société russe.

clairement identifiable. Au lieu de cela, un acronyme, évoquant une construction politique (union de républiques) fondée sur un projet d'organisation sociale (socialiste et soviétique) radicalement nouveau. Dans ce pays, pendant plusieurs décennies, ont été forgés des marqueurs identitaires qui ont semblé faire des hommes ainsi réunis, à leurs propres yeux mais aussi à ceux du monde qui les entourait, une nation, un peuple, unique et spécifique : la nation, le peuple soviétique. La fabrication de cette identité collective s'est faite avec des éléments appartenant aux champs classiques de toute construction nationale : celui de l'organisation de l'autorité (le champ politique), celui de l'allocation des ressources (le champ de l'économie), celui du rapport au monde (le champ géopolitique). Dans chacun de ces domaines ont été façonnés des outils, des institutions, des référentiels : l'ordre central, le parti unique, et la primauté du collectif pour le politique ; le plan, la gestion administrée, l'affirmation égalitariste pour l'économique ; les instruments de la puissance, la militarisation, le paradigme sociétal pour le géopolitique. Mis ensemble, ils faisaient l'identité soviétique.

Concernant les divers groupes humains qui composaient l'ensemble de la nation ainsi constituée, d'autres marqueurs identitaires existaient, que l'histoire et la géographie avaient produits avant que le projet soviétique ne s'impose. Mais ils semblaient, d'une certaine façon, être secondaires. Même l'histoire, même la géographie, étaient devenues « soviétiques », par les tragédies traversées et les performances réalisées, et par la trace qu'elles avaient laissée sur le territoire — ses frontières et son aménagement. La Russie elle–même, pourtant héritière et continuatrice de l'empire des tsars, n'était plus qu'une république soviétique, à peine plus égale que les autres.

Dans la deuxième moitié des années quatre-vingt étaient tracées les voies d'une révision progressive des repères identitaires acquis. À l'origine de ce tournant, incarné par M.S. Gorbatchev, une paralysie grandissante du corps social, un essoufflement de l'économie, un affaiblissement de la force de persuasion internationale. Pour y remédier, le dirigeant nouveau se donnait pour ambition de colorer de liberté le champ politique (la *glasnost*), d'accroître l'autonomie des agents économiques (la *perestroïka*), d'adoucir la perspective géopolitique sécuritaire (la nouvelle pensée). L'instauration de ces nuances — à des fins de consolidation du modèle — supposait à son tour la modification prudente des arrangements institutionnels et des outils jusqu'alors en vigueur. Ce qui fut amorcé, par le débat ouvert et le désaccord politique, le guidage par les prix et la réforme des organigrammes économiques, le désarmement et la négociation stratégique.

Ce mouvement initial ne parvint pas à être maîtrisé. De fait, s'enclencha une sorte de « dérive du continent soviétique » dont on sait l'aboutissement : un désordre croissant et une aspiration généralisée à la liberté, à l'autonomie productive, à l'ouverture au monde, qui allaient conduire à l'effondrement de l'État-nation soviétique. Retenons aussi que la mise en cause des cadres communs mettait à découvert, au travers l'espace, ces socles identitaires qu'on avait cru secondaires : l'effondrement tournait à l'éclatement. S'amorçaient ainsi des trajectoires de construction nationale mues par le triple moteur de la perspective libérale, de l'empreinte soviétique, de la mémoire retrouvée.

L'aspiration à la démocratie de marché

Le mouvement de libération, bien qu'endossé avec une conviction variable au travers de la société, portait en germe, pour sa part, une triple révolution, dont le déroulement, supposait-on, conduirait vers la démocratie, le marché, et l'insertion banalisée dans la mondialisation. Les monographies présentées ici témoignent de l'existence, dans les « Nouveaux États Indépendants », de cet élan initial, et de son développement continu dans beaucoup de cas. Tous en effet ont amorcé la mise en place d'élections plus libres, d'institutions plus démocratiques, et les « sociétés civiles » se sont éveillées : voilà pour ce qui est de la révolution politique. De la même façon, la révolution économique a été ébauchée : les prix guident, plus qu'avant, l'ajustement des offres et des demandes, la « gouvernance » a progressé avec la privatisation, l'esprit d'entreprise s'est développé. Enfin, le repli sur soi a fait place à la recherche de partenariats régionaux, à l'acceptation plus sereine des interdépendances, en un mot à l'adoption de postures plus ouvertes en matière de sécurité, esquissant ainsi une véritable révolution géopolitique.

Le propos, ici comme dans les chapitres qui suivent, n'est pas de trancher dans les débats que la transition a suscités : sur la pertinence de telles trajectoires pour les diverses parties de l'empire, sur la cohérence qu'il y avait à opérer, simultanément dans divers champs, des changements radicaux, sur l'existence et le bien-fondé d'un quelconque « modèle » de transition… Il est de reconnaître, avec tous les « transitologues », que l'inscription d'un projet de démocratie de marché dans l'espace postsoviétique nécessitait la mise en place imbriquée, dans les différents champs de la transformation sociale, d'outils, d'institutions et de référentiels sociaux relativement nouveaux. Il est surtout d'observer que chaque société, indépendamment de tout héritage (soviétique ou plus ancien), ne pouvait que procéder à une concrétisation spécifique, dans ses orientations et dans ses rythmes, de l'aspiration initiale. Ce moteur de la construction identitaire entraînait nécessairement sur des voies diversifiées de l'accomplissement du projet.

À supposer en effet que le désir de démocratie soit égal à l'origine dans toutes les sociétés — élites comprises — les chemins empruntés et les formes adoptées seront, par principe, variés : la quête d'identité ne suppose-t-elle pas la recherche de différences ? Il n'y avait aucune raison, bien au contraire, pour que les héritiers de l'URSS adoptent à l'unisson les mêmes règles de représentation du corps électoral, les mêmes institutions politiques, les mêmes référentiels sociaux. La séparation des voies nationales est au cœur de la construction identitaire. Il en est de même pour ce qui est de la formation du système d'allocation des ressources ou de l'élaboration des principes de positionnement international : indépendamment de tout contexte, les règles du jeu devaient, par hypothèse, être distinctes les unes des autres. Et si cette logique de la construction identitaire — « se poser en s'opposant » — est inhérente à la transformation, alors il n'est pas interdit de supposer que, dans certains cas, le chemin suivi vers la démocratie de marché puisse en rester à l'état d'ébauche, ou déboucher sur des inachèvements flagrants.

Cette différenciation était d'autant plus probable que les recettes et les délais de l'accession à la démocratie de marché ne sont pas uniformes, l'histoire même du monde occidental en témoigne. Les effets de l'aspiration libérale ne sont jamais linéaires et automatiques. Partout, les trajectoires sont marquées d'hésitations, de tâtonnements, de reculs. Il n'en a pas été autrement dans l'espace postsoviétique. Dans plusieurs États — et pas seulement en Asie centrale — les timides ouvertures de la fin de la *perestroïka* ont été refermées dès l'indépendance acquise pour donner place à des régimes autoritaires, voire dictatoriaux. Ici et là, des segments entiers de l'économie ont été soustraits aux pressions du marché. Même dans ces cas extrêmes cependant, le mouvement est lancé, et la mutation reste à l'ordre du jour : des oppositions s'expriment, des parts grandissantes de l'économie sont libérées de la tutelle étatique, l'ouverture au monde s'affirme…

La dépendance du chemin soviétique

On a raisonné, jusqu'à présent, « toutes choses égales par ailleurs », c'est-à-dire en ne prenant en considération, parmi les facteurs de la « fonction de transition », que le mouvement de libération né de la délégitimation des règles soviétiques et de l'attraction exercée par celles en vigueur dans les sociétés occidentales. Or, s'il est un point qui, à propos de l'évolution des nouveaux États indépendants, fait l'unanimité dès l'origine, c'est bien que les décennies de soviétisme allaient jouer un rôle décisif dans la formulation des règles nouvelles. On ne souhaite pas non plus s'inscrire dans le débat normatif qui s'est déroulé — et se déroule encore — à ce sujet, et qui, par le biais des théoriciens de la *path dependency* en particulier, débouche à nouveau sur la remise en cause de la stratégie de transformation et/ou de ses modalités. Tout au plus signalera-t-on que ces mêmes décennies franchies avec les outils, les institutions et les référentiels soviétiques n'en avaient pas moins engendré des niveaux d'insatisfaction inégaux à l'égard du système, et, partant, des aspirations d'intensité variable, à l'intérieur de la société soviétique en général et entre républiques en particulier, vers le modèle de la démocratie de marché. Autrement dit, l'effet « dépendance du chemin » ne joue pas que dans le sens du freinage à l'égard des nouvelles règles ; en agissant à la façon d'un repoussoir vis-à-vis du passé, il a été aussi une force active de la transformation sociale. Et s'il reste malgré tout que, dans l'évaluation qui est faite du sens et de l'intensité qui revient à ce facteur, on est tenté de retenir plus aisément l'inertie qu'il a opposée au processus de démocratisation, de libéralisation et d'ouverture, c'est la combinaison, spécifique à chaque pays, de cette double influence du même passé qu'il convient de considérer.

Les quinze chapitres qui suivent permettront au lecteur de s'en convaincre. L'héritage n'était pas identique, aussi puissante qu'ait été, des décennies durant, la volonté d'homogénéisation des règles de fonctionnement, des comportements, des esprits. Ces particularités de la dépendance du chemin soviétique, elles prennent racine, avec évidence, dans les structures matérielles « léguées ». Sans doute le souci d'harmoniser les niveaux de développement des républiques par la mise en place d'activités complexes était-il au cœur de la stratégie d'aménagement du territoire. Mais cette dernière reposait tout autant sur la volonté de spécialiser les régions dans des productions particulières, qui les faisaient participantes de la puissance d'ensemble. Dès lors, chaque partie de l'espace postsoviétique ne pouvait que pâtir — ou bénéficier — de façon inégale des bouleversements économiques annoncés, accentuant ainsi la propension à se différencier des autres que la quête d'affirmation identitaire impliquait.

Des observations analogues peuvent être faites pour ce qui concerne les autres champs du changement — le politique et le géopolitique — que les nouveaux États avaient à prendre en compte. Non seulement le passé soviétique commun n'avait pas éradiqué les sources anciennes de l'identité mais, à l'intérieur du cadre général, il avait produit, en matière de fonctionnement des institutions et de référentiels sociaux, des différenciations locales sur lesquelles allaient s'appuyer, pendant la transition, le façonnage des identités nationales. L'enracinement, dans la réalité géopolitique et les représentations, de certains territoires délimités à l'époque soviétique, qu'il s'agisse des États de l'Asie centrale ou de quelques régions autonomes à l'intérieur d'ex-républiques (y compris la Russie) n'est pas dû qu'au respect du principe de l'intangibilité des frontières héritées. Ce que l'on qualifiait parfois d'esprit de clocher était aussi le reflet d'un phénomène d'affirmation identitaire, que le système soviétique avait contribué à engendrer, ou maintenir.

Le temps et l'espace comme ressources

Dans la définition des identités « nouvelles » enfin, les divers héritiers de l'URSS ont mobilisé, il est banal de le dire, les ressources fournies par le passé antérieur à leur insertion dans l'empire, russe puis soviétique. Notre propos n'est pas d'entrer en profondeur dans ces autres débats auxquels la transition a donné lieu depuis plus de dix ans, et qui portent sur certaines grilles d'interprétation suggérées par les événements. Ainsi en est-il de la grille « culturaliste », par laquelle les identités nationales relèveraient de pesanteurs nées de choix religieux anciens, de traumatismes historiques lourds, voire de caractéristiques biologiques inaltérables. Il en est de même des approches « géopolitiques » simples, qui, souvent en liaison avec les précédentes, font de la géographie et des conditions naturelles le *deus ex machina* des destins et des desseins des peuples. Il y a peut-être du vrai là-dedans, mais il faut au moins reconnaître que la définition de l'identité, aujourd'hui et pour ces États-là, ne saurait se réduire à une sorte d'obéissance passive à des prédispositions inconscientes. Elle relève en réalité d'une logique de construction volontaire, qui a nécessité de choisir, au sein d'un arsenal de références offertes par le temps ou l'espace, celles qui permettaient le mieux d'être autre, certes, mais dans un contexte contemporain. La multiplication des travaux d'historiographie, la réflexion sur le statut des langues nationales, l'actualisation des préférences religieuses ont conduit ainsi tous les pays à affiner progressivement l'image qu'ils avaient d'eux-mêmes et qu'ils entendaient proposer à l'étranger proche ou lointain. Bien entendu, le rôle respectif des élites et des sociétés dans la formulation des critères d'identification a varié selon les pays, mais dans l'ensemble, il s'agit bien d'une élaboration collective.

Structurant, l'espace l'a été également, mais toujours pour inscrire les projets nationaux dans le monde réel. De façon significative, nombre de pays nouveaux, à l'Est ou à l'Ouest de l'espace postsoviétique, aux mémoires fragiles et aux intentions initialement floues, ont résolu la difficulté d'affirmer clairement leur choix en matière de système politique et économique, et bien plus encore dans le champ géopolitique, en se déclarant « ponts » : entre cultures, entre régimes d'allocation des ressources, entre pôles de développement… La localisation, ici, a fourni les bases d'un positionnement global. D'autres, plus assurés de leurs racines, ont privilégié des stratégies plus claires, à l'intérieur comme vis-à-vis de l'extérieur. Aucun, peu ou prou, n'a accompli ce processus aisément, à supposer qu'il soit aujourd'hui achevé.

On l'a dit, la mobilisation du temps et de l'espace n'a pu s'effectuer qu'à la condition d'acclimater les représentations de soi qui en étaient issues aux données du monde moderne. Celui-ci, par ailleurs, a alimenté par ses propres exigences le guidage des constructions identitaires en cours. On renvoie ici bien entendu au rôle actif qu'a joué la communauté occidentale dans son ensemble, avec ses institutions financières, ses groupements, et ses pays dominants dans la construction, que ce soit par coopération ou par opposition, des institutions nationales, qui sont autant de marqueurs « négociés » des identités. Moteur ou contrainte, l'évolution du monde a, à sa façon, balisé les chemins suivis, chaque pays étant amené à définir plus précisément encore sa propre trajectoire. La crise asiatique, avec ses répercussions sur l'ensemble des pays émergents, a constitué, sur le plan économique, une de ces occasions de réorientation des modèles nationaux. La montée en puissance de la mondialisation des règles de droit et de protection des personnes a pesé à sa façon sur les évolutions politiques internes[3].

L'impact de la logique gravitationnelle

Expliquer l'évolution de chaque « plaque[4] » de l'ex-continent soviétique par le jeu purement endogène des trois forces qui viennent d'être analysées, et dont chaque société s'efforcerait de trouver la combinatoire équilibrante qui lui correspond, ne suffit pas. Si tel avait été le cas, l'espace postsoviétique n'eût été, dix ans durant, qu'un vaste champ clos où se seraient déroulées des luttes intestines (à l'intérieur de chaque espace national) et internationales (entre États), dont les formes et les conséquences eussent pu être infiniment plus traumatisantes que celles qui se sont effectivement produites. Ces risques n'ont pas été totalement éliminés — les chapitres caucasiens le démontrent —, mais les plus lourds ont été pour l'essentiel maîtrisés. Rappelons à cet égard que certaines études publiées au tournant des années quatre-vingt-dix chiffraient à plus de cent les lieux de conflits potentiels dans cet espace, et que les scénarios de sa « yougoslavisation » figuraient en bonne place dans la panoplie des experts de la prospective. Ils ne se sont pas avérés : le glissement vers l'affirmation des identités nationales s'est réalisé à l'intérieur d'une sorte de « cadre de cohérence ».

On est tenté d'attribuer cet état de fait à une nouvelle force, dont le jeu serait analogue à ce que les économistes appellent, à la suite des astrophysiciens, la « gravitation ». Selon cette hypothèse, la cohérence d'ensemble des déplacements

3. Fait significatif, on retrouve l'influence des 29 chapitres de l'« acquis communautaire » comme un élément moteur de la mise à jour des législations tant économiques que sociales et politiques, et bien au delà des pays directement concernés par le processus d'élargissement de l'Union européenne.

4. En utilisant ce terme, on renvoie bien entendu à la métaphore de la tectonique des plaques. Mais surtout, on entend souligner un des faits marquants de l'évolution de l'espace postsoviétique : la non contestation de cet élément de l'héritage qu'est le territoire républicain, à peu d'exceptions près, aussi dramatiques que ces dernières aient pu être (on renvoie bien entendu, à ce propos au Caucase et au Tadjikistan). De façon caractéristique, la plupart des chapitres évoquent, comme élément important de la problématique identitaire, l'adaptation des sociétés aux territoires légués, et non la revendication territoriale comme axe du rassemblement.

des États de la CEI sur leur trajectoire identitaire serait aussi le résultat d'une sorte de mécanique par laquelle les effets du processus d'éloignement enclenché à la fin des années quatre-vingt seraient en quelque sorte contenus par des effets d'attraction, eux-mêmes explicables par la distance entre les « objets étatiques », leur poids relatif, et leur densité. C'est ainsi que les effets de la déflagration initiale auraient été dominés. C'est ainsi également que l'élaboration des marqueurs identitaires dans les champs politiques, économiques et géopolitiques serait la résultante d'un long processus d'ajustements réciproques, amorcé mais largement inachevé.

Il y a du vrai, dans cette interprétation de l'évolution des ex-républiques. Mais alors on voit bien toute l'importance de la Russie, le plus décisif parce que le plus « lourd », à tous les égards, des États de l'espace postsoviétique. Pour chacun d'entre eux, la nécessité de redéfinir ses rapports à l'ancienne puissance tutélaire, où s'entremêlent étroitement les éléments objectifs et subjectifs, a été, plus que les relations avec les autres nouveaux États, déterminante. De la même façon, l'attitude de la Russie a été et sera décisive. On notera à cet égard combien il était erroné de faire d'une éventuelle posture « néo-impériale » de la Russie la clé de l'évolution de l'espace postsoviétique. En réalité, au moins jusqu'à présent, les forces centrifuges ont existé aussi dans cette nouvelle Russie, et elle n'est pas le seul État à avoir été porteur d'une logique centripète[5]. Rien n'autorise à inscrire dans une sorte de fatalité historique, voire biologique, d'éventuelles tentations d'emprise directe sur son étranger proche. On voudra pour preuve de cette modification profonde des conditions de la relation, l'acceptation par la Russie du quasi échec de la CEI, qui a conduit à la mise en place (amorcée) de structures emboîtées (Union économique eurasienne à six, Union Russie-Biélorussie à deux), et à la création d'autres structures de rassemblement (GUAM[6], ébauche de confédération centre-asiatique, Conseil de la Baltique, Zone de coopération économique de la mer Noire).

Par ces derniers exemples d'ailleurs, on voit que le jeu de la gravitation a pris en compte un facteur absolument nouveau dans toute l'histoire, russe et soviétique, de cet espace : l'ouverture à des influences extérieures. Certains verront dans cette circonstance essentiellement l'effet d'un affaiblissement temporaire de la volonté de puissance russe. D'autres y trouveront une confirmation de l'existence d'une nouvelle et durable vision des conditions de sécurité, révélatrice de la révolution géopolitique qui s'est déroulée en Russie même. Il reste que l'effet d'attraction exercée par l'Occident et l'Europe, de même que l'ouverture, variable selon les États, aux influences en provenance d'autres régions du monde a participé de façon marquante à la quête identitaire. L'entrée des États-Unis et de l'OTAN dans la zone d'influence séculaire de la Russie, qui date au demeurant d'avant le 11 septembre 2001, témoigne du rôle joué par le reste du monde dans l'identification des voies nationales. Ces événements démontrent surtout, s'il en était encore nécessaire, que les divers éléments de l'espace postsoviétique sont désormais insérés, avec leur identité propre, dans le grand champ de forces qu'est le monde.

5. Le cas biélorusse (biélorussien selon certains) est emblématique de l'existence, ailleurs qu'en Russie, de ces forces centripètes.
6. GUAM : acronyme des membres (Géorgie, Ukraine, Azerbaïdjan, Moldavie) de cette association fondée en 1997 sous forte influence occidentale pour contester le rôle de Moscou dans la CEI.

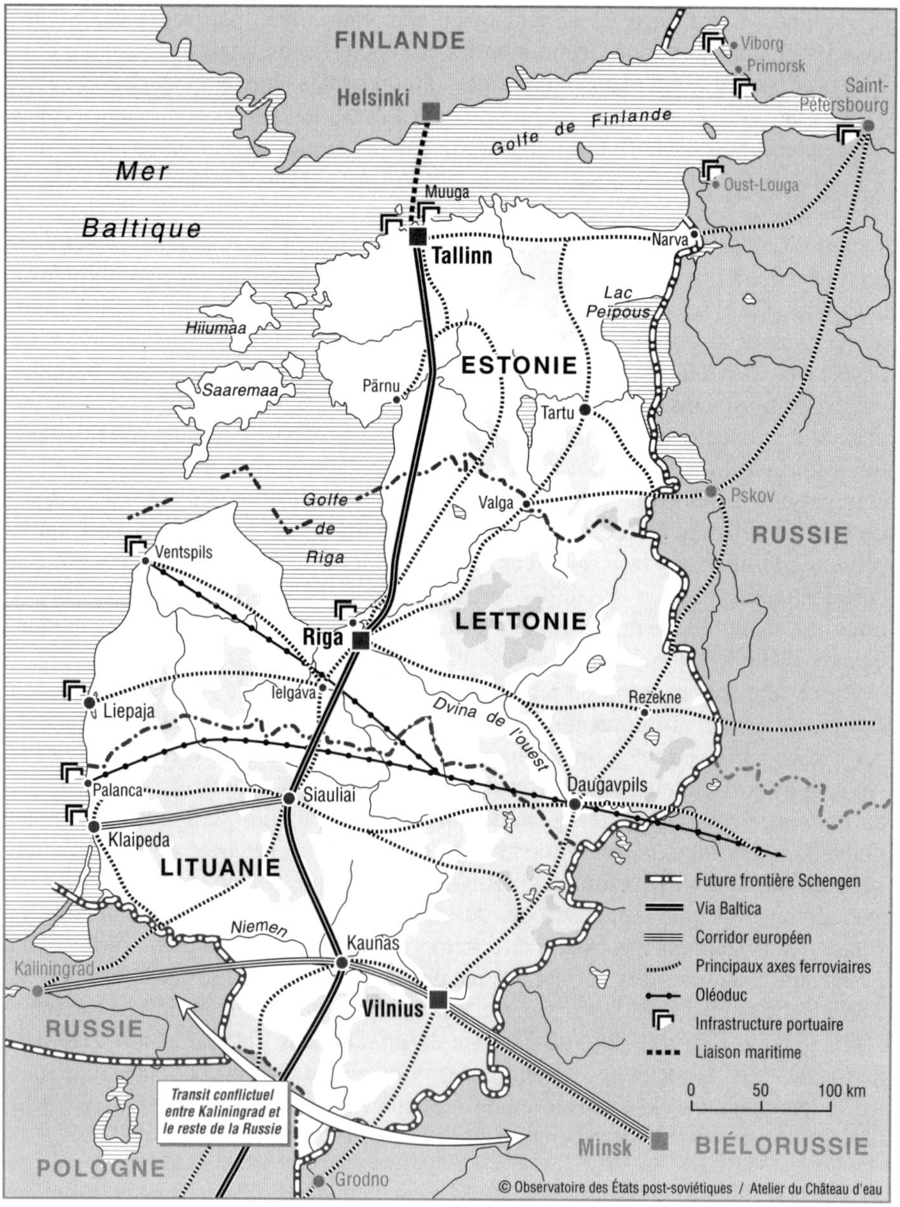
FINLANDE
Helsinki
Viborg
Primorsk
Saint-Pétersbourg
Golfe de Finlande
Mer Baltique
Muuga
Oust-Louga
Tallinn
Narva
Lac Peipous
Hiiumaa
Saaremaa
ESTONIE
Pärnu
Tartu
Valga
Pskov
Golfe de Riga
RUSSIE
Ventspils
Riga
LETTONIE
Liepaja
Ielgava
Rezekne
Dvina de l'ouest
Daugavpils
Palanca
Siauliai
Klaipeda
LITUANIE
Niemen
Kaunas
Kaliningrad
Vilnius
RUSSIE
Transit conflictuel entre Kaliningrad et le reste de la Russie
POLOGNE
Grodno
Minsk
BIÉLORUSSIE
Future frontière Schengen
Via Baltica
Corridor européen
Principaux axes ferroviaires
Oléoduc
Infrastructure portuaire
Liaison maritime
0 50 100 km
© Observatoire des États post-soviétiques / Atelier du Château d'eau

PREMIÈRE PARTIE

LES ÉTATS BALTES

L'Estonie
La Lettonie
La Lituanie

L'ESTONIE

Eesti – Eesti Vabariik

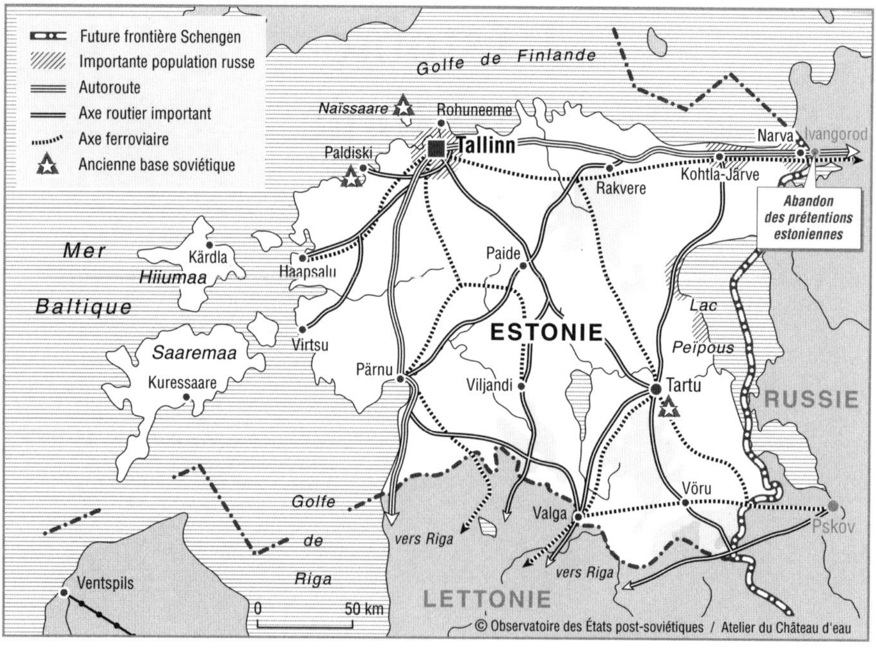

Chiffres clés

Territoire

Superficie : 45 229 km²
(équivalent du Danemark)
Capitale : Tallinn (372 000 hab.)
Principales villes :
- Tartu (100 000 hab.)
- Narva (57 000 hab.)
Divisions administratives :
15 districts (*maakonnad*)

Population

1 238 000 habitants au 1er janvier 2004
Dernier recensement : 2000
Densité : 27,4 habitants au km²
Population urbaine : 69,4 %
Population rurale : 30,6 %
Espérance de vie à la naissance (2000) :
70,5 ans (hommes, 65,1 ans ; femmes, 76 ans)

Données démographiques (pour mille habitants)

	1991	1995	2000
Accroissement naturel	- 0,2	- 5,1	- 3,9
Natalité	12,4	9,4	9,5
Mortalité	12,6	14,5	13,4
Mortalité infantile	13,1	14,5	8,4

Composition ethnique (2000)

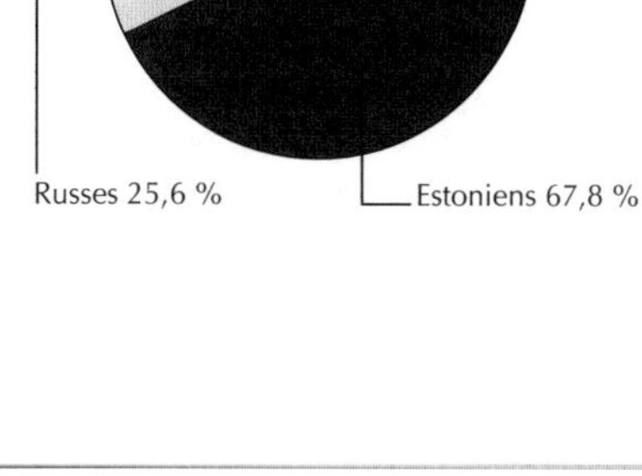

Économie

PIB par habitant en parité de pouvoir d'achat

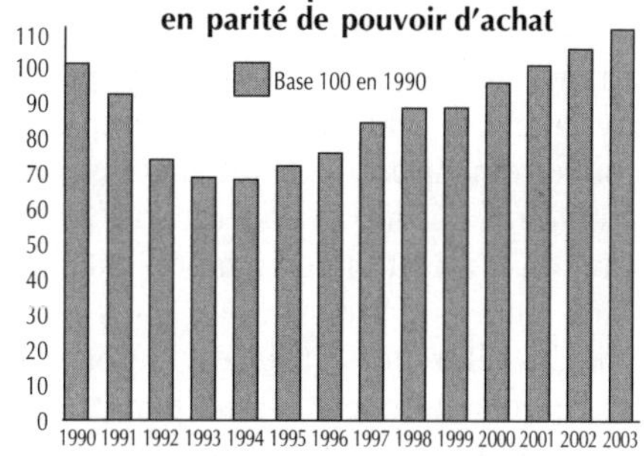

Principales composantes du PIB en 2002 :
- agriculture, 5,4 %
- industrie et bâtiment, 29,3 %
- services, 65,3 %

IDH (2000) : 0,826 (42e rang mondial)
Monnaie : couronne (adoptée en 1992)
Dette extérieur brute (en % du PIB) : 62 %

Relations extérieures

Adhésion aux organisations internationales :
- Conseil de Partenariat euro-atlantique,
- Partenariat pour la Paix de l'OTAN,
- UEO (membre associé),
- OMC,
- Conseil des États de la mer Baltique,
- candidate à l'Union européenne.

Principaux partenaires commerciaux en 2003 (estimation) :
- export : Finlande, 25,9 % ; Suède, 15,3 % ; Lettonie, 7 % ; Allemagne, 9,9% ; Grande-Bretagne, 4,2 %
- import : Finlande, 15,9 % ; Russie, 8,6 % ; Allemagne, 11,3 % ; Suède, 8,8 %

Exportations totales (2003) :
4,6 milliards de dollars
dont : - machines et équipements, 25 %
- produits de la filière bois, 17 %
- textiles, 22,3 %
- produits alimentaires, 7,5 %

Importations totales (2003) :
6,2 milliards de dollars
dont : - machines et équipements, 27,8 %
- moyens de transport 14,9 %
- produits chimiques, 12,3 %
- textiles, 9,2 %
- produits alimentaires, 9,2 %

Une identité singulière et volontariste

La question identitaire, entre label et marketing

Le discours identitaire est omniprésent en Estonie depuis dix ans, plus sans doute qu'en Lettonie et, surtout, qu'en Lituanie. La récurrence de cette interrogation trouve son explication dans la structure démographique de cet État, peuplé seulement d'1,35 million d'habitants, et dont la minorité russophone est importante : seulement 68 % de la population est estonienne. Si, au lendemain du recouvrement de l'indépendance, la question de la survie de l'identité estonienne était ouvertement posée, cette angoisse semble aujourd'hui dépassée, sans que la question de la définition de l'identité estonienne soit réellement résolue.

La réponse à cette interrogation est ambivalente et son évolution au cours des dernières années a bien montré dans quel trouble le sujet plonge les Estoniens. Aucune des références utilisées — postsoviétique, balte, baltique, nordique, scandinave, européenne, etc. — ne paraît satisfaisante, mais, à défaut de parvenir à définir clairement « ce que nous sommes », les Estoniens définissent de mieux en mieux ce qu'ils refusent d'être. Même s'il est impossible d'effacer 50 ans d'histoire, et si le traumatisme de l'occupation soviétique est palpable jusqu'à aujourd'hui, ils ont fait preuve depuis 1991 d'un volontarisme qui a porté ses fruits et leur a permis de se débarrasser de l'étiquette d'État postsoviétique. Beaucoup refusent par ailleurs de se reconnaître dans l'identité balte : l'estonien, en effet, n'est pas une langue balte, mais finno-ougrienne, proche du finnois, ce qui permet au pays de se différencier de ses deux voisins letton et lituanien, avec qui l'Estonie ne se sent parfois liée que par une communauté de destin, en particulier au cours du XXe siècle, qu'elle préférerait ne pas avoir expérimentée. Le facteur religieux permet de se rattacher à l'image de pays nordique, le protestantisme estonien permettant en outre de faire la différence avec la Russie orthodoxe et la Lituanie ou la Pologne catholiques, même s'il ne semble pas, *a priori*, créer de liens très forts avec la Lettonie.

Le gouvernement, en créant en 2000 une commission chargée de réfléchir au « label estonien », a placé le débat sur un plan marketing inattendu mais très révélateur de ses ambitions : l'Estonie doit se faire connaître sur la scène internationale, autrement que comme l'un des trois États baltes ou comme l'un des nouveaux et petits pays membres de l'Union européenne ; pour cela, le gouvernement a réfléchi à la promotion de l'image du pays, cherchant un symbole, une marque (l'ambition étant parfois de créer un « Nokia » estonien). Cette « promotion » de l'Estonie, dont l'approche est la même que celle qu'emploierait un publicitaire chargé de promouvoir un produit, doit permettre, en faisant connaître le pays à l'extérieur, de parvenir à son auto-définition. L'une des caractéristiques troublantes de cette méthode est que la définition de l'identité se fait quasiment exclusivement par rapport au regard extérieur, comme si, finalement, la question n'était pas intériorisée.

Une cohésion créatrice de fragilités ?

L'Estonie a vécu l'occupation soviétique comme une interruption, certes subie, mais qui ne s'est prolongée que le temps d'une parenthèse ; de ce fait, l'intériorisation du nouveau territoire national a été rapide. L'Estonie n'a pas rencontré de véritable problème de définition de ses frontières, ayant renoncé, après quelques débats internes et essentiellement par pragmatisme, à réclamer le rétablissement de celles définies lors du Traité de Tartu (2 février 1920) : le gouvernement estonien savait, d'une part que la Russie n'accepterait pas de revenir sur cette question et, d'autre part, que l'absence de règlement frontalier aurait pu constituer un obstacle sur la voie de l'intégration européenne. Toutefois, malgré un accord trouvé dès 1996, le Traité de délimitation des frontières, qui ne fait plus l'objet d'aucun litige sérieux, n'a toujours pas été ratifié.

La cohésion est forte au sein de la société estonienne quant à la perception de l'histoire récente de ce pays, qui a connu une existence étatique (entre 1918 et 1940) traitée aujourd'hui sur le ton de la nostalgie et de la justification, l'État estonien n'étant donc pas une invention artificielle de la fin du XXe siècle. Cette cohésion va jusqu'à la perception (qu'on retrouve également en Lettonie et en Lituanie) qu'ont la population et le gouvernement estoniens de la Seconde Guerre mondiale, communisme et nazisme étant résolument traités sur le même plan dans la mesure où les deux ont constitué un danger pour ces petits peuples.

Cette conscience très forte d'être un petit pays, en termes de taille et de population, est elle-même un facteur à la fois de cohésion et de fragilité : cohésion parce que la population affirme — et donc ressent — d'autant plus fortement son identité, mais fragilité parce que, après avoir failli disparaître en tant que telle, l'identité estonienne n'a pas le droit aujourd'hui à la moindre erreur : l'Estonie s'emploie depuis dix ans à s'affranchir des restes de la tutelle soviétique pour s'intégrer à l'Union européenne et se glisser dans un monde globalisé, mais sans se perdre.

Il en découle des comportements jugés parfois peu ouverts à l'égard de la population russophone, qui représente un tiers de la population du pays ; cette minorité a été sommée d'apprendre rapidement une langue estonienne qu'elle ignorait totalement jusque-là et qui doit être sauvegardée. La population russophone est en outre l'objet d'une politique de naturalisation sourcilleuse, justifiée encore une fois par l'enjeu de la survie du peuple estonien, mais acceptée par l'OSCE qui a accordé son *satisfecit* à Tallinn. Enfin, la répartition spatiale de la population montre que l'Estonie court le risque de voir se développer des sociétés parallèles, l'une riche (urbaine) et l'autre pauvre (rurale), l'une estonienne, l'autre russophone (région de Narva par exemple).

Une perception à la fois multiple et unique de l'identité

L'enjeu de l'adhésion récente à l'Union européenne n'est pas le moindre des paradoxes auxquels est confrontée l'Estonie : pour affirmer et consolider son indépendance, le pays a choisi la voie européenne, c'est-à-dire la fusion dans un autre ensemble qui pourrait finalement, lui aussi, constituer une menace pour l'identité. Le défi est donc double pour les habitants de ce pays puisqu'il consiste à devenir, enfin et simultanément, Estoniens et Européens. Les stratégies mises en place et les politiques appliquées depuis presque quinze ans par les gouvernements successifs sont en la matière d'une cohérence exemplaire : le but final a toujours été de rejoindre l'Union européenne, la définition identitaire étant fréquemment contenue dans ce *credo* et le reste ne concernant finalement que les moyens. Lorsque la population estonienne (on a pu le voir notamment lors du référendum sur l'adhésion le 14 septembre 2003) a exprimé quelques doutes à propos de l'enjeu de l'adhésion européenne, elle n'a en aucun cas remis en cause cette priorité (67 % de « oui » à l'adhésion), mais plutôt le prix à payer pour ce « retour à l'Europe ».

Au nom de cette priorité qui fait donc consensus, la question est, en fait, de savoir s'il serait plus rentable pour l'Estonie de se définir comme le « seul pays nordique post-communiste » (expression adoptée un moment par le ministre estonien des Affaires étrangères, Toomas Hendrik Ilves), comme « Pays balte » (afin de faire jouer la solidarité balte, notamment par exemple lorsqu'il a pu sembler que c'était la Lituanie qui était la plus avancée sur la voie de l'intégration à l'OTAN), comme « pays scandinave » (afin de profiter pleinement de la proximité géographique, économique, linguistique, culturelle, et surtout européenne, de la Finlande), « pays nordique » (afin d'élargir le champ et de se différencier des Baltes dont on ne souhaiterait pas payer les erreurs d'options de transition) ou, finalement, simplement comme un pays européen. En effet, l'Estonie est favorable à l'intégration régionale pour autant que celle-ci puisse être un facteur d'accélération ou de cohérence avec le projet d'adhésion à l'Union européenne.

Cette apparente indécision quant à son auto-définition identitaire fait souvent apparaître l'Estonie comme le maillon faible de la coopération balte. Mais cette faiblesse n'est en fait que le résultat d'une volonté très forte et partagée dans toutes les couches de la société à se définir comme pays avant tout et pleinement européen.

Vers un modèle de démocratie nordique

Thérapie de choc politique

Il existe un véritable consensus en Estonie sur le rôle de l'État, en grande partie justifié par la rapide destruction du système soviétique et son remplacement immédiat par un système démocratique consolidé. Car si l'Estonie, constatant l'embargo soviétique imposé à la Lituanie au lendemain de sa déclaration d'indépendance, a pris, elle, son temps pour déclarer la sienne, elle a su mettre en place dès l'effondrement du pouvoir soviétique, un nouvel État qui est tout de suite apparu comme fiable et solide. Le gouvernement estonien formé par Juhan Parts en avril 2003 est aussi jeune et féminisé que l'était celui de son prédécesseur, Siim Kallas, plaçant l'Estonie à l'avant-garde dans ces domaines par rapport à ses voisins baltes ; Tallinn en tire une certaine fierté, ces deux caractéristiques la rapprochant du modèle nordique. La jeunesse des élites politiques confirme également la volonté d'effacer toute trace de soviétisme, jusque dans les mentalités.

Les institutions estoniennes sont stables et, hormis quelques scandales mafieux qui émaillent de temps à autres la vie politique, bénéficient de la confiance de la population. La population russophone, largement instrumentalisée par les médias russes qui dénoncent parfois les mauvais traitements dont elle serait victime, manifeste, elle aussi, un large soutien à l'égard des institutions estoniennes. Même si les difficultés économiques sont importantes pour toute une couche de la population, l'État est réputé remplir globalement sa capacité à collecter l'impôt et à redistribuer dans les secteurs fondamentaux.

« Au nom de l'adhésion européenne »

Depuis plus de dix ans, les législations ont été adoptées et mises en œuvre au pas de course, justifiées quasi systématiquement par l'échéance de l'adhésion à l'Union européenne, effective depuis le 1er mai 2004. Le cadre légal est généralement appliqué et respecté et a pour vocation de se rapprocher en tout point du cadre européen. L'Estonie est même parfois allée un peu plus loin encore, puisque sa législation douanière en particulier, ultra-libérale, en a fait le pays considéré comme le plus ouvert du monde, ce qui ne correspond pas, loin s'en faut, aux critères européens. Tallinn a donc dû parfois faire « marche arrière » afin de respecter les critères d'adhésion européenne. Au gré des coalitions au pouvoir et des gouvernements qui se succèdent, de légères modifications sont apportées à ce cadre (la politique fiscale constitue, par exemple, depuis quelques années une véritable épine dans le pied des équipes succesives), sans qu'il ne soit remis en cause.

La stabilité dans l'instabilité

Démocratie parlementaire, l'Estonie est dotée d'un président qui peut opposer son veto à la législation et proposer des amendements constitutionnels ; il est en outre le chef suprême des forces armées. L'éventualité d'une élection présidentielle au suffrage universel direct est discutée mais, pour le moment, le président est élu pour un mandat de cinq ans par le parlement à la majorité des deux tiers ; si ce quorum n'est pas atteint, comme lors de la dernière présidentielle en septembre 2001, un collège électoral spécial se réunit.

On observe en Estonie une stabilité politique fondamentale, le système politique instauré depuis dix ans n'étant pas remis en cause. L'élection d'Arnold Rüütel à la tête de l'État a d'abord provoqué la surprise des pays de l'Union européenne du fait de son passé soviétique : il a été le dernier président du Soviet suprême de la République soviétique d'Estonie. Pourtant, c'est lui qui a mené les négociations avec Boris Eltsine pour l'indépendance, épisode qui a marqué une rupture avec son passé communiste et lui a valu une grande popularité. L'Union européenne s'est rapidement rassurée, constatant que les premières déclarations du nouveau président confirmaient les priorités définies par son prédécesseur, Lennart Meri.

Ce large consensus sur les institutions (les options sont quasiment identiques sur tout l'échiquier politique, hormis celles proposées par quelques partis extrémistes) s'accompagne pourtant d'une grande instabilité des partis et des gouvernements. Basé sur un trop grand nombre de formations, le système de partis voit se créer des coalitions mouvantes et éphémères, dans lesquelles s'opèrent parfois des glissements de personnalités politiques qui n'hésitent pas, en cours de mandat, à passer d'un parti à un autre, d'une coalition à une autre.

Il en résulte des changements très rapides de gouvernement, qui passent presque inaperçus dans la mesure où, depuis plus de dix ans, les gouvernements qui se sont succédé n'ont jamais remis fondamentalement en cause les grandes orientations du pays.

Libertés publiques et État de droit

Depuis 1991, deux organisations de radiodiffusion et de télévision indépendantes, Eesti Raadio (ER) et Eesti Television (ETV), ont été créées avec des statuts spécifiques. La loi du 19 mai 1994 régit l'organisation de ces médias, considérés comme des organismes publics bénéficiant d'une liberté absolue de programmation. Cette loi générale n'a pas répondu jusqu'ici à l'apparition d'intérêts privés et aux problèmes soulevés par la concurrence des trois autres chaînes privées estoniennes (Kanal 2, TV1, TV3), comme des chaînes russes (ORT, RTR). Un Conseil de la radio-diffusion contrôlé par le parlement, supervise ces questions de diffusion. Par exemple, un cahier des charges spécifie les droits et obligations des médias en Estonie, comme la nécessité de développer la culture estonienne, de répondre aux besoins d'information de toutes les communautés résidentes et de prévoir que la production nationale soit égale à au moins 51 % de la programmation.

La législation estonienne sur le droit des minorités est désormais conforme aux exigences européennes, la meilleure preuve en étant la fermeture de la mission de l'OSCE à Tallinn en janvier 2002. Elle a fait suite à l'abandon par le parlement, en novembre 2001, d'un amendement aux termes duquel l'Estonie exigeait la maîtrise de la langue estonienne pour les députés au parlement et les représentants des conseils locaux. Les relations interethniques n'en demeurent pas moins tendues, les questions linguistiques et de naturalisation restant délicates. L'enseignement de l'estonien doit être proposé largement pour permettre à la population russophone de se conformer aux exigences estoniennes. D'importants moyens financiers sont mis en œuvre à cette fin. La Commission pour l'enseignement des langues près le ministère estonien de l'Éducation prône, elle, la propagation du trilinguisme (estonien, russe et une autre langue). Par ailleurs, l'Estonie est l'un des rares pays accordant le droit de vote aux étrangers lors des élections locales.

Un succès économique fondé sur l'adoption de principes libéraux

Une évolution macro-économique exemplaire

L'Estonie est le pays issu de l'Union soviétique qui a poussé le plus loin les réformes. Accueillie à la table des négociations de l'Union européenne dès 1997, c'est une des économies les plus avancées à l'Est. Outre la proximité de la Finlande, ceci s'explique par une culture d'entreprise forte, développée lors de la première indépendance, qui a laissé une prédisposition à l'économie de marché. Ainsi, les Estoniens furent les premiers, dès 1987, à présenter un modèle de développement économique alternatif à l'Union soviétique. Un second élément est l'intégration moins forte de l'Estonie dans le système soviétique. Alors que le pourcentage de l'emploi dans le secteur militaro-industriel est estimé à 21,3 % dans l'URSS de 1985, il n'était que de 5 % en Estonie contre plus de 12 % en Lettonie et en Lituanie. De plus, les entreprises dirigées directement depuis Moscou étaient deux fois moins nombreuses que dans ces deux États.

Ainsi, forte de cet environnement relativement plus favorable, l'Estonie a fondé ses réformes sur la mise en œuvre d'une politique économique et budgétaire rigoureuse associée à la mise en place, dès le 20 juin 1992, d'une caisse d'émission qui a d'abord lié la couronne estonienne au mark allemand, et désormais à l'euro. Ce système monétaire strict a permis une chute de l'inflation, passée de plus de 1 000 % en 1992 à moins de 5 % depuis 1999. Du fait de ce système, limitant les possibilités de création monétaire, le déficit budgétaire n'a jamais été supérieur à 1,5 % du PIB (à l'exception de 1999 après la crise russe), ce qui explique un très faible taux d'endettement extérieur net des administrations estoniennes, à peine supérieur à 3 % du PIB début 2004. Le PIB estonien a chuté jusqu'à la fin de 1994, mais moins qu'en Lettonie et en Lituanie et, par la suite, le maintien de la stabilité financière associé aux politiques d'ouverture et de transformation économique (privatisations rapides, absence de droits de douane jusqu'en 1999, abolition de l'impôt sur les sociétés pour les bénéfices réinvestis au 1er janvier 2000) ont créé les conditions d'un développement économique rapide. La croissance du PIB a toujours été comprise entre 4 et 11 % depuis lors (excepté en 1999), favorisée par le niveau élevé des investissements directs étrangers (IDE) par habitant, le plus élevé d'Europe de l'Est, après la Hongrie. L'Estonie est devenue l'économie la plus ouverte d'Europe de l'Est, son commerce dépassant 120 % du PIB en 2003.

Des réformes structurelles rapides et abouties

C'est en Estonie qu'a été créée la première banque commerciale de l'Union soviétique, en septembre 1988. Par la suite, le développement a été anarchique, mais la crise bancaire de 1992 a accéléré la réorganisation du secteur. De 41 établissements, il n'en demeure plus que 6 en activité, dont tous les actifs sont détenus par le secteur privé, étranger à plus de 90 %, avec deux banques se partageant plus de 85 % du marché. L'Estonie a conforté sa place de pays balte au financement le plus développé, comme le montre la part des crédits au secteur privé rapportée au PIB, à présent proche de 50 % contre moins de 40 % en Lettonie et à peine 20 % en Lituanie. Si la bourse estonienne, rachetée par le groupe finlandais HEX en 2001, est la plus développée des États baltes avec une capitalisation par habitant se rapprochant des niveaux de l'Union européenne, le marché secondaire reste peu actif.

La privatisation a été gérée par une agence sur le modèle de la Treuhand allemande. Cette méthode, qui a favorisé les investisseurs stratégiques par rapport à la direction et aux salariés des entreprises, a contribué à rendre l'Estonie très attirante pour les IDE, qui représentent désormais plus de la moitié des actifs dans l'industrie et les services. Ceci a encouragé la recherche de la profitabilité, ce qui a joué dans le sens d'une restructuration efficace et du développement d'activités à forte valeur ajoutée. La privatisation de transition est terminée depuis la fin des années 1990 et les privatisations récentes (chemins de fer, énergie) relèvent de l'évolution libérale de l'économie de marché occidentale.

Des déséquilibres socioéconomiques aigus

Le revers des politiques libérales menées par l'Estonie est l'existence de déséquilibres sociaux importants : déséquilibres géographiques, entre la capitale, Tallinn, concentrant le tiers de la population totale, près de la moitié de la richesse et plus de la moitié des investissements étrangers, et le nord-est de l'Estonie, peuplé majoritairement de russophones venus comme main d'œuvre d'entreprises soviétiques, dont la reconversion est aujourd'hui difficile, avec un taux de chômage parfois proche de 20 %, contre une moyenne nationale inférieure à 10 %. En outre, les campagnes ont été très affectées par l'effondrement de l'agriculture. Du fait des choix politiques (absence de droits de douanes et de subventions), sa part dans le PIB est passée de 25 à 5 % entre 1990 et 2000 ; déséquilibres sociaux également, entre une classe moyenne dynamique et les laissés pour compte de la transition libérale. Les principes libéraux ont guidé les politiques fiscales (absence de proportionnalité de l'impôt sur le revenu), de retraites (retraite à 65 ans pour les hommes, fonds de pension), de la santé (assurance publique ne remboursant plus la totalité des soins) ou de l'emploi (droit du travail favorable aux entrepreneurs, allocation chômage dissuasive de 25 euros par mois).

Il faut toutefois modérer ces déséquilibres, la société estonienne ayant très tôt pris conscience des efforts qu'il faudrait consentir afin de retrouver sa place dans l'économie mondiale. Si, à partir de 1995, une contestation plus forte de l'orientation libérale est apparue, le climat estonien reste assez consensuel et imperméable à tout ce qui pourrait rappeler le socialisme. De plus, l'Estonie dépasse les autres États baltes en termes de développement humain selon l'indicateur 2003 des Nations unies.

Une économie accrochée à l'Europe nordique, mais sensible à l'influence russe

Les investisseurs suédois et finlandais dominent très largement le marché estonien et, après avoir utilisé l'Estonie comme pays sous-traitant, ont tendance à s'en servir comme point de départ de leur conquête des marchés baltes et russes. Leur influence sur la vie des affaires est patente, l'Estonie étant l'économie la moins corrompue d'Europe de l'Est après la Slovénie selon le rapport 2003 de *Transparency International*. L'essentiel des échanges commerciaux se fait avec l'Europe nordique, du fait notamment de la sous-traitance. Ainsi, au début de 2001, un seul assembleur de composants de téléphones mobiles réalisait près de 25 % des exportations estoniennes. Au niveau de la balance des services, le tourisme, d'origine finlandaise pour moitié, représente plus de 8 % du PIB. L'Estonie se place dans le sillage nordique pour les technologies nouvelles. Devançant largement ses deux voisins en termes de pénétration du téléphone mobile et de l'Internet, elle est à la pointe des technologies nouvelles appliquées à la consommation (banque par Internet, paiement de parking ou de transports collectifs par SMS (*Short Messages Service)*, paiement par téléphone mobile en substitution des cartes bancaires). Par ailleurs, le projet estonien du génome humain a débuté en septembre 2002 : essentiellement financé sur des fonds privés, il doit permettre la cartographie génétique de la population !

La dépendance vis-à-vis de la Russie ne doit cependant pas être sous estimée. Au moment de la crise russe de 1998, la Russie ne représentait que 13 % des exportations et 8 % des importations estoniennes, les banques estoniennes n'étaient engagées en Russie qu'à hauteur de 0,2 % de leurs actifs ; pourtant l'économie a été durement affectée, entrant en récession. Les relations avec la Russie croissent depuis, tant au niveau commercial que des services. Depuis 2002, le port de Tallinn a dépassé le port letton de Ventspils, devenant ainsi le principal débouché des produits pétroliers russes dans les États baltes.

À la recherche d'une sécurité globale

Défense nationale indépendante et coopération internationale poussée

La politique de défense de l'Estonie est définie par « Le concept de sécurité nationale », adopté le 6 mars 2001 par le parlement. Il articule notamment la politique de défense autour de deux principes complémentaires : une défense nationale indépendante, appuyée par des structures de défense étatiques, et une coopération internationale en matière de défense. Compte tenu de la capacité budgétaire assez limitée du pays, les forces militaires estoniennes sont largement tributaires de l'aide occidentale. Une partie significative du budget de la défense a dû être consacrée, en outre, à la reconstruction des installations militaires léguées par les Soviétiques, souvent en piètre état et le plus souvent délibérément saccagées. Depuis 1991, la part du budget consacrée à la défense ne cesse de croître. Devant « repartir de zéro » en matière de logistique et d'équipements militaires, l'objectif est d'atteindre les 2 % du PIB consacrés à la défense, standard imposé par l'OTAN aux pays candidats pour l'année 2002 en vue de l'adhésion et dont Tallinn se rapproche. Les Estoniens ne manquent pas de souligner, afin de prouver leur détermination, que l'effort financier consenti, dans un pays où le principe d'équilibre budgétaire est inscrit dans la constitution, constitue le signe indiscutable de la fermeté de leur engagement.

Les forces de défense estoniennes comprennent les forces régulières, les gardes-frontières et les Ligues de défense, ces dernières soumises à l'autorité du commandant des forces armées régulières. Il s'agit d'une organisation apolitique, chargée de protéger l'ordre constitutionnel du pays et de garantir sa stabilité intérieure, qui joue un rôle essentiel dans la défense du pays ; les Ligues de défense ont été créées sur la base des principes déjà formulés en 1918, lorsque l'objectif premier était de développer l'autodéfense et la sécurité estoniennes. Les armes et équipements dont disposent les forces de défense du pays sont essentiellement composés de « dons » des pays occidentaux et, dans une moindre mesure, des matériels laissés par les troupes russes après leur départ.

L'adhésion à l'OTAN, couronnement d'une décennie d'atlantisme forcené

L'objectif de l'Estonie, depuis le recouvrement de son indépendance, était donc de combler le vide militaire dans lequel elle se trouvait. Son adhésion officielle à l'OTAN, le 29 mars 2004, qui marque la consécration d'une dizaine d'années d'atlantisme forcené, l'intègre désormais au système de défense collective de l'Alliance atlantique. La période de transition entre le retrait des dernières troupes russes de son territoire durant l'automne 1995, et l'invitation officielle à rejoindre l'OTAN, lancée par le Conseil atlantique de Prague le 21 novembre 2002, était considérée comme une phase durant laquelle la précarité de sa sécurité était imputable uniquement à la Russie.

La finalité de sa stratégie sécuritaire reste l'adhésion pleine et entière à l'Alliance atlantique, le pays rappelant régulièrement qu'il n'existe aucune solution alternative à la solidarité transatlantique. L'émergence, depuis le Sommet européen de Cologne en juin 1999, de la Politique européenne commune de sécurité et de défense (PECSD) est perçue par l'Estonie comme l'ébauche d'une organisation peu appropriée à sa propre sécurité car dépourvue de garantie effective. Par ailleurs, son alignement quasi-systématique sur les positions politiques de Washington en matière de défense témoigne de sa volonté de donner un contenu effectif aux relations américano-baltes, structurées par la signature de la Charte américano-balte de janvier 1998.

La pusillanimité des pays occidentaux était palpable, du moins jusqu'à l'émergence d'une nouvelle configuration stratégique post-11 septembre. Les pays occidentaux, à quelques exceptions près comme le Danemark, étaient plus que réticents à l'idée d'inviter l'Estonie et ses deux voisines baltes à rejoindre l'OTAN ; la Russie ne leur avait pas caché, en effet, qu'elle interpréterait un tel acte comme un *casus foederis*.

Or, depuis la création du Conseil Russie-OTAN (ou Conseil à 20), nouvel organisme de coopération lancé en mai 2002, les déclarations tonitruantes de Moscou sur les effets dévastateurs de l'adhésion des États baltes à l'OTAN ont été mises entre parenthèses.

L'Estonie avait, par ailleurs, multiplié la participation de militaires à des opérations de maintien de la paix, considérées comme des véritables «passeports de bonne conduite» pour les pays ayant vocation à adhérer à l'OTAN. Ainsi, en 2001, l'Estonie avait dépêché quelque 144 militaires dans diverses opérations dans le cadre de l'OTAN (KFOR et SFOR dans les Balkans). Elle a, en outre, participé militairement aux opérations alliées en Afghanistan et à la coalition anglo-américaine en Irak, afin surtout de démontrer sa solidarité avec les États-Unis et l'OTAN.

Une coopération politique inter-balte à l'avenir incertain

Les premières manifestations de la coopération balte en matière de défense remontent au début de l'indépendance. Dès octobre 1991, l'Estonie et la Lituanie avaient ainsi décidé d'établir une politique similaire dans trois directions : mise en place d'une protection des frontières, d'une administration de la défense du territoire et d'une défense civile. En septembre 1993, les ministres de la Défense des trois pays avaient, par ailleurs, adopté une déclaration sur la « Coopération dans le domaine de la sécurité et de la défense », requérant des « efforts communs pour sauvegarder la sécurité » d'une « région balte » dont elle posait les bases. Le cadre de cette coopération balte s'est vu renforcé par la mise en place du Conseil balte (octobre 1993). Après l'installation d'un « téléphone rouge » entre les trois ministres, les États baltes ont conclu, le 27 février 1995, un accord trilatéral de « Coopération dans les domaines des relations militaires et de défense », dans lequel il est précisé que « leurs systèmes de sécurité et de défense nationale seront élaborés en tant qu'éléments s'inscrivant dans un système commun de sécurité européenne et de défense transatlantique ». L'idée de la création d'un bataillon balte de maintien de la paix (BaltBat) a été initiée par les trois pays en novembre 1993 ; le BaltBat est opérationnel depuis 1998. Les trois États ont mis en place d'autres structures militaires communes, à savoir le réseau aérien baltique de surveillance (BaltNet), l'escadron baltique (BaltRon), le Collège de défense baltique (BaltDefCol) et le Groupe d'Assistance pour la sécurité dans la Baltique (BaltSea), le tout avec le parrainage de nombreux pays occidentaux.

En dépit du caractère quasi-opérationnel de toutes ces structures, les Estoniens semblaient jouer sans grand enthousiasme la carte de la « solidarité balte », admettant, certes du bout des lèvres, que la coopération avec les deux autres pays baltes était surtout déclaratoire et manquait profondément de contenu. Ils ne voulaient pas lier leur sort à celui d'un quelconque autre candidat puisque, au sein de l'OTAN comme de l'Union européenne, le principe de différenciation s'impose. Ils craignaient, par ailleurs, qu'une coopération militaire plus développée entre les trois pays ne pervertisse le processus d'adhésion à l'OTAN ; elle aurait donné, en effet, davantage d'arguments aux « otanosceptiques » qui estimaient que la coopération militaire entre les trois États aurait été largement suffisante pour contenir une agression extérieure, rendant ainsi *de facto* leur démarche d'adhésion à l'OTAN moins nécessaire. C'est la raison pour laquelle ils n'hésitèrent pas à miser davantage sur l'assistance militaire des pays nordiques voisins et des États-Unis.

Désormais membres à part entière de l'OTAN, l'Estonie estime que sa collaboration militaire avec la Lettonie et la Lituanie, si elle reste importante, n'est plus primordiale. En témoigne la dissolution récente du BaltBat, symbole même de sa collaboration avec ses deux voisines baltes.

LA LETTONIE

Latvija, Latvijas republika

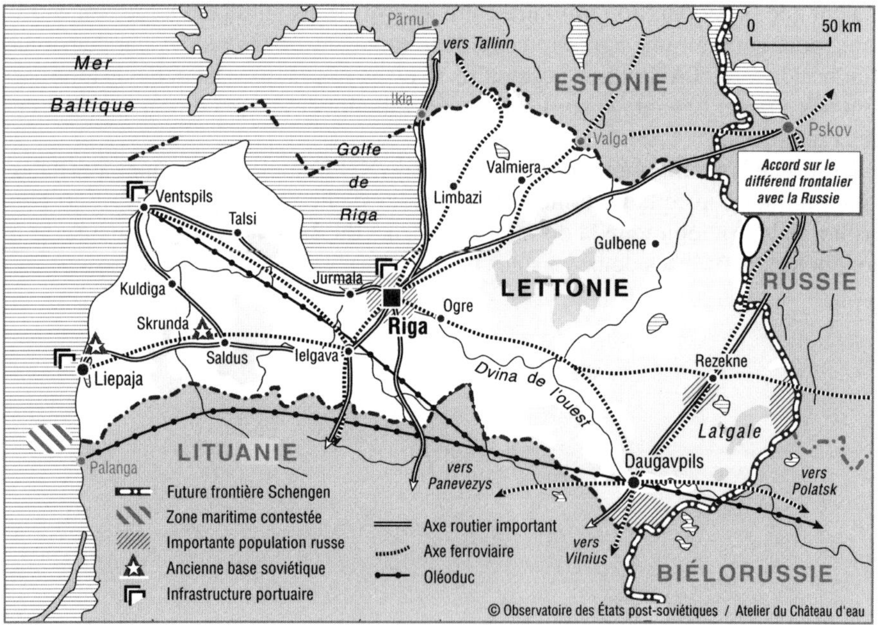

Chiffres clés

Territoire

Superficie : 64 500 km²
(un peu moins que l'Irlande)
Capitale : Riga (857 000 hab.)
Principales villes :
- Daugavpils (110 000 hab.)
- Liepaja, (92 000 hab.)

Divisions administratives :
26 districts (*rajons*) et 7 villes

Population

2 262 000 habitants au 1er janvier 2004
Dernier recensement : 2000
Densité : 35 habitants/km²
Population urbaine : 59,4 %
Population rurale : 39,6 %
Espérance de vie à la naissance (2000) :
70,5 ans (hommes, 65,0 ans ; femmes, 76,1 ans)

Données démographiques (pour 1 000 habitants)

	1991	1995	2000
Accroissement naturel	0,0	- 7,0	- 5,1
Natalité	13,1	8,7	8,5
Mortalité	13,1	15,7	13,6
Mortalité infantile	15,6	18,5	10,5

Composition ethnique

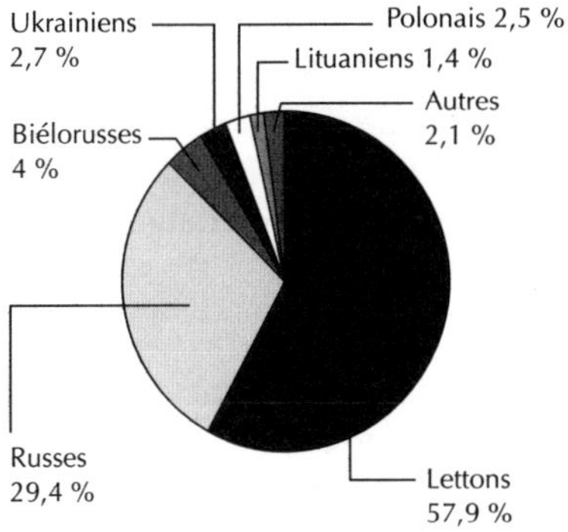

Économie

PIB par habitant en parité de pouvoir d'achat

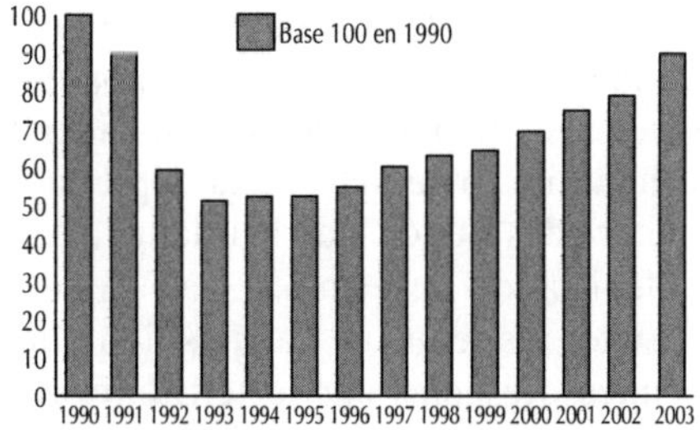

Principales composantes du PIB en 2002 :
- services, 74,4 %
- industrie et bâtiment, 20,9 %
- agriculture, 4,7 %

IDH (2000) : 0,800 (53e rang mondial)
Monnaie : lat (adoptée en 1993)
Dette extérieure brute (2001) : 67 % du PIB

Relations extérieures

Adhésion aux organisations internationales :
- Conseil de partenariat euro-atlantique (EAPC),
- Partenariat pour la Paix de l'OTAN,
- UEO (membre associé),
- OMC,
- Conseil des États de la mer Baltique (CEMB),
- candidate à l'Union européenne.

Principaux partenaires commerciaux en 2002 :
- export : UE, 60,4 % ; Allemagne, 15,5 % ; Grande-Bretagne, 14,6 % ; Suède, 10 % ; Lituanie, 8 %
- import : UE, 53 % ; All., 17 %, Russie, 9 %, Lituanie, 10 % ; Finlande, 8 % ; Suède, 6,4 %

Exportations totales en 2002 :
2,5 milliards de dollars
dont :
- produits de la filière bois, 33,6 %
- textiles et habillement, 12,8 %
- métaux et produits métalliques, 13,2 %
- produits alimentaires, 7,2 %
- machines et équipements, 6,5 %

Importations totales en 2002 :
4,0 milliards de dollars
dont :
- machines et équipements, 21,3 %
- produits minéraux, 9,7 %
- produits chimiques, 10,5 %
- moyens de transport, 9,8 %
- métaux et produits métalliques, 8,4 %

Une affirmation identitaire crispée

À la recherche de l'identité lettone

Comme dans d'autres États postsoviétiques, la refonte de l'identité nationale de la Lettonie n'est pas chose aisée, s'appuyant sur un ancrage historique fragile (la première indépendance, de 1918 à 1940) et sur une population lettone tout juste majoritaire au lendemain du recouvrement de cette indépendance. En effet, on estime qu'en 1991, plus de 40 % de la population du pays était d'origine russe, ukrainienne ou biélorusse. Cette population russophone était alors vue comme une menace à la préservation d'une identité lettone mise à mal par cinquante ans d'occupation soviétique et la répression systématique qu'elle a engendrée à l'encontre des Lettons, de leur langue et de leur culture.

La législation mise en place à l'égard des russophones à partir de 1995 a donc été stricte, restreignant l'acquisition automatique de la citoyenneté lettone aux personnes présentes sur le territoire avant le 17 juin 1940, leurs descendants directs et aux enfants nés après le recouvrement de l'indépendance. Le parlement letton a décidé d'accorder la citoyenneté lettone aux non citoyens aux termes d'un examen consistant en une épreuve de langue et d'histoire du pays, de ses institutions et de son hymne. Depuis, 55 000 personnes seulement ont acquis la citoyenneté, tandis que, fin 2002, il restait dans le pays 523 000 non citoyens, pour la plupart d'origine russe. Le nombre encore élevé de ces non citoyens (un habitant sur cinq) pose problème : ces russophones, privés du droit de vote ou de celui de travailler dans la plupart des institutions publiques, y compris dans les régions où ils forment la majorité de la population, constituent un point de friction dans les relations du pays avec la Russie bien sûr, mais aussi avec l'Union européenne ou l'OTAN. Ces deux institutions ont d'ailleurs fait pression sur Riga pour qu'elle accélère le rythme des naturalisations et qu'elle assouplisse les lois linguistiques. Le letton a en effet été inscrit comme seule langue officielle de l'État dans la constitution et tous les candidats à des emplois publics doivent prouver qu'ils le maîtrisent : la loi sur l'éducation, entrée en vigueur en 2004, impose désormais une proportion de 60 % d'enseignement en letton, contre 40 % en russe dans les écoles publiques secondaires russophones, ce qui a provoqué des tensions extrêmes tout au long de 2004, les russophones s'estimant lésés.

En dix ans, la part des Lettons dans la population totale est passée de 52 à 58 %, alors que celle des locuteurs de letton a augmenté de 62 à 79 %, ce qui est rapide, mais jugé insuffisant, en particulier dans les grandes villes ou en Latgale.

Une intransigeance déclarée

Ce n'est qu'après des mois de refus que le parlement letton a accepté, en mai 2002, d'amender sa loi électorale, qui exigeait de tout candidat aux élections législatives ou locales la maîtrise du letton, condition perçue comme une discrimination à l'encontre de la population russophone. C'est suite à l'intervention du Secrétaire général de l'OTAN, laissant entendre que cette loi pourrait être un obstacle à l'adhésion du pays à l'organisation atlantique, que les députés lettons se sont résolus à l'amender, cette menace à peine voilée leur semblant plus inquiétante que la question de l'intégration de la population russophone.

L'enjeu devant lequel se trouve le pays est simple, coincé entre une intransigeance déclarée, qui a sa logique propre, et les exigences de la communauté internationale : même si le ministre letton des Affaires étrangères admet par exemple que la procédure la plus simple, à l'image de ce qui a été fait en Lituanie, serait d'accorder à tous automatiquement la citoyenneté lettone, il rappelle néanmoins que la Lettonie a besoin de créer un sentiment de citoyenneté, générateur de patriotisme. Cette conscience ferait défaut au pays, ou du moins la Lettonie craint-elle qu'une société multiethnique, dominée linguistiquement et culturellement il n'y a pas si longtemps pas le russe, soit peu encline à la générer. La cohabitation entre population russophone et lettone pose de moins en moins de problèmes, ce dont témoigne notamment la fermeture, en janvier 2002, du bureau de l'OSCE à Riga. Mais les russophones, récemment encore quasiment exclus de la vie politique, dominent toujours la vie économique, suscitant une certaine inquiétude. Cette situation s'explique par leur importance dans les grandes villes, qui présentent plus d'opportunités pour les affaires, et par le fait que la plupart des entrepreneurs sont, en fait, issus de l'ancienne élite soviétique. Cette dichotomie entre une société civile dominée par les Lettons et l'économie où les Russes sont influents, retarde le renforcement du sentiment identitaire.

Dans le même temps, la réputation de « raideur » accolée à la Lettonie n'est pas un bon point pour ce petit pays en mal d'affirmation qui a mis un point d'honneur à rejoindre la communauté internationale, *via* l'Union européenne et l'OTAN, vecteurs les plus sûrs à ses yeux de son affirmation identitaire parce que seuls porteurs de garanties de sécurité suffisantes.

Des vecteurs divers d'affirmation identitaire

Parfois mal perçue à l'extérieur, la cohérence des politiques mises en œuvre depuis le recouvrement de l'indépendance ne fait pourtant pas défaut : la fermeté de la classe politique, parfois modérée par l'action de la Présidente lettone, Vaira Vike-Freiberga, est justifiée par la poursuite d'un objectif jugé urgent. La recherche interne d'une image identitaire se fait tous azimuts, allant de l'affirmation citoyenne et linguistique à la quête d'un passé affirmé et de référents culturels (comme l'a montré par exemple la polémique qui a opposé le pays à la Lituanie voisine quant à la paternité des *dainas*, ces courts poèmes chantés, constitutifs de l'identité balte si ce n'est lettone).

La Lettonie, angoissée par l'idée de constitution d'une zone grise, entre marge de l'Union européenne et Russie, cherche à briser tout risque d'isolement ; elle est le seul des trois États baltes à chercher un ancrage géographique solide, qu'elle ne semble trouver, régionalement, que dans une solidarité balte plutôt faible, aux côtés de deux partenaires bien moins enthousiastes qu'elle parce que positionnés plus favorablement. Sa tâche est en effet rendue difficile par la faible volonté de l'Estonie et de la Lituanie voisines de prôner une solidarité, voire une identité balte, dans laquelle seule la Lettonie semble se retrouver totalement. Comme l'Estonie voisine, la Lettonie est dans une situation paradoxale puisqu'elle doit concilier l'affirmation d'une identité qu'elle a failli perdre aux termes de l'occupation soviétique, et la volonté sans faille de rejoindre des structures européennes et atlantiques au sein desquelles elle craint que sa voix ne soit bien faible.

Si les autorités lettones s'étonnent du faible nombre de candidats à la naturalisation (et multiplient de ce fait les campagnes d'information sur les avantages de son acquisition), la difficulté de l'examen ne peut plus être aujourd'hui mise en cause (le taux de réussite avoisine les 90 %). Il est clair en revanche que certains « non citoyens » s'accommodent de leur statut et ne voient pas l'intérêt de réaliser ces démarches. L'adhésion à l'Union européenne devrait, de l'avis de tous, relancer le processus : les russophones savent désormais qu'ils ont tout intérêt à devenir Lettons s'ils veulent être pleinement Européens.

Une transformation politique radicale

Un État démocratique consolidé

La Lettonie apparaît clairement aujourd'hui comme une démocratie parlementaire consolidée, dans laquelle l'apparente instabilité politique, révélée par la succession rapide de gouvernements de coalition, n'a jamais remis en cause, depuis le recouvrement de l'indépendance, le développement d'une société civile active. Les meilleurs indicateurs de cette stabilité sont sans doute le soutien sans faille à son système constitutionnel démocratique, l'absence de violences ethniques constatée et la pérennité de son orientation vers les institutions occidentales (en la matière, le processus d'adhésion à l'Union européenne est autant perçu, dans le pays, comme un facteur de stabilisation économique que de sécurité politique). La Présidente élue en 1999 et en 2003, V. Vike-Freiberga, jouit d'une popularité sans faille depuis son arrivée au pouvoir et, même si sa fonction ne lui assure qu'un faible pouvoir réel, cette quasi unanimité est un facteur indéniable de stabilité politique.

En revanche, le taux de corruption relativement élevé, régulièrement dénoncé à l'intérieur comme à l'extérieur du pays, touche notamment l'État et ses structures, générant la défiance de la population à l'égard des institutions publiques et des conflits réguliers entre pouvoirs législatif et judiciaire. Le taux de participation de la population aux échéances électorales est en diminution régulière (72 % lors de l'élection du 7e parlement en 1998 et 57 % lors des municipales de 1997), reflet certes de la banalisation de l'acte de vote, mais aussi de la baisse de confiance dans les leaders politiques, leurs promesses et leurs actes. Autre point faible, la part de population vivant sur le sol letton et privée de la citoyenneté, donc du droit de vote, est suffisamment importante pour remettre potentiellement en cause la validité des choix politiques. Les résultats de la plupart des sondages prouvent toutefois que la population russophone approuve dans ses grands traits la marche de la démocratie lettone et la plupart de ses options politiques.

Effacer la parenthèse soviétique

La Lettonie a tenu à appliquer le principe de continuité de l'État letton, adoptant, le 6 juillet 1993 à l'occasion de l'élection du 5e parlement (*Saeima*), le texte de la constitution lettone du 12 février 1922. Par ce choix, elle a décidé de transformer l'occupation soviétique de 1940 à 1991 en une simple parenthèse historique. Le texte de la constitution est régulièrement amendé depuis, afin de l'actualiser et de le mettre en conformité avec les normes des grandes démocraties. La Lettonie a adopté en outre un corpus législatif important, conforme aux principes démocratiques et européens (abolition de la peine de mort en 1999 par exemple). Ce corpus est parfois difficile à mettre en œuvre ; c'est le cas, notamment, de certaines lois sur les droits de l'homme dont l'application réelle demande du temps (conditions de détention carcérales notamment).

Comme dans les autres États baltes, la sortie du système soviétique s'est faite à marche forcée : le pays a connu depuis dix ans une évolution particulièrement rapide des législations mises en œuvre, justifiée par la volonté d'adhésion à l'Union européenne (reprise de l'acquis communautaire) et à l'OTAN (part du budget consacré à la défense en particulier). Ces options claires ont créé le consensus, même si elles posent parfois problème. La transition lettone est douloureuse pour une partie de la population et le recours systématique par la classe politique à « l'excuse européenne » pour justifier l'adoption des mesures les plus impopulaires présente des risques : celui de discréditer à la longue le discours politique, celui de faire douter la population de la réelle marge de manœuvre — donc de la réelle indépendance — du pays ou celui, enfin, de créer le doute au sein de la population quant au bien-fondé de cette marche vers l'Union européenne et l'Alliance atlantique.

Une démocratie parlementaire affirmée

Le parlement letton, composé de 100 sièges, est élu à la proportionnelle tous les quatre ans ; pour être représenté, un parti doit totaliser au moins 5 % des votes. Le président est élu par le parlement, pour une durée de quatre ans également. Les organes exécutifs et législatifs sont réputés opérer en toute transparence. En revanche, le système judiciaire laisse à désirer, souffrant d'un régime de formation inadapté, d'inefficacités chroniques de son fonctionnement et de fréquentes affaires de corruption.

Les coalitions gouvernementales issues de ces élections se sont rapidement succédé dans le pays depuis l'indépendance (onze depuis 1992), n'ayant généralement qu'une faible durée de vie. Il en résulte une certaine incohérence ou certains blocages dans les politiques adoptées, les membres d'une même coalition étant parfois en désaccord sur des sujets aussi fondamentaux que le rythme des privatisations ou l'intégration des russophones dans la société. Néanmoins, le large consensus observé dans la société lettone quant aux principes fondamentaux des réformes réalisées ou à adopter permet de maintenir un cap clair. D'abord très nombreuses, les formations politiques se sont stabilisées (environ 35 en 2000). Les forces extrémistes, de droite comme de gauche, ont la possibilité de s'exprimer, mais ne bénéficient finalement que d'une très faible audience, preuve de la stabilité démocratique du pays. En revanche, les comportements de vote observés font la part belle aux nouveaux venus, même s'il s'agit de leaders charismatiques qui développent des rhétoriques parfois populistes ; les électeurs y trouvent un moyen de protester.

Un État de droit embarrassé par la question linguistique

Il est unanimement reconnu que la question la plus cruciale liée aux droits de l'homme dans le pays, plus que raciale ou ethnique, est linguistique : 36 % des habitants du pays ont en effet pour langue maternelle le russe, tandis que la plupart des Lettons « de souche » maîtrisent cette langue. Dans le mouvement de réappropriation de l'identité lettone, la question linguistique a constitué un enjeu essentiel, amenant parfois le pays à adopter des mesures légales qui dépassaient le cadre de critères dits démocratiques. L'OSCE estime aujourd'hui que les droits de l'homme sont respectés en Lettonie, même si des tendances ont été observées en 2002 à la multiplication des cas de violation de la liberté d'expression et des médias.

Les médias en Lettonie ont été, dès 1988, le fer de lance de l'indépendance et les vecteurs du Front populaire. Le parlement letton a voté une première loi libérale sur l'audiovisuel en mai 1992, créant deux organismes indépendants de radio et télévision lettones. La deuxième loi sur les médias sera votée en août 1995. La radio et télévision (LTV-1 et LTV-2) publiques, pourvues d'un statut d'établissements publics, sont financées en partie seulement (53 %) sur le budget de l'État, mais peuvent percevoir des recettes commerciales. Le marché reste dominé par la chaîne privée LNT (télévision indépendante lettone), financée à 95 % par la publicité et réalisant 80 % d'audience. En 2000, vingt-cinq radios étaient officiellement enregistrées, sans compter la radio d'État publique, Latvijas Radio. La majorité des journaux et magazines du pays sont détenus par le secteur privé. À la différence des autres pays Baltes, les politiques publiques s'efforcent de freiner une évolution trop anarchique du secteur des médias. La concentration des groupes médias est moindre qu'ailleurs, malgré une offensive récente des télévisions commerciales. Problème lié encore au facteur linguistique, la loi sur les médias interdit à une chaîne de télévision, même privée, d'émettre plus de 25 % de ses programmes en russe, disposition dénoncée par la Cour européenne des Droits de l'homme.

Les ambiguïtés de réformes économiques globalement réussies

Une évolution macroéconomique satisfaisante

Le choc lié à la désintégration de l'URSS a été plus violent en Lettonie que dans les deux autres États baltes, provoquant une grave crise de l'industrie et de l'agriculture. À la fin de 1993, le PIB réel ne représentait plus que la moitié de celui de 1990. Après un accroc en 1995 lié à une forte crise bancaire, la croissance a été vive, dépassant 6 % du PIB depuis 2000. Les ressorts de l'économie lettone, commerce extérieur et transit, sont similaires à ceux de l'économie estonienne, le transit étant ici l'élément dominant. Il s'agit essentiellement du transit de marchandises et notamment de pétrole (la Lettonie contrôlait en 2001 plus de 15 % des exportations pétrolières russes), mais également de transit financier, la Lettonie faisant office de « Luxembourg de la Baltique » pour le compte de ressortissants de la CEI (plus de la moitié des dépôts des banques lettones étant détenus par des non-résidents début 2004). Le commerce extérieur joue un rôle important ramené aux standards internationaux mais en retrait par rapport à la situation des voisins baltes. Les exportations lettones sont peu diversifiées (le bois et ses produits comptent pour un tiers des ventes) et elles représentent moins de 30 % du PIB. La Lettonie reçoit des flux d'investissements étrangers plus faibles que ses voisins et surtout très irréguliers.

Après une évolution contrastée durant les années 1990, l'évolution du solde des administrations publiques lettones paraît maîtrisée depuis 2000 mais une attention particulière doit être accordée à la situation dégradée des finances locales. Cette évolution explique un niveau raisonnable de la dette extérieure publique. Au niveau des équilibres extérieurs, le compte courant letton reste sous surveillance. En effet, son déficit est systématiquement supérieur à 5 % du PIB depuis 1996 et dépassait 9 % en 2003. À la différence des deux autres États baltes, la Lettonie n'a pas mis en place de *currency board* liant le lat à une monnaie internationalement reconnue. Toutefois, elle maintient depuis 1995 un lien fixe avec le DTS (droit de tirage spécial), unité monétaire du FMI, ce qui a favorisé la stabilisation. L'intégration à l'Union européenne et la volonté affichée d'adopter l'euro d'ici 2008 doit prochainement conduire à l'ancrage du lat sur la monnaie européenne. L'inflation, passée sous les 15 % dès 1995, est restée inférieure à 3 % depuis 1998.

Le retard initial des réformes structurelles est en passe d'être comblé

Inexistant en 1989, le secteur bancaire commercial a connu un développement anarchique. Le nombre de banques commerciales s'est élevé à 67 en 1992 pour être ramené à 22 établissements début 2004, suite à plusieurs scandales, dont celui de 1995 engendrant la faillite de la principale banque commerciale. Les investisseurs étrangers dominent à présent un secteur bancaire letton longtemps fragmenté et opaque, mais dont les pratiques ont été assainies après la crise russe de 1998, permettant un développement rapide à partir de 1999. La bourse de Lettonie n'a pas réussi à prendre son essor, ni en termes de capitalisation, ni en termes de volumes de négociation, mais son intégration en juin 2002 dans le groupe HEX, déjà propriétaire des bourses de Tallinn et d'Helsinki, a contribué à son développement.

La restructuration des entreprises a connu les mêmes difficultés que dans les autres pays ayant adopté la privatisation par coupons et n'a connu une évolution favorable qu'après la décision, prise en 1995, de poursuivre la privatisation par voie d'adjudications internationales. La privatisation des grandes entreprises a alors réellement commencé, selon un parcours parfois opaque et marqué par des pratiques corruptrices. Les privatisations sont maintenant pour l'essentiel achevées.

Forte aggravation des déséquilibres socioéconomiques

La protection sociale a connu des réformes importantes tendant vers une harmonisation avec les normes européennes, souvent ressenties par la population comme une évolution libérale et défavorable. La Lettonie a été le premier État balte à mettre en place un système de retraites par capitalisation conforme au modèle libéral prôné par le FMI. Si l'entrée en vigueur d'un nouveau code du travail en juin 2002 améliore le traitement des salariés, le salaire moyen mensuel letton reste le plus faible des États baltes, et le taux de chômage restait supérieur à 10 % à la fin de 2003. Ce taux est dû à la difficulté d'adaptation suite au choc industriel et agricole (les parts de ces secteurs dans le PIB durant la décennie 90 sont passées respectivement de 45 à 25 % et de 25 à 7 %).

Il faut remarquer que le taux de chômage, comme les salaires, varie considérablement entre Riga, comptant plus du tiers des habitants du pays et attirant l'essentiel des investissements, et certaines régions en crise comme la Latgale. L'accroissement des déséquilibres entre couches sociales de la population explique que la Lettonie est l'État balte le plus mal classé selon l'indice de développement humain calculé par les Nations unies et selon l'indice de santé publique calculé par l'Organisation mondiale de la Santé.

Les aspects défavorables d'une influence russe non maîtrisée

Si la proximité de la Russie a été une source essentielle du développement économique letton par le biais du transit et d'une communauté d'affaires russophone active, ces mêmes éléments ont handicapé un développement économique équilibré. Ainsi, les profits tirés du transit financier en provenance de la CEI impliquent des risques élevés pour la Lettonie en matière de blanchiment de capitaux, dérapages soulignés par le FMI. Si la pression internationale a permis une amélioration des dispositions anti-blanchiment, la majorité des dépôts de non résidents effectués en Lettonie sont entre les mains de sociétés immatriculées au Delaware, État notoirement connu pour la facilité d'enregistrement des sociétés et fréquemment utilisé comme écran par diverses entités d'Europe orientale.

De plus, la communauté russophone des affaires, privée d'influence directe sur les décisions politiques, a pu voir dans la corruption, l'évasion fiscale et l'économie informelle, un moyen de pallier sa déconnexion de la vie politique officielle. C'est peut-être là une des explications à la situation médiocre de la Lettonie en terme de corruption. Malgré une amélioration sensible, la Lettonie fait encore partie des nouveaux membres de l'Union européenne les plus corrompus selon l'organisation non gouvernementale *Transparency International.* Les progrès sont toutefois réels depuis l'adoption d'une importante législation et la création, en 2002, d'un bureau central pour la prévention et la lutte contre la corruption qui a mis fin à la fragmentation entre administrations.

Enfin, le désengagement total de l'État de la principale entreprise de Lettonie, Ventspils Nafta, était prévu pour 2003 mais a pris du retard. Elle contrôle le principal port et terminal pétrolier letton et, depuis juin 2002, la compagnie de navigation lettone LASCO, une des plus importantes en Europe ; elle présente donc un intérêt stratégique évident pour les pétroliers russes. La baisse de 25 % du transit pétrolier par le port de Ventspils au début 2002, puis l'arrêt total du transit de pétrole russe par pipeline vers ce port, peut s'expliquer par la volonté russe de prendre le contrôle de cet ensemble.

Une intégration résolue dans le système stratégique européen

Le concept letton de défense totale

La Lettonie a adopté un concept de défense totale : dans ce cadre, la défense territoriale doit pouvoir contenir une agression extérieure le temps nécessaire à une intervention politique ou à un engagement militaire des puissances alliées. La défense du territoire et la participation aux opérations internationales de maintien de la paix incombent respectivement aux deux grandes composantes du système de défense que sont la garde nationale et les forces armées (forces conventionnelles). La garde nationale, principale force du système de défense, s'apparente à une milice formée de réservistes volontaires, forte de 17 000 hommes, dont un noyau actif représentant 10 % des effectifs totaux. Il faut ajouter à ces composantes le corps des gardes-frontières, subordonné au ministère de l'Intérieur et organisé selon un schéma militaire. Il est prévu qu'en cas de crise aiguë, les gardes-frontières, forts de 4 000 hommes, soient placés sous le commandement du chef d'état-major des armées pour défendre le territoire.

Très active au sein du Partenariat pour la Paix (PpP) qu'elle avait rejoint en février 1994, la Lettonie a, par ailleurs, multiplié l'envoi de soldats dans toutes les opérations de maintien de la paix en ex-Yougoslavie depuis 1996 ainsi qu'en Afghanistan et en Irak. Tout comme ses deux voisins baltes, elle bénéficie d'une assistance militaire très poussée de la part des pays européens occidentaux, notamment des pays nordiques, mais surtout des États-Unis, qui lui fournissent du matériel et des instructeurs militaires. Washington, en effet, a développé un système de coopération militaire très poussé avec la Lettonie, notamment au travers de mécanismes institutionnalisés par la Charte americano-balte.

Une politique de sécurité axée sur la « menace russe »

Profondément marquée par cinquante ans d'occupation soviétique, la Lettonie qui est restée pendant toute la décennie 1990 très méfiante à l'égard d'une Russie qu'elle soupçonne encore de « nostalgies impériales », voit son adhésion récente à l'OTAN comme un gage absolu contre les velléités de Moscou. Candidate à l'intégration depuis 1994, la Lettonie affichait jusqu'alors une opiniâtreté destinée avant tout à signifier à Moscou son appartenance au monde occidental.

La politique de défense de la Lettonie est donc résolument axée sur la relation transatlantique, l'OTAN apparaissant comme la seule organisation qui puisse contenir l'attitude de la Russie jugée imprévisible. Toutefois, à la différence de Vilnius, Riga peinait à définir une stratégie cohérente et ambitieuse, notamment du fait des relations orageuses qu'elle a longtemps entretenues avec Moscou. Les discours tonitruants de part et d'autre, surtout situés dans le registre des symboles et des échanges verbaux (par exemple, les accusations russes portant sur l'implication de mercenaires lettons combattant auprès des Tchétchènes ou la dénonciation par les Lettons de l'instrumentalisation par Moscou des populations russophones de Lettonie) ne favorisent pas une amélioration des relations entre Riga et Moscou. Cet état de fait fut considéré par les uns comme un vecteur de légitimation de leur candidature à l'OTAN, et par les autres comme un handicap, dans la mesure où Washington restait soucieuse de préserver les intérêts de la Russie.

Au cours des années 1990, la Lettonie s'était étonnée à plusieurs reprises, comme ses deux voisins baltes, des réticences de l'Alliance atlantique à affirmer clairement et explicitement à la Russie que les trois États baltes allaient « naturellement », et à brève échéance, adhérer à l'OTAN. Pour Riga, cette absence de signal politique fort avait entretenu la Russie dans le sentiment qu'elle pouvait prévenir cette adhésion, l'empêchant de faire le « saut psychologique » qui consistait, une fois pour toutes, à admettre son caractère inéluctable. Tout d'abord méfiante, puis agréablement surprise par le nouveau ton adopté par le Kremlin à l'occasion de la signature instituant le Conseil Russie-OTAN, nouvel organisme de coopération créé en mai 2002, la Lettonie se félicita du discours « réaliste » de Vladimir Poutine lorsque ce dernier a clairement fait savoir à cette occasion que son pays ne s'opposerait pas à ce que les trois États baltes adhèrent à l'Alliance atlantique.

L'adhésion à l'OTAN

La décision prise lors du Sommet de Prague le 21 novembre 2002 d'intégrer la Lettonie dans la liste des nouveaux entrants dans l'OTAN ferme la parenthèse d'une diplomatie très active en faveur de l'intégration du pays dans les structures atlantiques. Pourtant, la Lettonie pouvait craindre que l'OTAN n'en décide autrement. Certes, le Sommet de Washington (23-25 avril 1999), en légitimant la candidature lettone à l'adhésion à l'OTAN, avait marqué une étape essentielle dans l'obtention de la garantie de sécurité atlantique qui demeure en Lettonie une préoccupation essentielle. La présentation d'un MAP (Plan d'action pour l'adhésion) ambitieux, l'adoption, en mars 2000, d'une Loi-cadre prévoyant une sensible augmentation du budget de la défense (2 % du PIB d'ici 2003) et la publication d'une loi de programmation militaire sur douze ans témoignaient de la volonté du gouvernement letton de se conformer aux exigences de l'OTAN. Riga s'inquiète pourtant du manque de répondant de la part de l'OTAN : la formulation, début 2000, par l'Organisation atlantique, du *Partnership Goals* portant jusqu'en 2006 et le fait que l'assistance militaire américaine soit prévue jusqu'en 2008 constituaient autant d'indices qui laissent persister l'incertitude quant au calendrier d'adhésion à l'OTAN.

La Lettonie fut très active en matière de coopération militaire avec ses deux voisins baltes (voir le chapitre sur l'Estonie). Toutefois, à l'instar de cette dernière, elle ne manquait pas de souligner le signal désastreux qu'une adhésion lituanienne séparée donnerait à la Russie, livrant ainsi *de facto* les deux « recalées » à sa zone d'influence. Ces rivalités entravaient l'émergence d'une « unité balte » en matière de défense diversement perçue par les observateurs : certains estimaient qu'un tel label favoriserait la crédibilité de leur candidature, alors que d'autres, au contraire, pensaient que cette coopération de circonstance aurait pour effet pervers de la rendre moins essentielle.

Le budget de la défense est resté, jusqu'à la fin des années 1990, très insuffisant eu égard aux objectifs fixés (l'OTAN impose que les pays candidats consacrent au moins 2 % de leur PIB à la défense). En 1999, le budget de la défense, qui s'est élevé à 0,89 % du PIB, a bénéficié d'une augmentation sensible par rapport aux exercices antérieurs mais est resté en deçà des 1 % prévus, demeurant le plus faible des trois États baltes. Il devait atteindre 1,75 % en 2002. Selon les prévisions les plus optimistes, l'objectif des 2 % du PIB ne pouvait être atteint qu'en 2004, voire 2005. Toutefois, il n'était pas certain que ce retard handicape la crédibilité de la candidature lettone à l'Alliance. Ainsi, l'organisation à Riga du Sommet du Groupe de Vilnius (5-6 juillet 2002), au cours duquel tous les candidats à l'OTAN avaient manifesté leur « solidarité sans faille aux États-Unis dans la lutte contre le terrorisme » a permis de mettre la Lettonie en avant, tout en donnant davantage de contenu à son aspiration à entrer dans l'Alliance atlantique, faisant ainsi presque oublier son manque de fermeté budgétaire.

LA LITUANIE

Lietuva, Lietuvos respublika

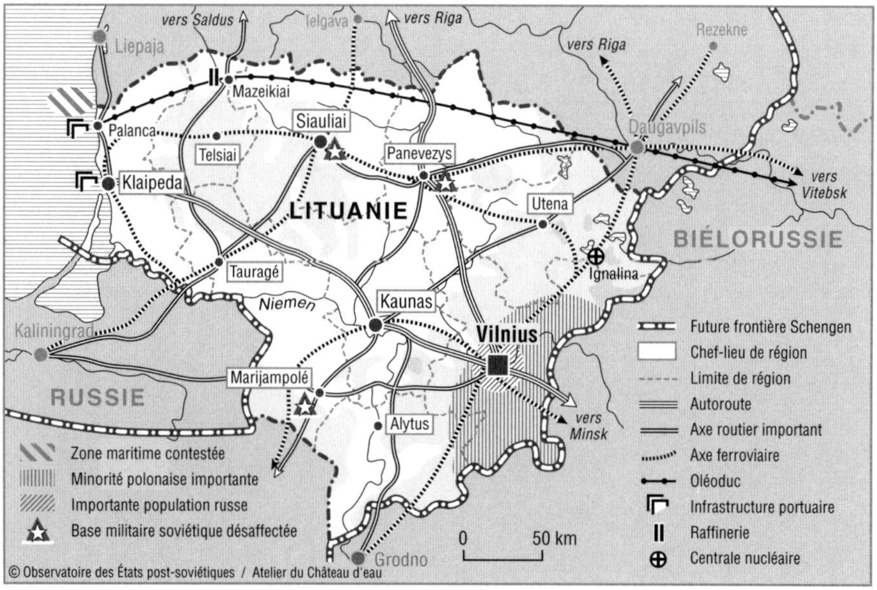

Chiffres clés

Territoire

Superficie : 65 300 km²
(un peu moins que l'Irlande)
Capitale : Vilnius (544 000 hab.)
Principales villes (2002) :
- Kaunas (381 000 hab.)
- Klaipeda (193 000 hab.)
- Siauliai (134 000 hab.),
- Panevezis (120 000 hab.)

Divisions administratives :
10 districts (*apskritys*)

Population

3 494 000 habitants au 1er janvier 2004
Dernier recensement : 2000
Densité : 54 habitants/km²
Population urbaine : 68,5 %
Population rurale : 31,5 %
Espérance de vie à la naissance (1999) :
72,6 ans (hommes, 67,5 ans ; femmes, 77,7 ans)

Données démographiques (pour 1 000 habitants)

	1991	1995	2000
Accroissement naturel	4,0	– 1,1	– 1,3
Natalité	15,0	11,1	9,2
Mortalité	11,0	12,2	10,5
Mortalité infantile	14,3	12,4	8,5

Composition ethnique

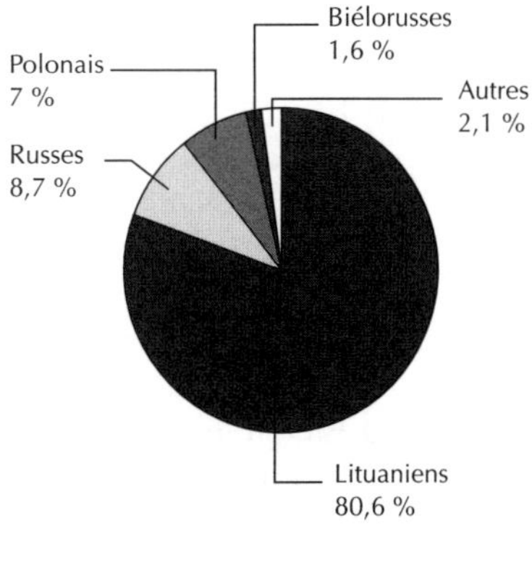

Économie

PIB par habitant en parité de pouvoir d'achat

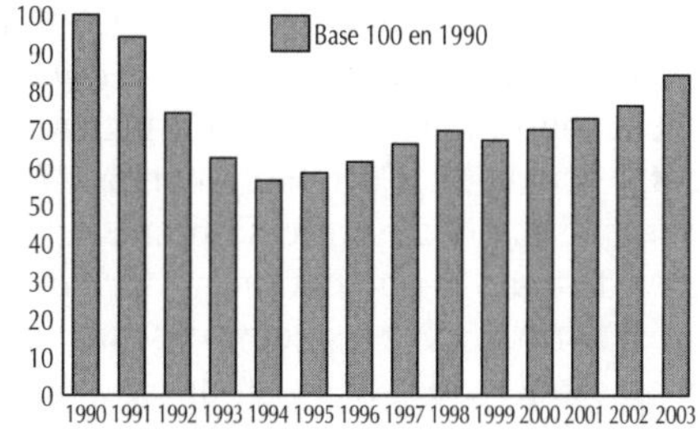

Principales composantes du PIB en 2001 :
- services, 59 %
- industrie, 32 %
- agriculture, 9 %

IDH (2000) : 0,808 (49e rang mondial)
Monnaie : litas (adoptée en 1993)
Dette extérieure brute (2001) : 44 % du PIB

Relations extérieures

Adhésion aux organisations internationales :
- Conseil de Partenariat euro-atlantique,
- Partenariat pour la Paix de l'OTAN,
- UEO (membre associé),
- OMC,
- Conseil des États de la mer Baltique,
- candidate à l'Union européenne.

Principaux partenaires commerciaux en 2002 :
- export : UE, 48,4 % ; Lettonie, 9,6 % ; Allemagne, 10,4 % ; Grande-Bretagne, 13,4 % ; Russie, 12,2 % ; Danmark, 5,1 %
- import : UE, 44,5 % ; Russie, 21,3 %, Allemagne, 17 %, Pologne, 5 % ; Italie, 5 % ; Grande-Bretagne, 3,3 %.

Exportations totales en 2002 :
6,0 milliards de dollars
dont :
- produits minéraux, 19 %
- véhicules, 16,0 %
- textile et habillement, 15,1 %
- machines et équipements, 10 %
- produits chimiques, 6,4 %

Importations totales en 2002 :
7,3 milliards de dollars
dont :
- produits minéraux, 17,6 %
- machines et équipements, 17,3 %
- moyens de transport, 16,2 %
- produits chimiques, 8,6 %
- textile et habillement, 7,9 %

Une nation ancienne tournée vers le futur

Une identité affirmée de longue date

En tant que nation historique, la Lituanie a, peut-être moins que tout autre État issu du bloc soviétique, connu des difficultés liées à une recherche identitaire. Ces préoccupations y sont à coup sûr bien moins développées que dans les deux autres États baltes. Aujourd'hui, nombreux sont les facteurs favorables à la résurgence de l'identité lituanienne. En effet, 81,6 % de la population est lituanienne et par conséquent, les problèmes et les interrogations observés en Estonie et en Lettonie sont beaucoup moins présents en Lituanie où la minorité d'origine russe représente 8,7 % et celle d'origine polonaise 7 % de la population du pays.

L'identité nationale forte s'appuie sur des références historiques concrètes et connues de toute la population : le Grand Duché de Lituanie, État qui se perpétua du XIIIe à la fin du XVIIIe siècle constitue sans aucun doute la base de ce sentiment national, esquissé dès le début du XIe siècle. Vingt années d'indépendance, du 16 février 1918 à l'annexion par l'Union soviétique en 1940, constituent les démonstrations les plus récentes de l'existence de l'État et surtout de l'identité lituanienne. Ainsi, des premières mentions de la Lituanie en 1009 à la restauration de l'indépendance nationale le 19 août 1991, en passant par sa proclamation en mars 1990, la nation lituanienne n'a pas cessé d'exister, même lorsque l'État en tant que tel avait pour sa part disparu.

Les Lituaniens sont profondément croyants et catholiques, ce qui fait du facteur religieux un élément fédérateur d'identité. Longtemps païens, ils ont lutté jusqu'au XIVe siècle contre la religion de l'envahisseur Teutonique, pour finalement l'adopter, comme leurs voisins polonais mais à la différence de leurs cousins baltes. Cette même identité se trouve, par ailleurs, renforcée par la langue. Le lituanien est, avec le letton, un des deux représentants d'un groupe linguistique particulier, le groupe des langues baltes, qui constitue le rameau de la grande famille linguistique indo-européenne qui a le mieux conservé l'ancien système vocalique et sa structure grammaticale originelle. Révélatrice indéniable elle aussi de l'identité nationale, la langue lituanienne est aujourd'hui également facteur de cohésion sociale.

Une nation solidaire et reconnue

Loin d'être une construction artificielle due à la fin de l'occupation soviétique de la façade balte, l'État lituanien est donc une réalité historique. Il est vrai que le territoire n'a jamais existé au sein des frontières actuelles du pays, et qu'il est sensiblement plus étendu aujourd'hui que ne l'était la république des années 1930. La Lituanie n'a cependant pas rencontré de problème majeur concernant la définition de ses frontières, comme en témoignent la signature, en juillet 1997, d'un accord bilatéral avec la Russie sur les frontières d'État, tout comme l'achèvement du travail de délimitation des frontières avec la Biélorussie. Les relations de la Lituanie avec la région de Kaliningrad, enclave russe entre deux États souverains (le second étant la Pologne) constituent un cas de figure particulier qui génère une coopération régionale de plus en plus étroite, officielle ou non d'ailleurs. Le sort de Kaliningrad fait l'objet d'âpres négociations entre Russes et

Lituaniens mais aussi entre Moscou et Bruxelles, l'Europe ayant tardé à définir clairement sa politique à l'égard de ce territoire qui est devenu un îlot russe au sein de la communauté.

Facteur de cohésion, le sentiment national est renforcé par le caractère balte de la société : peuple balte, tout comme les Lettons, les Lituaniens s'enrichissent et s'enorgueillissent de cette appartenance. Consciente d'être un petit pays, la Lituanie a besoin de se rattacher à des entités plus grandes pour échapper aux fantômes du passé. Sa « baltitude » et son rapprochement de l'Europe en sont des exemples qui ne doivent pas masquer son identité propre. S'il est un pays avec lequel la Lituanie a tissé des liens particuliers, c'est bien la Pologne. Unis pendant plus de deux siècles par le traité de Lublin (1569), le Grand Duché de Lituanie et le Royaume de Pologne ont connu des destinées parallèles. Si des tensions semblaient pouvoir se développer au début des années 1990 en raison de quelques conflits territoriaux nés de la situation pendant l'entre deux-guerres (Vilnius et le sud-est de la Lituanie étaient alors polonais), les relations bilatérales entre les deux pays sont un bon exemple de coopération régionale réussie et appelée à s'étendre. Ainsi, depuis 1994, la Pologne et la Lituanie ont signé une centaine d'accords de coopération relatifs à des sujets aussi divers que les infrastructures de transport, l'économie ou la culture.

La cohésion est forte au sein de la société lituanienne, induite par l'omniprésence de l'identité nationale, par une culture propre fortement développée et par l'intégration réussie des minorités nationales, facilitée il est vrai par leur faible importance au regard de la situation des voisins baltes. Il convient cependant de ne pas négliger les disparités sociales et spatiales du pays : à une société urbaine plutôt aisée accrochée à l'axe Klaipeda-Kaunas-Vilnius s'oppose une société rurale pauvre de part et d'autre de ce couloir central.

Entre affirmation identitaire et appartenance européenne

Objectif principal de la politique intérieure et extérieure de la Lituanie, l'adhésion à l'Union européenne a été considérée comme indispensable afin de renforcer l'identité européenne du pays et d'assurer son développement économique. Elle n'en constitue pas moins un paradoxe puisque l'affirmation de l'identité lituanienne est passée par la sortie d'une union (l'URSS), et que cette même affirmation correspond aujourd'hui à l'intégration dans un autre ensemble. Mais, à la différence des autres États baltes, la taille du pays, son poids démographique et son histoire favorisent cette affirmation. Si, pour les politiques, 50 ans d'occupation soviétique rappellent que, pour sauvegarder son identité nationale et culturelle, la Lituanie doit participer activement à la coopération politique et économique européenne et si, par conséquent, l'adhésion européenne a pu être la priorité des priorités, cette dernière ne fait pas pour autant consensus au sein de la population. La perspective de l'entrée dans l'Union européenne a parfois été fraîchement accueillie par une frange des Lituaniens qui en craignaient les conséquences économiques et, pour certains, une perte de souveraineté qu'ils comparaient avec celle d'avant 1990. Un autre objectif stratégique de la Lituanie s'est avéré, lui, plus largement partagé : c'est l'intégration du pays dans l'OTAN, son histoire, sur laquelle pouvaient se baser les sentiments opposés à l'adhésion européenne, ayant montré qu'il est difficile pour le pays d'assurer seul sa propre sécurité.

Envie de démocratie et besoin d'État

L'indispensable État et ses difficultés

Dès l'indépendance acquise, les mesures, y compris celles du gouvernement provisoire, furent politiques. La seule vraie expérience étatique connue des Lituaniens était celle de l'entre-deux-guerres, période synonyme de sécurité, mais trop souvent idéalisée et n'ayant que peu de rapports avec une véritable démocratie. Si consensus il y a dans le pays, il porte sur l'utilité d'un État démocratique, ceci étant certainement dû au sentiment anticommuniste souvent primaire qui règne dans le pays. Cependant, l'unanimité qui unissait les Lituaniens dans l'épreuve ne résista que brièvement à l'indépendance et la question des nouvelles institutions divisa rapidement le pays.

Les principes fondamentaux sur lesquels repose l'État lituanien ainsi que les droits, libertés et devoirs des citoyens sont définis par la constitution, adoptée lors du référendum de 1992. Aux termes de ce texte, la souveraineté nationale appartient au peuple qui l'exerce par le parlement (*Seimas*), le président de la République, le Gouvernement et les tribunaux. Dans les faits, il est intéressant de constater que les décideurs d'antan sont souvent encore au pouvoir aujourd'hui et qu'en raison des nombreux imbroglios politico-judiciaires apparus depuis 1990, le consensus originel sur l'utilité de l'État a, par moments, connu quelques failles. Il fut ainsi parfois vécu comme une contrainte, voire une entrave, au redressement du pays, d'une part en raison du comportement des dirigeants maintes fois perçus comme des profiteurs, et d'autre part à cause de certaines mesures incomprises, sur le plan fiscal par exemple.

D'un mariage forcé à une union consentie

Deux objectifs de premier ordre se sont succédé en Lituanie. Il s'agissait d'abord de sortir du giron soviétique puis, à terme, de devenir une nation occidentale. La révolution chantante et les premiers mois d'indépendance peuvent aujourd'hui apparaître comme un mirage rapidement effacé. La population lituanienne ayant savouré sa nouvelle liberté et traversant une sorte d'état de grâce s'est empressée de poser les nouvelles bases de cet État retrouvé en adoptant, par exemple, une nouvelle constitution par référendum dès 1992. Cet élan s'est en fait très vite usé et, à l'époque du nationalisme conquérant et de la course vers l'Occident, a rapidement succédé celle d'un retour à la réalité parfois délicat. Ce passage a d'ailleurs eu pour conséquences un glissement à gauche, le rétablissement des liens avec les voisins de l'Est et, en matière économique, une privatisation à un rythme plus tranquille.

Les lois lituaniennes sont aujourd'hui basées sur la législation européenne, l'essentiel de la refonte du système politique du pays étant justifié ou conditionné par le désir de rejoindre l'Union européenne. L'harmonisation des lois lituaniennes avec celles des standards communautaires a constitué le fil d'Ariane de l'évolution des législations. Ainsi, lors de l'adhésion de la Lituanie au Conseil de l'Europe, les principaux documents juridiques concernant les droits de l'homme ont pu être ratifiés. L'aspiration de la Lituanie à adhérer à l'Union européenne a créé les conditions d'un développement législatif conforme à l'idée européenne, parallèlement à celui des autres États baltes, tout en gardant une spécificité nationale. En ce qui concerne la politique étrangère, la Lituanie s'aligne également sur les déclarations et positions communes de l'Union européenne. L'effort ainsi entrepris a été récompensé puisque, après avoir été écartée de la première vague des pays admis à entamer les négociations d'adhésion en 1997, la Lituanie est un moment apparu comme l'un des États dont les négociations étaient les plus avancées.

Affirmation politique et instabilité gouvernementale

Comme dans nombre de démocraties parlementaires, le *Seimas*, organe parlementaire monocaméral, joue le rôle traditionnel de tout parlement : il adopte et modifie la constitution ; il légifère, entérine les résolutions relatives à l'organisation des référendums, approuve la candidature du Premier ministre proposée par le président de la République ; il doit voter la confiance au gouvernement lorsque celui-ci lui présente son programme. Le *Seimas* rassemble 141 députés élus pour 4 ans au suffrage universel direct. Le président de la République est le chef de l'État. Il représente l'État lituanien et exerce les pouvoirs définis par la constitution et par les lois. Élu pour 5 ans au suffrage universel direct, il dirige la politique étrangère, il est le commandant en chef des forces armées, et peut dissoudre le parlement. Le Premier ministre est nommé par le président de la République. Sa candidature doit être approuvée par le *Seimas*. Si, d'après la constitution, le pouvoir de l'État semble pour majorité entre les mains du parlement, en pratique le gouvernement exerce un large pouvoir sur les affaires du pays, surtout dans le domaine économique.

La destitution largement médiatisée du président lituanien, Rolandas Paksas, qui a exercé sont mandat de janvier 2003 à avril 2004, a révélé à la fois l'instabilité de la scène politique nationale et la très grande stabilité des institutions lituaniennes. Accusé de liens avec une puissance étrangère, en l'occurrence la Russie, R. Paksas s'est trouvé pendant des mois au cœur d'un scandale concernant sa violation de la constitution, dans lequel l'ingérence étrangère (russe et américaine) n'a pas fait le moindre doute. En même temps, la façon dont s'est déroulée la procédure de destitution a bien montré l'aboutissement du cadre institutionnel lituanien. Un climat de méfiance sociale persiste dans le pays, à la frontière entre les affaires et la politique, climat qui ne doit pas pour autant masquer l'ancrage d'institutions fortes et respectées. Sans remettre en cause les grandes orientations du pays, cette situation n'a fait que retarder certains développements et certaines décisions.

Des libertés publiques reconnues pour tous

Si la Lituanie offre globalement une structure démographique assez homogène, expliquant le peu de problèmes liés aux minorités, il convient cependant de nuancer la situation : en effet, la population non lituanienne habite majoritairement à l'Est et au Sud-Est du pays, entraînant certaines tensions locales. De plus, une frange de la communauté russe, celle arrivée la plus tardivement avant l'indépendance, reste marginalisée, situation qui entraîne des problèmes sociaux (alcoolisme, délinquance). Afin d'éviter tout envenimement semblable à ceux observés chez ses voisins, la Lituanie a très tôt adopté des mesures garantissant à la fois l'intégrité des minorités et leur intégration dans la société. La législation lituanienne sur le droit des minorités, instaurée dès 1991, leur garantit leur intégrité culturelle, encourage la conscience nationale et la liberté d'expression. Elle va même plus loin en créant, dispositif unique en Europe centrale et orientale, un Département des minorités nationales et des Lituaniens résidant à l'étranger.

Parallèlement, l'éducation bilingue (lituanien et langue originelle) est encouragée, de nombreux périodiques en langues autres que le lituanien sont édités et diffusés, plus de 200 associations communautaires se sont développées et la radio ou la télévision nationale diffusent régulièrement des programmes en russe ou en polonais. Trois stations de radio d'État et cinq privées peuvent être reçues dans tout le pays et plus de 25 stations émettent des programmes réguliers. Toute la population a accès à quatre chaînes de télévision (la chaîne nationale et trois chaînes privées) et nombreux sont les journaux disponibles dans le pays, le plus grand quotidien étant *Lietuvos rytas*, tiré à 65 000 exemplaires. La législation garantit aux médias lituaniens une liberté assez vaste que seules des questions financières semblent parfois remettre en cause. Des organisations non gouvernementales, qu'il s'agisse d'associations, de fondations, de syndicats ou de communautés ethniques, peuvent être fondées par tout citoyen majeur. Il existe à ce jour plus de 5 000 organisations non gouvernementales en Lituanie.

Les aléas de la recherche d'un équilibre socioéconomique

Une évolution macroéconomique handicapée par les hésitations initiales

La Lituanie s'est distinguée, au début des années 1990, par l'adoption d'une stratégie de réforme plus graduelle et moins cohérente que dans les deux autres États baltes. La perception des bénéfices de l'économie de marché était en effet nettement moins évidente que dans les pays voisins, ce qui s'est traduit par des choix politiques fluctuants, impliquant une stabilisation plus lente et chaotique. La maîtrise de l'inflation a été tardive, les déficits publics plus dégradés et la croissance globalement plus faible, dans un pays très éprouvé par la désintégration de l'Union soviétique, la chute du PIB atteignant 60 % à la fin de 1993. En 1999, l'économie lituanienne pouvait paraître en net retard sur ses voisins candidats à l'Union européenne. Pas encore membre de l'OMC, elle était reléguée dans la seconde vague de l'élargissement de l'Union européenne, et présentait un PIB en recul de plus de 4 % suite à la crise russe.

Depuis lors, l'évolution positive entamée après 1995 a été confirmée. La Lituanie a connu une croissance annuelle moyenne supérieure à 5 %, avec un pic à 9 % en 2003. L'inflation n'a pas dépassé 2,5 % en glissement annuel depuis 1998 et le déficit budgétaire est inférieur à 3 % du PIB depuis 2000 ; le déficit du compte courant reste inférieur à 7 %, ne suscitant pas d'inquiétude, tandis que les flux d'investissements directs étrangers connaissent une augmentation constante. La Lituanie a intégré l'OMC et a désormais pris la place de l'économie en plus forte croissance de l'Union européenne à 25. L'intégration européenne a été symboliquement marquée par le lien du litas à l'euro, depuis février 2002. Le choix du dollar, en 1994, comme monnaie de référence de la caisse d'émission lituanienne était douteux et a pénalisé l'économie, du fait notamment de l'appréciation du dollar face aux monnaies européennes. Cette situation a engendré de fortes pressions sur les taux d'intérêt. Le changement d'ancrage s'est traduit par une nette baisse des taux d'intérêts réels devenus les plus bas de la région. Toutefois, le choix initial du dollar pèse encore sur le développement économique lituanien. Après s'être apprécié dans le sillage du dollar, le litas a subi l'appréciation de l'euro depuis le printemps 2002. Malgré cette surévaluation, les gains de productivité et le rattrapage de l'économie lituanienne permettent une croissance des exportations sur un rythme annuel moyen de 10 %.

Des réformes structurelles avancées mais une restructuration limitée

Les réformes structurelles ont également souffert des hésitations initiales. Le secteur financier, en particulier, a été affecté et reste sous développé, entravant un financement efficace de l'économie. Jusqu'à la crise bancaire de 1995, la gestion des banques était souvent influencée par des considérations politiques. La crise a été le point de départ de contrôles plus stricts et de la rationalisation d'un secteur bancaire dorénavant totalement privatisé et détenu à près de 90 % par des investisseurs étrangers. Depuis 2001, la baisse des taux d'intérêt et la réorganisation du secteur bancaire permettent une amélioration du financement de l'économie. La Bourse de Lituanie, active dès 1993, joue toutefois un rôle modeste, l'essentiel des mouvements étant enregistré sur les bons du Trésor. La privatisation de la bourse dans le courant de 2004 doit permettre l'intégration dans un ensemble plus vaste. Les bourses finlandaises et polonaises ont signalé leur intérêt.

Au début des années 1990, la Lituanie a rapidement privatisé près de 85 % des entreprises par idéal politique de rétrocession de la propriété socialiste aux citoyens. La restructuration des entreprises a pâti de la méthode de privatisation par coupons, qui a entraîné la détention de nombreuses entreprises par des coopératives de travailleurs peu enclines au changement, mais aussi de la faiblesse des investissements directs étrangers et du secteur bancaire, et de l'adoption tardive d'une législation efficace en matière de faillites. Après 1995, les autorités ont donc décidé de procéder à la vente d'actifs contre paiement en numéraire afin d'attirer plus d'investissements étrangers. À l'exception de quelques infrastructures, les privatisations sont terminées.

La restructuration du secteur de l'énergie reste cependant un sujet sensible, puisqu'elle devra intégrer la fermeture, exigée par l'Union européenne, de la centrale nucléaire d'Ignalina, de construction similaire à celle de Tchernobyl.

Cette centrale fournit plus de 75 % de l'énergie du pays et le coût total de sa fermeture, prévue pour 2009, est estimé à 2,4 milliards d'euros.

Des déséquilibres socioéconomiques moins marqués

La Lituanie connaît une situation sociale plus équilibrée que ses voisins, les aspects sociaux ayant plus souvent été pris en compte dans les réformes économiques. Ainsi, la réforme des retraites semble plus favorable aux salariés, qui devraient conserver à terme 40 % de leurs revenus d'activité au titre du 1er pilier (garanti par l'État) et 60 % en ajoutant le second pilier (cotisations de l'employeur et du salarié). Le rapport de l'OMS de 2000 classe le système de santé lituanien au 73e rang mondial, soit la meilleure place parmi les États baltes. Les différences de salaires y sont aussi les plus faibles. Le bon classement par l'indice de développement humain des Nations unies (45e) corrobore ces acquis.

La Lituanie était le pays balte le plus agricole avant la transition et l'est resté, près de 20 % de la population active étant agricole, répartie sur de petites exploitations, inférieures à 8 hectares en moyenne. Les réformes ont été moins libérales et les subventions sont longtemps restées plus importantes. Cette spécificité agricole a conduit à des négociations d'adhésion serrées avec l'Union européenne sur ce chapitre. La Lituanie a finalement obtenu des périodes de transition sur huit points.

Autre facteur d'équilibre, Vilnius, la capitale, n'a pas le poids démographique et économique de Riga ou Tallinn, permettant une meilleure répartition de l'activité sur le territoire, notamment avec les centres constitués par Kaunas et Klaipeda. Même le taux de chômage, qui dépassait 17 % de la population active au début de la décennie, s'est contracté pour approcher 11 % au début 2004.

Une tendance à l'intensification des relations économiques avec la Russie

Dans le courant des années 1990 déjà, la Lituanie était le pays balte qui conservait les relations commerciales les plus intenses avec la CEI (leur part dans les exportations représentait plus de 46 % en 1997). Après la crise russe, elles se sont stabilisées autour de 18 %. Avant l'élargissement, la part de l'Union européenne était la plus faible des États baltes, avec 42 % des exportations lituaniennes en 2003.

De manière générale, les relations économiques entre la Russie et la Lituanie se sont intensifiées depuis 2001. Un élément majeur est la prise de contrôle par le pétrolier russe Yukos de la raffinerie de Mazeikiu, dont la production compte pour près de 10 % du PIB lituanien. Mise à part une stratégie politique de long terme discutable, cette évolution pourrait conduire dans le court et moyen termes à soutenir la croissance du pays, le pétrolier russe ayant à présent un intérêt manifeste à développer son activité et le pétrole raffiné étant le principal poste d'exportation lituanien. Un autre élément est l'augmentation continue du fret de transit depuis 1999, du fait essentiellement de l'intensification des relations entre la « grande Russie » et son enclave de Kaliningrad, et de l'augmentation du transit de pétrole par le port de Klaipeda. Enfin, le gazier Gazprom, déjà propriétaire du système de chauffage de la seconde ville du pays, a conforté sa présence par l'acquisition du tiers des actions de la société de distribution de gaz Lietuvos Dujos. La vulnérabilité énergétique de l'économie lituanienne est cependant apparue évidente en février 2004 lorsqu'un différend entre la Russie et la Biélorussie a conduit, par ricochet, à la suspension des livraisons de gaz durant 24 heures.

Faire face au syndrome de l'encerclement

Une perception régionale de la sécurité nationale

Tout comme ses voisins baltes, la Lituanie est le seul État issu de l'ex-URSS à revendiquer aussi explicitement son identité occidentale ; la refonte de son système de défense passait donc par son nécessaire ancrage dans l'OTAN et dans l'Union européenne. Sachant pertinemment qu'elle pourrait difficilement survivre avec ses propres moyens militaires au cas où la Russie serait amenée à la combattre de nouveau (le souvenir dramatique de la fin de la première indépendance en 1940 est là pour le rappeler), elle mise donc sur les garanties de sécurité offertes par l'OTAN. Sa doctrine de sécurité nationale s'articule autour de la mise en place d'une structure de défense viable et crédible, de mesures de coopération très poussées avec ses voisins baltes, notamment au travers des structures militaires intégrées comme le Bataillon balte (BaltBat) ou le Collège de défense balte (BaltDefCol)[7] et d'un engagement opiniâtre dans les régimes de sécurité européens.

Elle bénéficie en outre de l'assistance militaire des pays nordiques, très engagés dans la défense des pays Baltes, mais aussi des États-Unis par le biais de la Charte américano-balte (16 janvier 1998). Même si son discours milite pour une coopération militaire accrue avec Tallinn et Riga, Vilnius ne considère pas qu'il s'agit d'un axe essentiel de sa diplomatie de défense. Certains indices, en effet, révélaient une volonté des Lituaniens de mettre en avant leur intérêt stratégique ainsi que leur degré de préparation, censé être meilleur, afin de valider un scénario qui aurait vu leur pays adhérer à l'Alliance atlantique en laissant à la marge la Lettonie et l'Estonie. L'exemple de la récente adhésion de la Pologne, pays avec lequel Vilnius entretient des affinités historiques, culturelles et politiques si particulières, tendait d'ailleurs à la motiver dans sa démarche du « tout OTAN ». Elle s'était associée à Varsovie pour créer leur propre bataillon de la paix, susceptible d'être intégré à l'OTAN. Enfin, outre le BaltBat, qui a été envoyé à plusieurs reprises en Bosnie, la KFOR (force de l'OTAN au Kosovo) a compté 30 soldats lituaniens. Vilnius a aussi envoyé des soldats en Afghanistan et en Irak. Des trois États baltes, c'est la Lituanie qui a fait le plus d'efforts dans le domaine du budget de la défense. En 2002, l'objectif des 2 %, condition imposée par l'OTAN aux pays candidats, a été atteint.

---

7. Voir le chapitre sur l'Estonie

Un environnement géopolitique contraignant

Comme pour exorciser leur crainte d'une éventuelle résurgence de l'impérialisme russe, les Lituaniens n'ont jamais manqué aucune occasion pour vilipender « l'agressivité croissante de la Russie envers ses voisins », afin de mieux légitimer leur conception de la sécurité. Dans la mesure où la Lituanie est le seul des trois États baltes à avoir adopté une politique libérale d'intégration de la population russophone (certes rendue possible par sa faible proportion), Moscou ne pouvait jouer, comme elle l'avait si souvent fait avec Tallinn et surtout Riga, sur l'hypothétique maltraitance de cette population pour mieux diaboliser la Lituanie.

C'est surtout la proximité de Kaliningrad qui constitue le nœud des relations russo-lituaniennes. Certes les effectifs militaires de l'enclave russe se sont réduits comme peau de chagrin : ils se résument aujourd'hui à une armée pour les forces terrestres, au commandement de la Flotte de la mer Baltique et à quelques formations para-militaires, notamment les troupes du ministère de l'Intérieur. Toutefois, Vilnius considère que Kaliningrad possède encore un pouvoir de nuisance qu'il convient de prendre en compte. L'épisode de la crise des missiles nucléaires prétendument déployés à Kaliningrad est ainsi très révélateur du climat suspicieux entretenu de part et d'autre des frontières : selon le *Washington Times*, la Russie aurait déployé en janvier 2001 à Kaliningrad des missiles nucléaires tactiques à courte portée (de 500 à 1 000 km). Les Lituaniens n'ont pas manqué de dénoncer cet état de fait, accusant le Kremlin d'utiliser toutes sortes de moyens, et en l'occurrence les plus disproportionnés, pour « parasiter » leur démarche d'adhésion à l'OTAN. Outre les craintes liées à l'utilisation captieuse de l'enclave par les Russes à des fins purement militaires, Vilnius s'inquiète du peu d'empressement de l'Union européenne à trouver une solution aux problèmes de transit des marchandises et des personnes entre Kaliningrad et le reste de la Russie.

En outre, la situation politique de la Biélorussie continue, elle aussi, à inquiéter Vilnius qui craint l'attitude très imprévisible de Minsk. Coincés entre deux territoires potentiellement instables, les Lituaniens tentent *nolens volens* d'attirer l'attention de Bruxelles et de Moscou sur les risques qu'encourrait la région si Kaliningrad ou la Biélorussie devaient connaître une explosion sociale ; c'est la raison pour laquelle ils ont opté pour une politique de dialogue et de coopération avec tous les États riverains de la mer Baltique, mais aussi avec l'Union européenne, au travers du programme communautaire intitulé « Dimension septentrionale ».

L'adhésion à l'Alliance atlantique

Très actifs au sein du Partenariat pour la Paix (PpP), les Lituaniens restent donc plus que jamais mobilisés autour de l'adhésion à l'Alliance atlantique effective depuis le 29 mars 2004. La Lituanie avait opté pour une politique de marketing de ses intérêts de défense auprès de Washington et de Bruxelles. Ses intenses activités de lobbying (aidées, il est vrai, par l'omniprésence des Lituaniens d'origine américaine dans toutes les administrations du pays, sans parler du précédent président Valdas Adamkus lui-même) auprès du Congrès américain et des pays les plus influents de l'OTAN lui avaient permis de prendre la tête de la coalition des pays candidats à l'Alliance atlantique. Impulsée par les Lituaniens, et noyautée par les États-Unis dans le contexte électoral de la présidentielle américaine, la Conférence de Vilnius (19 mai 2000), au cours de laquelle 9 des États candidats à l'OTAN avaient affirmé avec force leur intention d'adhérer en bloc, a constitué une excellente opération de relations publiques pour ce petit pays aux moyens militaires limités mais aux larges ambitions politiques.

L'environnement stratégique de l'après-11 septembre 2001 a considérablement modifié la position du Kremlin. En effet, durant la décennie 1990, la Russie avait vivement manifesté son opposition à la perspective d'adhésion des États baltes à l'Alliance atlantique. Or, depuis que la Russie a apporté son soutien aux États-Unis suite aux attentats de 2001, les Lituaniens ont amorcé une politique irénique avec Moscou. Le réflexe critique vis-à-vis de l'attitude contre-productive du Kremlin, si souvent dénoncée durant la décennie 1990, a en effet laissé la place à un principe d'attentisme qu'a récompensé le lancement du Conseil Russie-OTAN, nouvel organisme de coopération créé en mai 2002. À cette occasion, Vladimir Poutine a annoncé très clairement son respect de la volonté des trois États baltes à adhérer à l'OTAN. Mais il a aussi réaffirmé la résolution de Moscou de voir maintenu un droit de transit libre des habitants de Kaliningrad vers le reste de la Russie et cette question demeure un important facteur de tension.

Corridor européen
Oléoduc
Oléoduc en projet
Gazoduc
Gazoduc en projet
Infrastructure portuaire
LITUANIE
Niemen
RUSSIE
Vilnius
Vitebsk
Smolensk
Orcha
Minsk
Moghilev
RUSSIE
Grodno
Bobrouisk
Baranovitchi
Varsovie
BIELORUSSIE
Gomel
Brest
Prypiat
Voronej
Koursk
Lublin
Tchernihiv
Desna
Don
Soumy
RUSSIE
Loutsk
POLOGNE
Rivne
Kiev (Kiiv)
Kharkiv
Lviv
UKRAINE
Dniepr
Poltava
Ternopil
Khmelnitski
Tcherkassy
Dniepropetrovsk
Kirovohrad
Dniestr
Tchernivtsi
Zaporijjia
Donetsk
Rostov
Kryvyï Rih
MOLDAVIE
Marioupol
0 100 200 km
Odessa
Mykolaïv
Melitopol
Chisinau
Kherson
Mer d'Azov
ROUMANIE
Krasnodar
Mer Noire
Kertch
Simferopol
Sébastopol
Yalta
Bucarest
Danube
© Observatoire des États post-soviétiques / Atelier du Château d'eau

Deuxième partie

LES ÉTATS DU SUD-OUEST

La Moldavie
L'Ukraine
La Biélorussie

LA MOLDAVIE

Republica Moldova

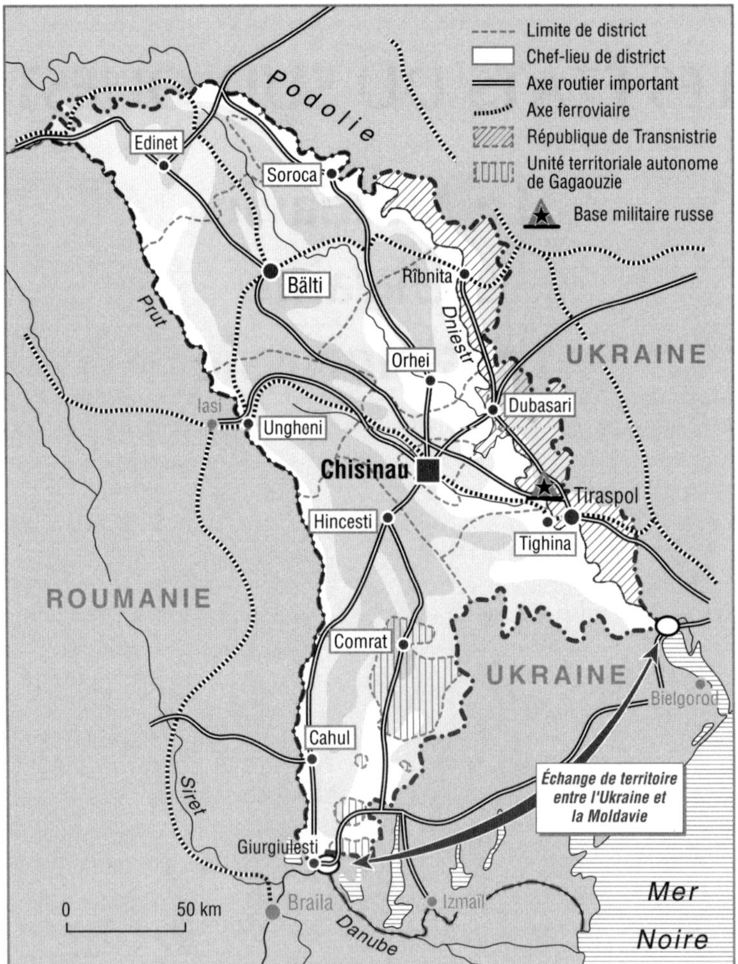

Chiffres clés

Territoire

Superficie : 33 800 km²
(l'équivalent de la Belgique)
Capitale : Chisinau (anciennement Kichinev)
769 000 hab.
Principales villes :
- Tiraspol (212 000 hab.)
- Balti (176 000 hab.)
- Tighina, anciennement Benderi (146 000 hab.)

Divisions administratives : 32 districts (*judetul*), une ville à statut spécial (la capitale), un territoire autonome (la Gagaouzie, 1 800 km²) et la république autoproclamée de Transnistrie (12 % du territoire), hors contrôle des autorités moldaves.

Population

4 212 000 habitants au 1er janvier 2004
Prochain recensement en 2004
Densité : 125 habitants/km²
Population urbaine, 45,3 %
Population rurale 54,7 %
Espérance de vie à la naissance, 1999 :
67 ans (hommes, 64 ans ; femmes, 71 ans)

Données démographiques (pour 1 000 habitants)

	1991	1995	2000
Accroissement naturel	6,0	0,8	- 1,1*
Natalité	16,5	13,0	10,2*
Mortalité	10,5	12,2	11,3*
Mortalité infantile	19,8	21,2	18,3*

* sans la Transnistrie

Composition ethnique (1989)

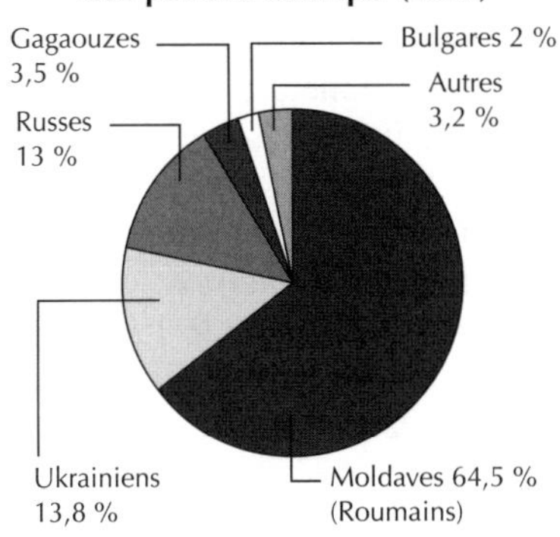

Économie

PIB par habitant en parité de pouvoir d'achat

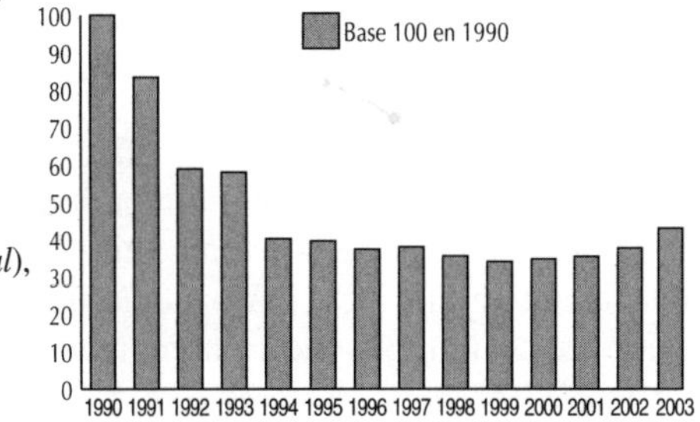

Principales composantes du PIB en 2002 :
- agriculture et pêche, 24,1 %
- industrie, 21,3 %
- bâtiment, 3,3 %
- services, 51,2 %

IDH (2000) : 0,701 (105e rang mondial)
Monnaie : leu (pluriel : lei) adoptée en 1993
Dette extérieure brute (2001) : 104 % du PIB

Relations extérieures

Adhésion aux organisations internationales :
- ZCEMN,
- Partenariat pour la Paix de l'OTAN,
- Conseil de l'Europe (1995),
- Initiative centre-européenne (ICE),
- Initiative pour la coopération en Europe du Sud-Est (ICES),
- GUAM (1997),
- CEI (1991, ratifié en 1994).

Principaux partenaires commerciaux (2002) :
- export : Russie, 34,5 % ; Roumanie 8 % ; Ukraine 9 % ; Italie, 5,6 % ; Allemagne, 6,7 %
- import : Roumanie, 11,8 % ; Ukraine, 20,9 % Russie, 15,3 % ; Allemagne, 8,7 ; Italie, 7,2 %

Exportations totales :
660 millions de dollars en 2002
dont : - produits alimentaires, 38,6 %
- textiles, 15,5 %
- produits végétaux, 15,3 %
- machines et équipements, 3,6 %

Importations totales : 1 038 millions de dollars en 2002
dont : - produits minéraux, 22,8 %
- machines et équipements, 14,1 %
- textiles, 9,7 %
- produits chimiques, 11,2 %

Moldave ou roumaine, une identité nationale déchirée

La Moldavie n'a jamais été un État-nation et son histoire s'est confondue durant des siècles avec celle de l'empire russe (la Bessarabie passe du joug ottoman à l'empire tsariste en 1812) ou de la Roumanie (proclamation en mars 1918 de l'union de la Moldavie indépendante — née en janvier 1918, avec la Roumanie : c'est la *Romania Mare* — Grande Roumanie de l'entre-deux guerres). Mircea Snegur, premier président de la République de Moldavie, élabora fin 1991 la doctrine dite d'« un peuple, deux États » : union linguistique, culturelle avec la Roumanie, mais État séparé, membre de la CEI. Pourtant, 13 ans après l'indépendance, le trouble identitaire moldave est évident : le débat sur la future constitution a de nouveau attisé les clivages entre les partisans d'un État moldave souverain, les partisans d'un État fédéral moldave ou encore les « Unionistes », toujours moins nombreux, partisans d'une union avec la Roumanie.

« Histoire des Roumains » ou « Histoire de la Moldavie » ?

Pendant les quarante-cinq ans de l'intégration à l'URSS, les relations entre les habitants de la Bessarabie et leurs frères de Roumanie sont quasi inexistantes. Alors que la russification progresse, le pouvoir soviétique impose sa vision : une culture, une langue « moldave » distincte même si ce n'est rien d'autre que du roumain transcrit en alphabet cyrillique. *Perestroïka* aidant, le mouvement national impose dès 1989 le retour à l'alphabet latin. Le roumain devient alors la langue officielle et l'on reparle de la Grande Roumanie d'avant-guerre. Mais les « unionistes » ne parviennent pas à s'imposer. Confrontée au risque d'éclatement du pays, la majorité se porte vers une solution de compromis.

Se démarquant du mot « moldave » (en roumain « moldovean ») qui sert à désigner l'ensemble des citoyens toutes origines ethniques confondues mais se rapporte aux deux Moldavies (la province de Roumanie et l'ex-république soviétique), le parlement officialise en 1994 le néologisme « moldavien » (en roumain « moldoveneasca ») pour désigner la langue autochtone. Elle s'écrira en caractères latins mais ne sera pas qualifiée de roumain, prolongeant frustration et confusion au sein d'une partie de la population. Une « roumanisation » est perceptible dans l'administration et dans la vie quotidienne, alors que la langue russe, au statut protégé par la constitution, reste couramment pratiquée dans les villes. La situation est compliquée du fait qu'en Transnistrie, les autorités refusent l'alphabet latin.

Début 2002, c'est la réintroduction de l'enseignement obligatoire de la langue russe dans les écoles et sa promotion au rang de langue officielle (c'est une des clauses du traité d'amitié et de coopération signé avec la Russie le 19 novembre 2001) et la réforme de l'enseignement de l'histoire (remplacement du programme d'« Histoire des Roumains » par « Histoire de la Moldavie »[8]), qui provoquent de

---

8. Une histoire qui commencerait donc avec la création de la Principauté de Moldavie, distincte de la Transylvanie, de la Valachie... en 1352. Une histoire fondée non pas sur l'histoire d'un peuple, mais sur son État.

graves troubles. Le Parti populaire chrétien démocrate (PPCD, droite) appelle à la démission du président communiste Vladimir Voronine qui pour se maintenir au pouvoir, doit renoncer à ces réformes.

Un terme s'est rapidement imposé : le « moldovenisme » dont la promotion vise à asseoir l'existence d'une nation moldave, avec sa propre langue et son histoire. Très politisée cette idée n'est toujours pas devenue un facteur réel de consolidation d'une société qui se pose encore deux questions fondamentales : « Sommes-nous Moldaves ou Roumains ? » « La Moldavie a-t-elle un avenir ? »

On retrouve ce déchirement à propos de la tutelle de l'église orthodoxe, confession majoritaire (84 %) des Moldaves et considérée par beaucoup comme partie intégrante de leur identité. Un peu comme en Ukraine, deux métropolites se disputent le pouvoir ecclésiastique depuis l'indépendance. Les autorités ne reconnaissent que le métropolite « officiel », Vladimir rattaché au Patriarcat de Moscou (comme de 1812 à 1918 et à l'époque soviétique) lequel, pour l'aider à se maintenir, s'est prononcé, fin 1994, pour l'indépendance de l'Église de Moldavie. De leur côté, les « unionistes » dont le PPCD exigent la reconnaissance de l'Église métropolitaine de Bessarabie, reconstituée à Balti dès novembre 1992, et rattachée, comme dans l'entre-deux guerres, au Patriarcat de Bucarest qui lui a aussi conféré un statut d'autonomie. L'Église métropolitaine de Bessarabie est finalement officialisée en juillet 2002 sous les pressions du Conseil de l'Europe.

Une intégrité territoriale en suspens

Compliquée sur le plan linguistique et culturel, l'identité moldave est aussi contestée sur le plan territorial, la République de Moldavie ne coïncidant avec aucune limite historique antérieure. En 1939, traité Molotov-Ribbentrop à l'appui, Staline avait redessiné à sa façon les contours de la république, après la ré-annexion de la Bessarabie. D'un côté il lui adjoignait la Transnistrie, une bande de 5000 km^2 sur la rive gauche du Dniestr, dont il avait fait en 1924 une région autonome moldave, témoin de la revendication russe de cette marge stratégique sur le Danube. Mais de l'autre il cédait à l'Ukraine la Bucovine au nord et trois districts au sud, bordant la mer Noire jusqu'au delta du Danube. La nouvelle République n'avait ainsi aucun débouché sur la mer Noire, tout le trafic devant passer par l'Ukraine et notamment par Odessa.

Cet enclavement semble en voie de règlement. Selon le traité du 23 juillet 2001 signé avec l'Ukraine, la Moldavie cède en propriété à son voisin une route de 7,7 kilomètres (et les terres en bordure) qui relie Odessa à Reni en traversant le territoire moldave au niveau du village de Palanca. En échange, la Moldavie reçoit la cession d'une bande de 430 mètres qui lui assure une sortie sur le Danube au niveau du village de Giurgiulesti, la possibilité d'y construire un terminal pétrolier rattaché au port de Reni demeurant encore hypothétique. Cet accord est un facteur positif dans la perspective d'une meilleure ouverture du pays mais la question de l'accès moldave sur le liman du Dniestr et la mer Noire n'est toujours pas résolue.

Illusions et désillusions : la difficile gestion des autonomies

Après la déclaration d'indépendance le 27 août 1991, la perspective ouvertement revendiquée par les « unionistes » d'une fusion avec la Roumanie a déchaîné une vague de revendications séparatistes appuyée en sous-main par certaines forces russes désireuses de bloquer cette issue. 13 ans plus tard, Chisinau ne contrôle pas ses frontières et l'identité territoriale demeure contestée par les séparatistes russophones de Transnistrie et dans une moindre mesure par les autonomistes gagaouzes (chrétiens d'origine turque).

C'est officiellement pour rejeter toute perspective de rattachement à la Roumanie qu'un groupe de russophones proclame dès le 16 août 1990 la République moldave de Transnistrie (RMT) (Pridniestrovskaia Moldavskaia Respublika). Une ambiguïté demeure : il n'y a pas de revendication d'une reconnaissance internationale malgré la sécession de fait. La RMT se veut moldave. C'est une plaque tournante de tous les trafics (contrefaçon, armes, drogues, organes humains) et un gouffre financier pour la Moldavie qui supporte la dette énergétique de cette région. Depuis la tentative malheureuse de Chisinau de récupérer ce territoire par la force en 1992, on est arrivé à une sorte de *modus vivendi* mais les escarmouches persistent le long d'une ligne de démarcation mal définie et les problèmes politiques ne sont pas réglés.

Longtemps reconnu *de facto*, ce « trou noir » est cependant devenu gênant même pour Moscou. C'est d'ailleurs en tablant sur une évolution de la position russe que le président Voronine accepte le projet de l'OSCE de créer une sorte de confédération avec une autonomie plus large pour la Transnistrie, un statut qui s'oppose à l'« État commun » (avec ses propres institutions, son armée...) revendiqué par Igor Smirnov, le président de la RMT réélu le 8 décembre 2001. On prête à V. Poutine la volonté de respecter les accords de retrait ou de destruction des stocks de l'ex-14e armée russe pris par B. Eltsine en 1999 mais Moscou souhaite obtenir le maintien d'une présence militaire russe au titre des « forces de maintien de la paix ».

À l'inverse de la Transnistrie, le conflit gagaouze aboutit après une période tendue en 1992-93 à un accord qui semblait montrer la voie aux situations analogues. En décembre 1994, un statut spécial est accordé aux 32 localités de l'Unité territoriale autonome de Gagaouzie (UTAG, « Gagauz Yeri » = « lieu où vivent les Gagaouzes ») éclaté en plusieurs secteurs selon les résultats de référendums locaux. Le succès de cette politique de décentralisation aurait pu contribuer à l'apaisement en Transnistrie. Mais la situation demeure tendue, les autonomistes gagaouzes réclamant un statut de république pourvue de pouvoirs plus étendus, notamment l'autonomie financière.

Un État à consolider

La mise en place incertaine de l'État de droit

Depuis l'indépendance, des réformes importantes ont été réalisées pour la construction de la démocratie : élections libres, pluripartisme, reconnaissance des libertés civiles et politiques, une constitution reposant sur les principes démocratiques et les droits de l'homme, création d'une cour constitutionnelle. Mais le processus de maturation et l'institution d'un État de droit est loin d'être achevé. La désaffection de l'électorat à l'égard du politique a été illustrée par un fort taux d'abstention lors des dernières élections.

Le paysage politique demeure fragmenté en une multitude de partis manquant de références idéologiques précises et qui ont multiplié les alliances de circonstance. Seul le Parti des communistes de Moldavie de Vladimir Voronine garde une certaine capacité de mobilisation et de représentation. Mais sa stratégie de construction d'une nouvelle image nationale, caractérisée par le « moldovenisme » est loin de faire l'unanimité. Le clivage est désormais précis au parlement : communistes et anticommunistes. Malgré un programme social d'envergure (création d'un pacte social qui n'a provoqué, pour le moment, aucune adhésion massive), l'image internationale du régime communiste gène le nouveau président.

Après une succession de crises politiques majeures, la constitution adoptée en 1994 semblait peu adaptée au pays en période de transition. Le 5 juillet 2000, le parlement la modifia en faisant de la Moldavie une république parlementaire. Le président est désormais élu par le parlement, qui peut le destituer. Cet amendement de la constitution a accru aussi les pouvoirs du gouvernement, lui permettant de légiférer par décret. Cette délicate réforme constitutionnelle n'a pas évité une nouvelle crise politique et quelques mois plus tard, à l'occasion d'élections législatives anticipées, face à une droite divisée, le Parti des communistes de Moldavie arrive au pouvoir. La formation du nouveau gouvernement autour de Vasile Tarlev, homme d'affaires n'appartenant à aucune formation politique, suscite un effet rassembleur.

Vers un régime autoritaire et centralisé ?

Aux premières craintes d'un retour à un centralisme démocratique et à un isolement sur la scène internationale, le nouveau président préfère répondre qu'il entend instaurer dans le pays un « communisme du XXIe siècle » et la « dictature de la loi ». Depuis deux ans, V. Voronine s'est efforcé d'infléchir les orientations politiques et économiques des précédents gouvernements. La volonté de réformer l'État lui-même et l'exercice du pouvoir est évidente : afin de mettre fin à l'orientation présidentielle du régime, il souhaite ancrer la démocratie et établir une république parlementaire. Mais le discours est ambigu.

Le président a le droit de prendre des décrets-lois sans l'approbation du parlement. Le gouvernement n'exerce qu'un rôle partiel, le Premier ministre étant confiné aux affaires économiques et sociales. La multiplication d'organes informels et de « patronage » viennent pratiquement doubler certains ministères. Censés combattre le blocage des institutions et les pratiques de corruption ou de népotisme des gouvernements précédents, cette centralisation du pouvoir est très contestée par les partis d'opposition qui fustigent la « re-soviétisation » de l'État et de la société.

Malgré des normes constitutionnelles et juridiques modernes, des archaïsmes demeurent et surtout, le manque de confiance (et d'informations) de la population envers cet ordre institutionnel et juridique l'a discrédité. En cas de litige, la population ignore les instances juridiques du pays et préfère s'adresser aux organisations internationales présentes dans le pays. Avec le retour des communistes au pouvoir, les clivages entre les partis se sont cristallisés, et on observe une exacerbation des tensions. Les partis politiques encore balbutiants se sont empressés d'adhérer à des structures paneuropéennes, constituant à la fois un marqueur et une façon de se légitimer aux yeux des électeurs.

La tentation du contrôle des médias

Le contrôle des médias audiovisuels a été institutionnalisé bien avant le retour au pouvoir des communistes : le décret du 11 mars 1994 fait de la compagnie d'État « Teleradio Moldova » l'unique distributeur des fréquences radio et télévisées, lui donnant le droit de contrôler les programmes. Avec un directeur nommé par décret présidentiel, c'est l'ensemble de l'audiovisuel qui est sous tutelle présidentielle. Par cette double mainmise, financière d'une part, politique d'autre part, les dirigeants successifs ont tenté de contrôler les médias, au moins la télévision nationale (principale moyen d'information dans le campagnes). Un mouvement de protestation et de grève passive des journalistes de la télévision, soutenu par l'opposition et le Conseil de l'Europe vise à briser ce monopole. La presse écrite reste plus riche et diversifiée, fortement marquée par une approche partisane de l'actualité, partagée entre media « pro-russes » ou « pro-roumains ».

Un enjeu majeur : territoires et minorités

La promulgation, fin 2001, de deux lois sur l'organisation territoriale et sur l'administration locale a rétabli l'ancienne division administrative : les 10 *judets* (régions) créées en 1998 disparaissent au profit de 32 districts et quelques 240 nouveaux conseils locaux sont créés. Cette réforme illustre la politique du nouveau gouvernement : un quadrillage strict du pays afin de renforcer la pression du pouvoir central sur les échelons locaux par la mise en œuvre d'une « verticale du pouvoir ». Adoptées dans la précipitation et sans consultation des maires, ces lois sont vivement critiquées par l'opposition. Elle conteste le transfert de compétence en matière de finances locales au représentant du pouvoir central ce qui met fin à l'autonomie financière des communes. La cour constitutionnelle a finalement annulé la décision d'abréger le mandat des maires et des élus locaux. Mais surtout, confronté aux nouvelles exigences des autonomistes gagaouzes et à la sécession de la Transnistrie, il n'est pas sûr que le pouvoir central ait la capacité de mener à bien ce « rééquilibrage » des pouvoirs.

La Moldavie pluriethnique ne mentionne pas le terme de minorité dans sa constitution. L'article 10 dispose que l'unité du peuple constitue la base de l'État. Ce dernier garantit le droit de chaque citoyen à « conserver, développer et exprimer sa spécificité ethnique, culturelle, linguistique et religieuse ». Le parlement a adopté une série de lois sur la protection des minorités et a ratifié les principaux textes internationaux de droits et protection de l'homme. Mais il n'y a pas de formation politique représentant directement les minorités au parlement. Leurs intérêts sont défendus au sein d'une commission parlementaire « des droits de l'homme et des minorités nationales ». Cette situation est ouvertement critiquée par les Gagaouzes qui réclament désormais la constitution d'une véritable entité territoriale sous la forme d'une république autonome ce qui, parallèlement à l'existence de la RMT pose à terme le problème d'un fonctionnement fédéral au sein de la Moldavie.

Une économie entre innovation et héritages du passé

La stabilisation libérale mise à l'épreuve

Les deux premières années qui ont suivies l'indépendance ont été marquées par le conflit du Dniestr, la désorganisation de l'économie, l'hyperinflation et l'appauvrissement de la population. La mise en œuvre d'un programme de reformes cohérent n'a été engagée qu'en 1993 avec l'introduction d'une monnaie nationale accompagnée d'une politique monétaire stricte approuvée par le FMI. Dès sa mise en circulation, le Leu est apparu comme une monnaie solide, la plus stable de la CEI. Elle a contribué à affirmer l'indépendance du pays, la Moldavie refusant d'intégrer la zone rouble.

Sans recourir à la planche à billets, la politique monétaire menée entre 1994 et 1998 permet une réduction du déficit, une décélération de l'inflation. Toutefois, l'appréciation en termes réels du Leu pèse sur le déficit du solde commercial. La situation économique ne s'améliore guère et reste tributaire de la sécession de fait de la Transnistrie.

La crise financière russe de 1998 ébranle ce fragile équilibre en provoquant une forte dépréciation du Leu. Les tensions inflationnistes, jugulées depuis 1995, réapparaissent ainsi que les principaux handicaps du pays : un déséquilibre récurrent des finances publiques et une diversification insuffisante de son économie. Après une période de crise politique ouverte, la vigoureuse reprise en main que se propose d'effectuer le nouveau président V. Voronine repose sur une nécessaire poursuite des reformes jusqu'alors trop limitées : politique économique de rigueur notamment sur le plan des privatisations, relance d'un plan de restructuration forcée des entreprises endettées auprès de l'État, recours aux capitaux étrangers, mise en œuvre d'un nouveau système fiscal. Le gouvernement de V. Tarlev poursuit à rythme lent et sous la pression des bailleurs de fonds internationaux une politique économique à orientation libérale.

L'année 2002 est marquée par le déblocage de nouveaux crédits de la Banque mondiale, suite à l'adoption de la loi sur les privatisation du secteur vin et tabac en octobre 2000. Le FMI avait gelé ses prêts entre 1999 et 2002. Le déblocage de nouveaux crédits et la levée des obstacles aux investissements doivent assurer la poursuite des réformes : privatisation des grandes entreprises et leur restructuration ; lutte contre la corruption ; assainissement budgétaire et réforme du système de protection social. Mais on est encore très loin d'un redressement économique durable d'autant que le service de la dette obère le budget national (il représente 75 % du budget 2002).

Le poids de la Transnistrie

La Moldavie doit relever trois gageures : à la fois reconstruire et diversifier son économie, approfondir les reformes structurelles et enfin, trouver une solution à la question transnistrienne.

Les privatisations ont commencé en septembre 1993, en même temps que la politique de stabilisation et le lancement de la monnaie, avec la distribution à la population de « bons sur le patrimoine national » et les premières ventes d'entreprises. Les privatisations contre espèces ont été lancées en 1995. Après avoir connu un début prometteur, le processus de privatisation est désormais caractérisé par une extrême lenteur. L'héritage est très lourd (entreprises sous-capitalisées et dotées d'équipements vieillis) et l'adaptation aux nouveaux mécanismes du marché est d'autant plus difficile que le manque d'investissement est flagrant. Des réformes en profondeur sont attendues, en matière du droit de propriété, du système bancaire et de fiscalité. Malgré une législation favorable aux investissements, l'étroitesse du marché intérieur et les incertitudes du climat politique et économique constituent des freins évidents.

La sécession de la Transnistrie prive la Moldavie d'une importante partie de son industrie : plus d'un tiers de ses capacités, 40 % de la production (plus de 80 % de son énergie électrique). Mais ces industries n'y ont guère de débouchés et sont paralysées. Or le désastre économique de la Transnistrie est inclus dans le calcul du PIB moldave (contrairement aux compte de production). La région est en proie à l'hyperinflation et à une dépréciation de son rouble, introduit en janvier 1994. Les deux monnaies (plus le dollar) y circulent en parallèle. Personnes et marchandises circulent librement entre les deux territoires, malgré la présence de postes de contrôle transnistriens. La Moldavie n'a pas souhaité en effet mettre en place un dispositif frontalier, ce qui aurait consacré le séparatisme de la Transnistrie. Chisinau a cependant renforcé le contrôle de ses frontières en septembre 2001 par la mise en place de nouveaux sceaux douaniers et en retirant à Tiraspol le droit d'utiliser les anciens sceaux que la Moldavie lui avait attribués suite au protocole de 1996 sur les activités douanières.

Une diversification insuffisante de son économie

La situation de dépendance économique a pour origine, d'une part, l'absence de ressources énergétiques, d'autre part, une spécialisation héritée de la période soviétique. Centrée sur le seul secteur agroalimentaire, l'industrie moldave est tributaire de l'agriculture. Le paysage actuel moldave résulte à la fois de la fertilité des sols et de la politique économique menée au sein de l'URSS : la Moldavie était cantonnée dans la production agricole et servait de terrain expérimental de l'agriculture du gigantisme. Cette spécialisation a eu de nombreux effets négatifs sur l'environnement et rend l'économie moldave très dépendante de ses exportations, la production excédant de beaucoup les besoins du marché intérieur. Les indicateurs de production ont accusé au cours de la dernière décennie de très fortes variations conditionnées en grande partie par la mise en place de la reforme agraire et par les aléas climatiques. Loin de conduire à une diversification, l'indépendance de la Moldavie a vu l'accroissement constant des produits agricoles et agroalimentaires à faible valeur ajoutée dans les exportations (72 % aujourd'hui).

La dépendance énergétique fait de la Russie le fournisseur pratiquement exclusif pour le gaz et le pétrole. Faute de pouvoir rembourser la dette contractée auprès de la compagnie russe Gazprom, les autorités moldaves ont du accepter, fin 1997, de lui céder la moitié du capital des sociétés moldaves gérant le transport et la distribution de gaz. Il existe bien un gisement d'hydrocarbures dans le sud du pays, mais les perspectives d'exploitation sont limitées. La construction du terminal pétrolier à Giurgiulesti, cofinancée par la BERD, est au point mort. L'électricité est importée majoritairement d'Ukraine.

Une cohésion sociale à bout de souffle : la misère génère toutes les dérives

Malgré certains signes positifs (augmentation du PNB de 6 % en 2001, fin des arriérés de salaires ou de retraites), 54 % de la population vit au-dessous du seuil de pauvreté et le pays est confronté à une émigration massive. L'espérance de vie a été ramenée à moins de 67 ans (contre 68,5 ans en 1990). Avec un taux d'inflation de 15,7 % en 2003, un salaire moyen mensuel de 944 lei (78 dollars) et la dépréciation de sa monnaie, la Moldavie est devenue un des pays les plus pauvres d'Europe.

Le premier volet de la réforme agraire a consisté à donner en propriété des lopins individuels aux paysans et à attribuer aux citadins des terrains en périphérie des villes. Près de 13 % des terres agricoles (320 000 hectares) ont ainsi été distribuées. Mais le mode de production et d'organisation reste difficile à adapter aux lois du marché. La sortie du collectivisme dans les campagnes moldaves s'opère avec difficulté dans une grande confusion, la réforme agraire oscillant entre invention originale et maintien des pratiques du passé. Secteur clé dans l'économie du pays, il est aussi peut-être le plus difficile à réformer d'autant que, depuis 1991, la population agricole a augmenté de plus de 200 000 personnes, le taux d'actifs de ce secteur passant de 32,7 % à 41,5 %. De telles données révèlent l'importance du bouleversement qui s'est opéré au cours de la dernière décennie dans les campagnes avec l'accentuation des différences entre la capitale et le reste du pays, campagnes et petites villes de province confondues.

L'économie informelle (travail au noir, petit commerce ou apport des lopins individuels) joue le rôle de soupape de sécurité aux tensions nées de la dégradation du niveau de vie. La cohésion économique et sociale du pays est confrontée à une crise démographique sans précédant. Selon les données officielles, près d'un million de Moldaves travaillent en dehors des frontières. Leurs revenus envoyés au pays permettent au reste de la famille de survivre. Aussi, dans un contexte où les institutions censées réprimer les abus économiques sont considérées comme les plus inefficaces, la misère génère toutes sortes de dérives : corruption, filières de prostitution en Europe, trafics d'organes humains. Le lancement, début 2004, de la réforme du système de protection sociale obligatoire reste le plus grand chantier entrepris par le gouvernement.

Une voie moldave entre Roumanie et Russie ?

Une médiation internationale nécessaire pour le conflit transnistrien

L'issue du conflit de 1992 a montré l'échec d'une solution militaire et la nécessité d'un recours à une médiation internationale. Un document majeur signé au sommet de l'OSCE à Istanbul le 18 novembre 1999 prévoyait le retrait définitif du « groupe opérationnel des forces de Russie » (ex 14e armée, réduite à 2600 hommes) avec son matériel avant la fin 2002. Si les armements lourds ont été retirés fin 2001, la multiplication des incidents et l'arrêt du dialogue entre Tiraspol et Chisinau rendent incertaine la démilitarisation complète du territoire[9]. Les autorités de Tiraspol contestent le rôle de la Commission Unifiée de Contrôle (CUC) qui vérifie le déminage des terrains minés lors du conflit armé de 1992 dans la zone de sécurité qui inclut 110 localités soit une population de 700 000 habitants.

Face aux nombreuses concessions de Chisinau pour ne pas entériner la partition, l'intransigeance de Tiraspol inquiète d'autant que le potentiel militaire de la Transnistrie, supérieur à celui de l'armée nationale de Moldavie, constitue une vraie poudrière (armes conventionnelles, missiles et armes chimiques) alimentant des trafics vers les conflits régionaux du Caucase à l'Afghanistan. On reproche à la Russie d'avoir voulu instrumentaliser ce conflit afin de faire rentrer la Moldavie dans les structures de sécurité de la CEI et confirmer son influence dans son « étranger proche ». V. Voronine se dit prêt « à offrir à la République transnistrienne n'importe quel statut, avec n'importe quels pouvoirs, mais au sein d'une République de Moldavie unie ». L'initiative russe présentée en 2003 par Dmitri Kozak (proche du président Poutine) propose les principes de base d'une République fédérale asymétrique (composée d'un territoire fédéral et de deux « sujets » : la République moldave de Transnistrie et la Gagaouzie). Vladmir Voronine y renonce finalement sous pression de l'opinion publique et de l'OSCE écartée des négociations. La Commission constitutionnelle mixte, dont l'objectif est d'élaborer la constitution d'une éventuelle fédération moldave, reprend les négociations fin avril 2004 après 5 mois de vives tensions entre Chisinau et Tiraspol.

Une identification orientée sur la coopération et l'intégration régionale

La crise d'identité que traverse la Moldavie tient autant aux difficultés de transformer la société de l'intérieur (système politique, transition vers l'économie de marché), qu'au besoin de définir sa place dans la région : entre deux grands voisins que sont la Roumanie et l'Ukraine, entre deux ensembles politiques et économiques (Union européenne et CEI), et au sein d'organisations régionales. De cette posture diplomatique complexe ressort un objectif : l'entrée dans l'Union européenne justifiée par sa latinité et son appartenance à l'ensemble européen. Un Accord de partenariat et de Coopération (APC) a été signé avec l'Union européenne en novembre

9. L'actuel président V. Voronine qualifie ouvertement I. Smirnov, « président » de la République moldave de Transnistrie (RMT) (Pridniestrovskaia Moldavskaia Respublika) de « criminel à la tête d'un État mafieux ».

1994 et la Moldavie a été le premier État de la CEI à adhérer au Conseil de l'Europe dès 1995. Mais si le projet de rejoindre l'Union russo-biélorusienne n'est plus d'actualité, le discours pro-européen reste ambigu et contrairement à la Roumanie ou à l'Ukraine, la Moldavie n'a toujours pas formé de département interministériel pour les relations avec l'Union européenne. Incapable de formuler une politique claire, l'intégration est vue uniquement du point de vue économique et non politique. L'adhésion de la Moldavie à l'OMC le 8 mai 2001 confirme cette volonté d'ouverture et d'intégration au système international.

Soucieuse de réduire les conséquences de son enclavement, la Moldavie participe aux différentes initiatives régionales, comme la Zone de Coopération Économique de la Mer Noire, le GUAM etc. Les différents projets de coopération régionale (les euro-régions avec la Roumanie et l'Ukraine) sont des moyens de créer des îlots de stabilité. Cependant, la mise en œuvre d'un accord de libre échange pourtant signé entre Kiev et Chisinau en 1995, connaît encore retards et difficultés, notamment sur la création d'une zone franche autour du port ukraino-moldave de Reni (Ukraine). Enfin, l'enjeu gagaouze a aussi des avantages : les investissements turcs sont de plus en plus importants, aussi bien en Gagaouzie que dans le reste du pays.

Une stratégie sécuritaire tous azimuts

Dernier État à ratifier la Charte de la CEI (8 avril 1994), la Moldavie a montré dès le départ sa méfiance à l'égard de cette structure et son souci d'intégrer le nouveau système de sécurité européen en adhérant notamment au Partenariat pour la paix en septembre 1994 puis au Pacte de Stabilité pour l'Europe du sud-est le 28 juin 2001. État neutre de par sa constitution, la Moldavie ne fait pas partie de l'organisation de sécurité collective de la CEI. et la coopération militaire avec la Russie reste limitée. L'armée moldave a été créée au lendemain de l'indépendance, à partir des équipements qui se trouvaient sur place (7 complexes industrialo-militaires) et des hommes des unités qui ont bien voulu rester dans le pays. On peut estimer actuellement à moins de 10 000 hommes le nombre de militaires en activité. Le service militaire est obligatoire, sauf pour les étudiants. La flotte aérienne a été réduite à 6 appareils après la vente de 29 MIG 29 à des pays étrangers. Une réforme du système de sécurité nationale a été lancée fin 2000, mais faute de crédits, le renforcement de l'appareil militaire est limité et les cadres manquent.

Le « traité d'amitié russo-moldave », ratifié le 19 novembre 2001 presque dans l'indifférence totale ou la méconnaissance de son contenu, marque cependant un rapprochement évident entre Moscou et Chisinau, symbolisé par le statut de la langue russe en Moldavie. La nouvelle conception de la politique étrangère (avril 2002) s'inscrit dans ce processus de recentrage des intérêts nationaux : si la nécessité d'une coopération plus étroite avec les pays de l'Union européenne est réaffirmée, les relations avec les partenaires de la CEI font désormais l'objet d'une attention croissante. La libre circulation des Roumains dans l'espace Schengen depuis le 1er janvier 2002 a refroidi encore les relations entre Bucarest et Chisinau. Conscient de la perméabilité de ses frontières, Chisinau tente en vain de s'attacher à une politique d'équidistance entre Bucarest et Moscou. Mais la rivière Prut pourrait bien être la ligne de démarcation entre une Union européenne élargie et l'Est.

L'UKRAINE

Ukraina

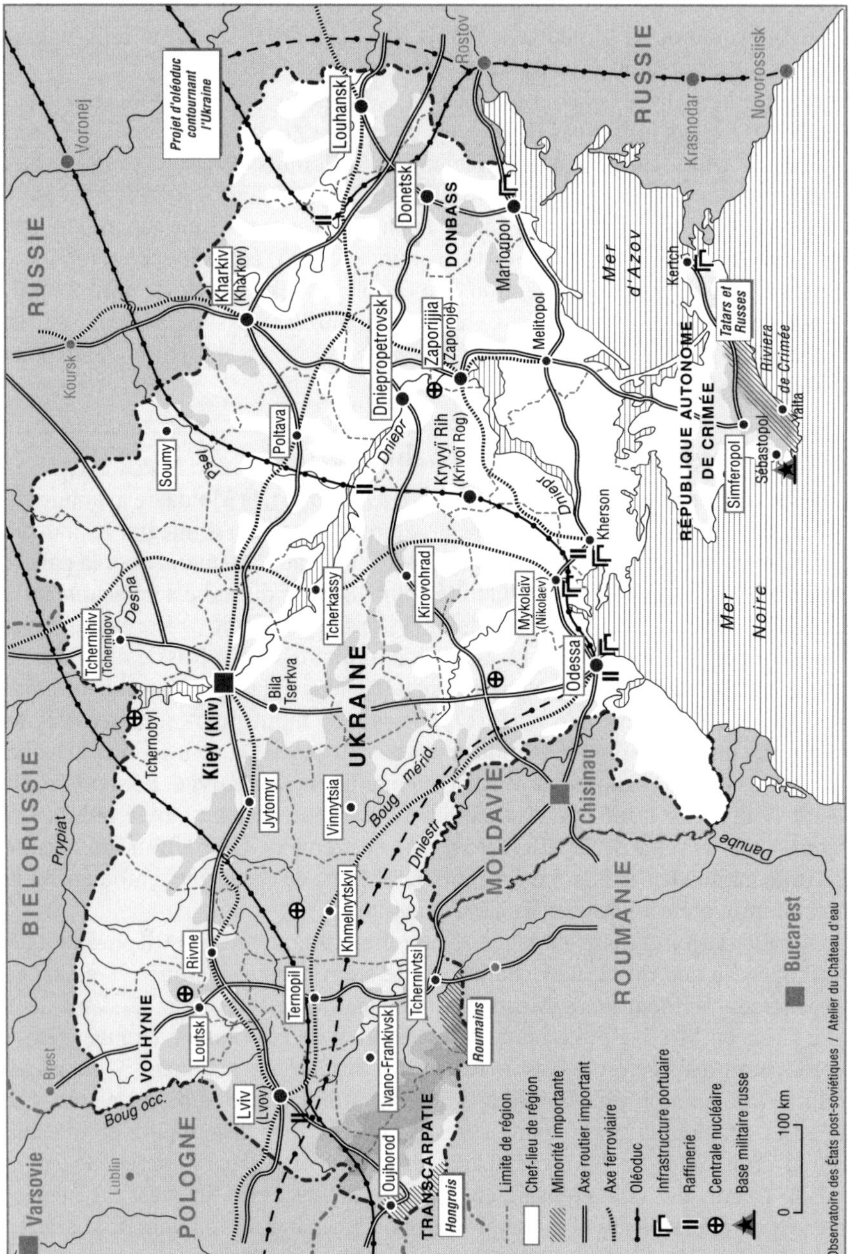

Chiffres clés

Territoire

Superficie : 603 700 km2
(l'équivalent de la France)
Capitale : Kiev (3 012 000 hab.)
Principales villes :
- Kharkov (1 420 000 hab.)
- Dniepropetrovsk (1 009 000 hab.)
- Odessa (1 012 000 hab.)
- Donetsk (970 000 hab.)
- Zaporije (770 000 hab.)
- Lvov, ou Lviv (686 000 hab)

Divisions administratives : 24 *oblast*, deux villes à statut d'*oblast* (Kiev et Sebastopol) et une république autonome, la Crimée.

Population

47 299 000 habitants au 1er janvier 2004
Dernier recensement : 2001
Densité : 78,3 habitants/km2
Population urbaine : 67,8 %
Population rurale : 32,2 %
Espérance de vie à la naissance (1999) :
68 ans (hommes, 63 ans ; femmes, 74 ans)

Données démographiques (pour 1 000 habitants)

	1991	1995	2000
Accroissement naturel	- 0,8	- 5,8	- 7,5
Natalité	12,1	9,6	7,8
Mortalité	12,9	15,4	15,3
Mortalité infantile	13,9	14,7	11,9

Composition ethnique (2001)

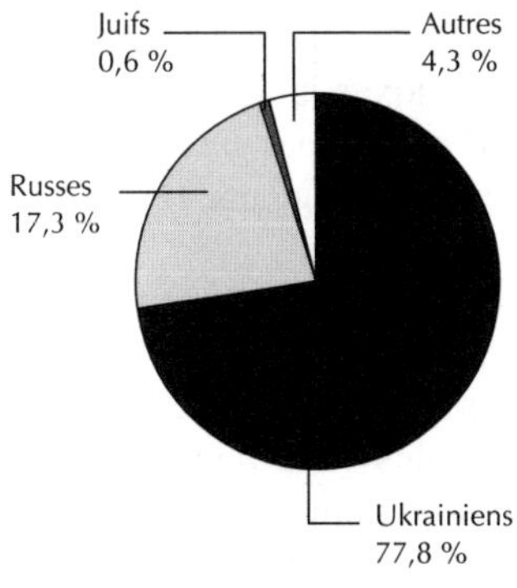

Économie

PIB par habitant en parité de pouvoir d'achat

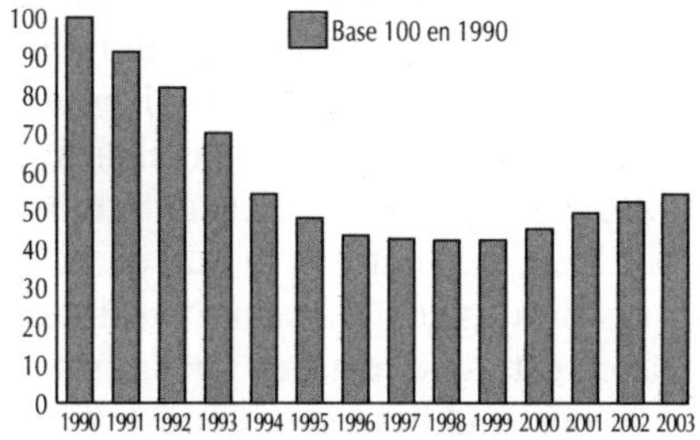

Principales composantes du PIB en 2002 :
- services, 35,1 % ;
- industrie, 41,5 % ;
- agriculture, 23,4 %.

IDH (2000) : 0,748 (80e rang mondial).
Monnaie : hryvna (adoptée en 1996).
Dette extérieure brute (2001) : 27 % du PIB.

Relations extérieures

Adhésion à des organisations internationales :
- ONU (1946),
- CEI (1991).
- ZCEMN (1992),
- GUAM (1997)
- Initiative centro-européenne (ICE),
- COCONA,
- Partenariat pour la paix avec l'OTAN,
- Conseil de l'Europe (1995),

Principaux partenaires commerciaux en 2002 :
- export : Russie, 17,1 % ; Turquie, 4,4 % ; Italie, 6,6 % ; Allemagne, 4 %
- import : Russie, 35,2 % ; Turkménistan, 10,5 % ; Allemagne, 9,2 %.

Exportations totales en 2002 :
18 669 millions de dollars
dont :
- métaux non précieux, 38,2 %
- machines et équipements, 14,1 %
- produits agricoles, 12,8 %
- produits chimiques, 9,7 %
- hydrocarbures, 11,2 %

Importations totales en 2002 :
17 959 millions de dollars
dont :
- hydrocarbures, 38,6 %
- machines et équipements, 21,1 %
- produits chimiques, 12,4 %
- produits agricoles, 6,2 %
- produits manufacturés, 5,7 %

Une souveraineté finalement assumée

Le territoire comme base du compromis identitaire

Le consensus qui existe sur le cadre territorial de l'État ukrainien dans les frontières tracées à l'époque soviétique ne se retrouve pas sur les fondements de la légitimité nationale. Les marqueurs identitaires de la partie occidentale du pays, notamment la Galicie orientale à dominante gréco-catholique, qui fut autrichienne puis polonaise, sont la langue ukrainienne, la tradition indépendantiste et les tentatives visant à séparer les Églises ukrainiennes de Moscou. Sur le territoire qui lui a été reconnu, il s'agit de « construire » une nation ukrainienne rejetant comme « étranger » le passé russe et soviétique, mais aussi polonais.

Pour l'Est, le Centre et le Sud du pays, en revanche, c'est le territoire de l'État dans ses limites actuelles qui constitue la base de la légitimité nationale. L'indépendance est donc justifiée sur la base des structures héritées de l'Union soviétique et des traditions autonomistes, mais pas nécessairement indépendantistes, qui s'étaient développées à l'époque russe puis soviétique. Ces traditions « régionalistes » peuvent se combiner avec la prise en compte des liens privilégiés qui existent avec la Russie et la Biélorussie, voire d'autres peuples de l'ex-URSS.

Dans l'Ouest du pays, on juge la période soviétique comme une « parenthèse » regrettable, dont le seul aspect positif est d'avoir donné au pays un cadre territorial désormais reconnu internationalement, quitte à renoncer à des territoires parfois revendiqués par certains courants nationalistes (Kouban, Polésie, régions frontalières de Pologne ou de Slovaquie).

Les mythes nationaux (Ruthénie de Kiev, Cosaques zaporogues, etc.) sont interprétés différemment selon les régions. Ils camouflent difficilement l'absence de continuité étatique au cours des siècles.

Beaucoup d'Ukrainiens ne considèrent en effet pas la langue russe comme une langue étrangère. Le maintien d'une branche de l'Église orthodoxe liée au Patriarcat de Moscou, et qui reste majoritaire, constitue un des symboles visibles d'ambivalence alors que le Patriarcat de Kiev qui réuni deux Églises autocéphales, l'une issue de l'émigration et l'autre d'une scission de l'Église moscovite, témoigne, au côté de l'Église gréco-catholique, de l'affirmation identitaire nationale. L'Église uniate fut, au XIXe siècle et jusqu'en 1945, un des principaux lieux où s'est forgé l'école nationaliste mais elle reste cantonnée à la Galicie et à la Transcarpathie et beaucoup d'orthodoxes la perçoivent comme le résultat d'une « intrigue polonaise ». Il ne faut toutefois pas surestimer l'importance du facteur religieux en Ukraine : l'indifférence religieuse reste une réalité tangible dans le pays.

La minorité russe, qui dépasse 20 % de la population, exerce une influence notable, d'autant plus qu'elle est majoritaire dans certaines régions de l'Est et du Sud. Dans un contexte peu favorable à des tendances irrédentistes, les Russes font montre de loyauté à l'égard de l'État ukrainien, mais contribuent à renforcer le poids de la langue russe et à maintenir des liens humains et économiques avec l'espace postsoviétique. Hors des régions occidentales, les Russes d'Ukraine sont rarement perçus comme appartenant à une véritable « minorité nationale », car la limite est floue entre eux et la masse des russophones se définissant comme ukrainiens. Les autres minorités nationales sont peu nombreuses à la suite des déplacements et déportations de populations opérés au cours des années 1930 et 1940. Leur importance ne joue souvent qu'au niveau local (Tatars en Crimée, Hongrois en Transcarpathie, etc.).

Le fort consensus qui existe dans toute l'Ukraine sur le cadre territorial du pays témoigne du désir d'arriver à un compromis entre des sentiments identitaires concurrents, mais aussi de la crainte de provoquer des tensions qui risqueraient de déstabiliser un pays particulièrement meurtri au cours du XXe siècle. Les nationalistes se sont résolus à accepter les frontières actuelles et le principe d'une citoyenneté fondée sur le territoire. Mais ils continuent à prôner le maintien de l'unilinguisme, la généralisation de l'emploi de la langue ukrainienne sur la totalité du territoire, ainsi qu'une prise de distance radicale avec la Russie. Les Russes et russophones d'Ukraine acceptent l'indépendance et le caractère officiel de la langue ukrainienne tout en souhaitant que les liens avec l'espace postsoviétique soient renforcés et qu'un bilinguisme de fait se perpétue. Les nationalistes voient la solution aux difficultés économiques du pays dans un capitalisme « national » et lié à l'Occident, tandis que les milieux russophones privilégient plutôt l'interventionnisme de l'État et jugent favorablement l'émergence de nombreux entrepreneurs locaux liés aux réseaux économiques de Russie.

La tolérance dont bénéficient les minorités témoigne de l'absence de fortes tensions interethniques. Elle est également la conséquence de l'absence de consensus sur les fondements de l' « ukrainité ». Après avoir tenté, au cours de la décennie écoulée, de renforcer le poids de la langue et de l'identité ethnique ukrainienne, les nationalistes sont aujourd'hui sur la défensive. Ils ne sont pas parvenus à s'implanter hors d'Ukraine occidentale où les élections successives ont confirmé leur effritement continu au profit des partis « centristes » issus de l'ancienne nomenklatura soviétique, qui semblent avoir désormais opté pour une forme d'indépendance n'excluant plus un rapprochement avec Moscou.

Une conscience politique nationale ukrainienne a émergé, et les décisions fondamentales pour l'avenir du pays se prennent à Kiev, qui est devenue une véritable capitale. Héritier de la République soviétique d'Ukraine, l'État ukrainien a officiellement renoncé à toutes les revendications territoriales. Cette continuité n'est pas exempte d'ambiguïtés : l'appellation de « République » pour désigner l'État a été rejetée, comme les propositions de compromis entre les emblèmes nationalistes et les symboles cosaques, voire soviétiques, proposés par une partie de la gauche. Mais la nouvelle constitution a maintenu l'appellation de V*ierkhovna Rada* (Soviet suprême) pour le parlement national. Devenue, avec l'indépendance, le centre incontesté du territoire, Kiev parvient pourtant difficilement à s'imposer face aux régionalismes. Si les minorités ukrainiennes qui habitent les territoires jouxtant l'Ukraine n'ont que peu d'influence, les Ukrainiens émigrés en Amérique du Nord aspirent en revanche à exercer une influence dans leur pays d'origine. Le poids régional de la minorité russe n'a pas entraîné de revendications irrédentistes, pas même en Crimée, où les Russes sont majoritaires, et où la tentation de la sécession semble avoir nettement diminué. Le retour des Tatars, déportés par Staline en 1944, y a été géré avec prudence, afin de ne pas exacerber les tensions tant inter-communautaires que russo-ukrainiennes.

Un scepticisme identitaire

Les tentatives faites par les nationalistes de construire, dans le contexte de « vide identitaire » postsoviétique, un sentiment national ukrainien exclusif, puis les politiques équidistantes mises en œuvre par la présidence de la République, se sont heurtées non seulement aux pressions de Moscou, mais plus encore à la lassitude d'une population désenchantée. Contrairement aux promesses de 1991, l'indépendance n'a pas apporté le bien-être au plus grand nombre. La proclamation de l'unilinguisme ukrainien, perçue par la majorité comme un compromis nécessaire avec la fraction nationaliste de l'opinion, a bénéficié de l'apparente apathie des russophones, encore marqués par une forte identité soviétique. Il n'en reste pas moins qu'aujourd'hui, même les Ukrainiens de l'Ouest lisent plus de livres en russe qu'en ukrainien. L'étroitesse du marché ukrainophone n'incite pas les éditeurs locaux à prendre des risques. Malgré l'importance de la presse russophone, qui reste hégémonique dans la capitale, les médias sont majoritairement ukrainophones, la télévision russe a vu son taux d'audience fortement baisser à la suite des entraves mises à sa diffusion. Un compromis s'est instauré : indépendance et appartenance à la CEI ; unilinguisme officiel au niveau central, bilinguisme ukrainien-russe dans les régions ; liberté pour les Églises de développer leurs propres liens avec l'extérieur, etc. Les mêmes hésitations se retrouvent sur le plan socio-économique : l'économie de marché côtoie un fort secteur d'État non réformé et la protection sociale de type soviétique n'a pas été totalement démantelée. Cette situation a certes permis d'éviter des conflits internes majeurs. Mais elle s'est faite au prix d'une longue récession économique et d'un fort blocage institutionnel qui semble sans issue à beaucoup. Cet attentisme mécontente une partie de la population ainsi que les Occidentaux, renforçant les courants libéraux. Aux extrêmes, on observe une division croissante des nationalistes tandis qu'émerge un populisme nostalgique de l'Union soviétique.

Les élections successives et les enquêtes d'opinion montre la permanence de fortes différences régionales opposant l'Est et le Sud plus « internationalistes », l'Ouest traditionnellement plus « nationaliste » alors que les milieux dits « centristes », favorables à une indépendance sans rupture majeure avec l'espace postsoviétique gagnent du terrain bien au-delà de Kiev. L'État central reste considéré, malgré une forte méfiance à l'égard des élites politiques, comme l'arbitre suprême, en dépit des rivalités présidence/parlement et des blocages bureaucratiques. L'effondrement du mouvement nationaliste Roukh issu de la dissidence, a contribué à renforcer les jugements condescendants visant les Galiciens, souvent perçus comme « arrogants », « paysans » et « nationalistes ». On assiste de ce fait au renforcement de l'influence des grandes agglomérations industrielles du Centre et de l'Est, en particulier Donetsk et Dniepropetrovsk. Si l'Ouest de l'Ukraine a rêvé d'indépendance pour des raisons identitaires, le Centre et l'Est, russophones compris, ont plutôt misé sur le potentiel économique représenté par une Ukraine jugée exploitée par « l'empire ». Grâce au désenclavement du pays assuré par les Galiciens émigrés en Occident, l'indépendance devait assurer un essor économique rapide. Mais cette aide s'est avérée négligeable, d'où un retournement de situation : les Galiciens étaient désormais perçus comme « inutiles ». Malgré la crise, c'est toujours le Donbass et quelques régions du centre de l'Ukraine qui produisent l'excédent financier qui permet d'assurer l'équilibre précaire du budget de l'État et le paiement des salaires du secteur public. Le débat économique et social fait l'impasse sur ces problèmes, désorientant une société qui considère les questions identitaires comme secondaires. Reste que le consensus actuel sur la nécessité de préserver le cadre territorial est insuffisant pour assurer à l'Ukraine une place stable dans la configuration géopolitique qui se met en place aujourd'hui.

Une lente évolution des conceptions politiques et étatiques

Depuis l'indépendance, les clivages sociaux et régionaux contribuaient à maintenir un certain immobilisme entre des positions antagonistes : tandis que la majorité conservatrice du parlement bloquait les tentatives de réformes, les partisans d'un système plus social et d'une intégration avec l'espace postsoviétique s'opposaient à ceux qui prônaient des réformes libérales et un rapprochement avec les pays occidentaux. Les dernières élections témoignent d'un début d'évolution. Si la gauche communisante continue à jouir d'un enracinement réel, les courants libéraux ont progressé. Ils se heurtent néanmoins aux réseaux du pouvoir en place, qui craint que certaines réformes ne remettent en question les positions acquises.

Le nationalisme a perdu du terrain. Le clivage porte désormais avant tout sur les politiques sociales et le degré de rapprochement souhaitable avec des partenaires régionaux.

La faible légitimité des élites issues de la nomenklatura n'a pas empêché un renforcement de la cohésion de l'État, dont le fonctionnement s'est amélioré. Le respect des législations continue à se heurter à de nombreux problèmes (autoritarisme des administrations, lutte des clans, opacité des réseaux de pouvoir, multiplication des législations contradictoires, poids des habitudes, etc.). Mais la société semble avoir intériorisé le nouveau cadre étatique et les principes législatifs qui le régissent. Les différentes institutions, nationales et locales, ont acquis une certaine visibilité et les partis politiques ont élaboré des stratégies économiques et sociales plus claires.

Des institutions en voie de consolidation

La constitution ukrainienne, adoptée en juin 1996, marque une tendance présidentialiste plus affirmée. Mais le compromis ainsi élaboré entre pouvoir présidentiel et parlement paraît plus difficile à remettre en cause, tant du fait de l'affaiblissement de la légitimité du président que de l'apparition, face aux communistes, de groupes d'opposition d'orientation libérale incluant des représentants du courant nationaliste. Le parlement fonctionne de façon plus cohérente. La séparation des pouvoirs semble désormais admise. Sans être devenue une démocratie parlementaire modèle, l'Ukraine a su résister aux tendances présidentialistes que l'on rencontre dans d'autres États postsoviétiques. La crise qui secoue la présidence depuis 2001 (disparition d'opposants, scandales économiques et accusations américaines de vente d'armes à des « États voyous ») a affaibli L. Koutchma, qui tente d'organiser sa succession en s'appuyant sur les lobbies oligarchiques locaux.

Le démantèlement du système soviétique s'est réalisé de façon assez lente et chaotique en Ukraine. Les dirigeants ont longtemps hésité devant les politiques à suivre, afin de préserver l'unité du pays. Aujourd'hui, beaucoup se déclarent « sociaux-démocrates ». Dans le contexte local, et par-delà les contingences tactiques, cela témoigne d'un souci d'introduire les mécanismes de marché tout en conservant pour l'État un rôle clef dans la préservation de la cohésion sociale et nationale. Les privatisations sont aujourd'hui engagées et l'on voit émerger une couche sociale tentée par le libéralisme économique. Les milieux et les régions fragilisées restent en revanche toujours attachées au protectionnisme.

Le rôle que devra jouer l'État demeure l'objet de polémiques mais la sortie du système soviétique est désormais accomplie, tandis que le « modèle occidental » n'exerce plus le même degré de fascination qu'après 1991. Le nationalisme pratiquement dépassé, la nécessité d'intégrer l'Ukraine dans des courants d'échanges régionaux est acquise. La société ukrainienne et ses élites paraissent donc prêtes à mieux affronter les réalités.

Trois grandes mouvances politiques se font jour : au « centre », la présidence s'appuie sur les relais « traditionnels » d'entrepreneurs et de notables acquis à l'indépendance, à l'économie capitaliste et à une stratégie qui se veut équilibrée entre la Russie et l'Union européenne. À gauche, les communistes s'invertissent dans une action qui se veut inscrite dans le long terme, tandis que les socialistes se sont rapprochés des milieux libéraux et mettent en avant la nécessaire moralisation de la vie publique. On a assisté à l'émergence autour de l'ancien Premier ministre Iouchtchenko d'une mouvance clairement libérale. L'Ukraine compte désormais des partis politiques qui, malgré la persistance des anciens réseaux et l'apathie d'une grande partie de la société, affirment des programmes assez clairs, s'appuyant sur des réalités sociales et correspondant aux orientations que l'on retrouve dans la plupart des démocraties.

Une démocratie en phase de renforcement

Malgré les entorses au droit, voire les violences commises par des cercles proches du pouvoir, l'équilibre bancal qui a régné depuis l'indépendance entre les différents centres de pouvoir a permis d'assurer aux citoyens une liberté individuelle grandissante. Cette dernière est toutefois limitée par des conditions de vie souvent à la limite de la grande précarité. Les partis et les associations se sont multipliés sans pour autant rassembler une masse importante de citoyens.

Confrontés à d'importants problèmes financiers, les médias se heurtent certes à la puissance des oligarques, et les disparitions et assassinat de journalistes ont frappé l'opinion. Mais aucun pôle de pouvoir n'est parvenu à contrôler l'ensemble des médias qui ont réussi à maintenir un pluralisme relatif.

L'État ukrainien a favorisé l'organisation d'associations représentant les minorités ethniques. Il s'agit de contrebalancer l'influence d'une minorité russe qui peut s'appuyer sur la Russie, les médias russes, les entreprises russes et la force d'attraction de la langue russe. Ferme sur le maintien de l'unilinguisme ukrainien au niveau de l'État et du refus de fédéralisation du pays, à l'exception de la Crimée dont le statut d'autonomie n'a pas été remis en question, de nombreux accommodements avec les minorités nationales ont été trouvés sur le terrain, en particulier avec les Russes là où le russe est majoritaire. Cette politique ambiguë a permis de désamorcer les conflits réels et potentiels qui avaient commencé à se faire jour après l'indépendance (séparatisme russo-criméen, tensions russo-tatares en Crimée, régionalismes au Donbass et en Trancarpathie, revendications roumaines en Bucovine, etc.). Aujourd'hui, l'Ukraine semble « pacifiée », apte à négocier des compromis tant à l'intérieur de ses frontières qu'avec ses voisins. Mais la gravité de la crise sociale et politique rend cette accalmie précaire.

Une irrésolution économique lente à surmonter

De tous les États de la partie occidentale de l'ex-URSS, l'Ukraine disposait sans doute des conditions initiales les moins favorables à la mise en place d'une stratégie de transformation économique un tant soit peu radicale. Ce qui a été dit sur les questions d'identité, de positionnement international, de fissures internes, donne à comprendre que les réformes initiales aient pu être hésitantes et ambiguës. Elles l'ont été d'autant plus que les structures économiques héritées rendaient l'Ukraine particulièrement fragile au choc de l'éclatement et de la libéralisation : de fait, les contraintes et les dépendances structurelles ont conduit à un cataclysme plus marqué qu'ailleurs, du moins pour un pays qui n'a pas connu de conflit, interne ou externe, ouvert. On comprendra dès lors que la question de la cohésion économique et sociale ne se règle, aujourd'hui encore, que difficilement.

Des réformes tardives

Préoccupés avant tout d'asseoir, à l'intérieur comme vis-à-vis de l'extérieur, la légitimité et la sécurité du nouvel État indépendant, les dirigeants en place au moment de l'éclatement de l'URSS ont évité pendant plus de deux ans de s'engager dans des politiques macroéconomiques de stabilisation par trop rigoureuses et des réformes structurelles par trop convaincues. Que ce soit pour échapper aux risques d'exacerbation des fissures sociopolitiques qui pouvaient en résulter, pour ne pas se conformer au « modèle » russe de « thérapie de choc », ou par ignorance de ce que « l'espace postsoviétique » allait devenir, le fait est que les deux premières années de transition ont été marquées par un quasi statu quo en matière de principes d'allocation des ressources. Quelle que soit la pertinence qu'on reconnaît aux indicateurs de transition présentés par les organisations internationales, l'Ukraine se signale, jusqu'en 1994, par un bas niveau de libéralisation, d'ouverture, de réformes structurelles. Pour autant, les niveaux de performance et les signes de déséquilibre ne sont pas meilleurs : la production nationale baisse au moins autant qu'ailleurs ; l'inflation atteint un pic record de 10 155 % en 1993.

Avec la victoire de Leonid Koutchma aux élections présidentielles s'amorce une stratégie plus claire de transformation, dont la signature d'un accord avec le FMI, en novembre 1994, assure la crédibilité. L'Ukraine s'engage alors dans des politiques macroéconomiques plus fermes, une libéralisation des activités, des prix et de la monnaie plus soutenue, des réformes structurelles (privatisation, fiscalité, droit et pratique de la gouvernance) qui la rapprochent désormais du cours moyen suivi par la plupart des pays européens en transition. L'introduction d'une nouvelle monnaie — la hryvna — en septembre 1996 et la bonne tenue de son cours témoignent, à l'instar du niveau maîtrisé de l'inflation, de la réalité et de l'efficacité des efforts de stabilisation. La reprise de la croissance depuis 2000, de même que l'éveil des investisseurs étrangers et les signaux envoyés par les organisations internationales marquent à leur façon les progrès enregistrés également dans les fondements structurels du climat d'investissement. Mais il s'agit pour l'heure d'ébauches, qui demandent à être confirmées, tant les signes de sens contraire continuent d'être présents : poids de l'économie souterraine, démonétarisation de nombre d'opérations, rôle des lobbies sectoriels et régionaux dans l'allocation des ressources, désaccords persistants des milieux politiques sur la stratégie globale à suivre…

Des handicaps structurels particulièrement pesants

À certains égards, l'Ukraine qui accède à l'indépendance présente, par ses spécialisations manufacturières les plus visibles, une image grossie de ce que furent les bases de la puissance soviétique. Émergent en effet de ses structures les industries « lourdes » : métallurgie ferreuse et non ferreuse, chimie de base, machines et armements lourds. En outre, ces activités reposent soit sur un potentiel énergétique local de faible ampleur et, qui plus est, vieilli (charbon du Donbass, centrales thermiques, hydroélectriques ou nucléaires aux technologies dépassées), soit sur l'importation de pétrole et de gaz en provenance de Russie. L'éclatement de l'URSS et l'instauration, même limitée, d'une logique de marché, en effaçant la priorité militaire, en rétractant les interdépendances productives, et révélant les compétitivités réelles, menaçaient gravement l'industrie ukrainienne. Entre l'inévitable restructuration et la nécessaire protection, la mise en place d'une stratégie globale pertinente ne pouvait être que cahoteuse.

Les structures se sont cependant modifiées. D'abord sous l'effet de processus destructeurs (d'où la chute particulièrement prononcée de la production nationale), puis grâce à des restructurations plus actives. Ainsi, la reconversion du complexe militaro-industriel a débouché à la fois sur une forte diminution du nombre d'entreprises et une baisse de l'emploi, mais aussi sur des regroupements stratégiques de bureaux d'études et d'usines, partiellement réorientés vers des productions civiles et le marché international (l'Ukraine, a vendu des armes pour 500 millions de dollars en 2000). Mais, comme dans la plupart des autres secteurs, l'adaptation y est lente.

L'agriculture, autre pilier traditionnel de l'économie ukrainienne, caractérisée elle aussi par sa spécialisation dans des produits de base (blé et sucre notamment), et tout aussi touchée par la modification de contexte politique et économique, a peu évolué, que ce soit dans ses structures réelles de propriété (en l'absence d'un marché de la terre) ou dans ses modalités d'exploitation (les structures coopératives restent dominantes).

En revanche, comme partout, la « petite privatisation » et la croissance autonome d'activités nouvelles privées ont servi à la fois de coussin amortisseur de la crise sociale et de vecteur de productions et services nouveaux. Mais une part importante de ces activités reste souterraine (30 à 50 % du PIB relèverait du secteur informel, qui a connu une croissance record jusqu'en 1998), du fait notamment de la complexité du système fiscal et du faible développement du secteur bancaire, soulignant l'insuffisante progression des réformes institutionnelles.

La question énergétique révélatrice des contraintes internes et externes

Le secteur de l'énergie résume bien les dilemmes dans lesquels l'Ukraine s'est trouvée enfermée avec la transition vers l'indépendance et le marché. Dilemme interne, on l'a vu, puisque le fonctionnement du secteur industriel existant supposait le maintien d'un approvisionnement local en énergie électrique, alors même que les capacités nationales de production, notamment nucléaires (un peu moins de la moitié de la production d'électricité) étaient frappées d'obsolescence grave. Malgré la pression (et l'aide) des pays occidentaux, il a fallu attendre le 15 décembre 2000 pour que la centrale de Tchernobyl soit définitivement fermée : le temps que se fasse sentir en particulier l'effet « économie d'énergie » des restructurations industrielles et de la stratégie de vérité des prix amorcée.

Il a fallu aussi que s'ébauche la solution du second dilemme lié à l'énergie, externe celui-là : affirmer sa souveraineté tout en dépendant de livraisons importantes de gaz en provenance de Russie. Or le maintien, au cours des premières années de l'indépendance, des fournitures russes avait engendré une dette qu'il a fallu négocier. Les accords signés en octobre 2001 marquent sur ce point un tournant : en s'accordant et sur le montant de la dette (1,342 milliards de dollars), et sur l'échéancier du remboursement (12 ans, avec une période de grâce de 3 ans), et sur la responsabilité de cette dette (c'est l'entreprise publique Naftogaz et non l'État qui l'assumera), les deux pays ont réglé l'aspect économique le plus pesant de leurs relations. La renégociation du transit du gaz russe par l'Ukraine, la Russie renonçant temporairement à un trajet de substitution par la Biélorussie, complète ce compromis. C'est un consortium russo-ukrainien, soutenu par des Allemands, qui contrôlera ce transit. Les investissements russes ont joué un rôle important dans la restructuration du secteur des combustibles, en premier lieu les produits pétroliers, mais aussi dans l'aluminium et l'aéronautique. La production des raffineries privatisées a doublé, si bien que la part des combustibles produits en Ukraine représente 95 % de la consommation intérieure (contre 25 % en 1999).

Des risques maintenus d'instabilité

En adoptant, au plan économique, une attitude passive au cours des premières années de la transition, les dirigeants ukrainiens ont sans doute, dans l'immédiat, sauvegardé l'essentiel : la souveraineté et l'unité du pays. Une rupture brutale avec la logique ancienne de l'allocation des ressources, calquée sur ce qu'elle a été en Russie, eût peut-être débouché sur des affrontements d'envergure à l'intérieur du pays, avec des effets de contamination sur le terrain des relations extérieures. Pour autant, l'immobilisme ne pouvait être une solution durable : en tout état de cause, les structures économiques se déformaient, les fissures économiques et sociales se manifestaient, alors même que les dysfonctionnements caractéristiques des pays en transition active s'y révélaient. D'une certaine façon, le choix d'une stratégie de libéralisation, de stabilisation et de réformes structurelles avait pour objet d'accompagner, en les guidant et en les maîtrisant autant que possible, les évolutions en cours. Cette stratégie n'allait pas pour autant éliminer rapidement les risques pesant sur la cohésion économique et sociale. Ainsi l'Ukraine se trouve aujourd'hui, et pour quelque temps encore, fortement marquée des stigmates communs à tous les pays en transition : poids des oligarchies sectorielles et territoriales, troc et arriérés de paiement, pauvreté et inégalités. Parmi ces dernières on mentionnera plus particulièrement celles qui séparent les régions orientales (industries lourdes, populations « russophones ») et celles de l'Ouest (industries traditionnelles et légères, populations « ukrainiennes ») : six régions sur dix-neuf (Donetsk, Dniepropetrovsk, Kharkov, Lougansk, Zaporojié, Kiev) formaient 65 % du PIB en 2001.

Entre Occident et Russie, un choix délicat

Sécurité : un État en quête de garants

La sécurité externe de l'Ukraine, au sens traditionnel, n'apparaît pas aujourd'hui directement menacée (et c'est une première historique), mais le pays est affecté d'une série de fragilités internes, politiques et économiques, préoccupantes.

Officiellement, et c'est en conformité avec sa position géographique, l'Ukraine affiche une politique extérieure d'équilibre entre les deux zones prioritaires qui affectent sa sécurité, l'Occident et la Russie. Mais c'est bien en Europe que l'élite politique ukrainienne recherche l'ancrage qui garantirait l'indépendance du pays. Le rapprochement avec l'Union européenne, la décision prise le 23 mai 2002 de rejoindre à terme l'OTAN, le rôle actif au sein du GUAM sont autant de signaux de ce choix stratégique. Mais Kiev ne peut ignorer sa dépendance envers la Russie, pas seulement énergétique, et l'ampleur des relations économiques, culturelles, politiques avec son ancienne « métropole ». L'opinion publique est d'ailleurs tout autant partagée sur le niveau optimal des relations avec Moscou qu'elle l'est sur le rythme des réformes dans tous les domaines. Les nationalistes exigent le retrait de l'Ukraine de la CEI et prônent une politique de rapprochement avec les puissances occidentales. À l'opposé, les milieux communisants militent pour une adhésion aux structures économiques et sécuritaires proposées par Moscou. Aussi, beaucoup d'Ukrainiens redoutent que leur pays soit condamné à être encore longtemps une zone « grise » entre l'Union européenne et l'OTAN élargis, et les pays de la CEI signataires du Traité de coopération militaire de Tachkent.

L'Ukraine et l'Union européenne : une attente confuse

L'Ukraine a annoncé dès 1996 son objectif stratégique : intégrer les structures européennes et atlantiques, la priorité étant donnée à l'adhésion à l'Union européenne. Après la première réunion du Conseil de Coopération, en juin 1998, qui affirme la nécessité d'un accord européen comme objectif à long terme, Kiev publie sa « stratégie d'intégration dans l'Union européenne » pour la période allant jusqu'à 2007, suivie, en septembre 2000, du Programme national pour l'adoption des acquis de l'Union.

L'Ukraine devient ainsi un des nombreux pays qui, tout en n'étant pas inscrit au programme d'élargissement immédiat de l'Union européenne, espère s'en rapprocher en modelant ses réformes aux exigences de Bruxelles. Elle souhaite voir créer, d'ici 2007, une zone de libre-échange avec l'Union européenne et obtenir de Bruxelles un statut de membre associé. Bref, selon le message de L. Koutchma, l'Ukraine se voit membre à part entière de l'Union à l'horizon 2010-2011 et attend avec impatience que les Quinze transforment l'Accord de partenariat et de coopération (APC signé en juin 1994 et entré en vigueur en mars 1998) en un « accord de stabilisation et d'association », à l'image de ce qui se passe pour certains pays des Balkans.

Le Conseil européen d'Helsinki a adopté, en décembre 1999, la « Stratégie commune de l'Union européenne concernant l'Ukraine ». Kiev sera jugé selon ses résultats économiques et la réalité des réformes mises en œuvre (dont une étape sera l'adhésion à l'OMC) et non en fonction de simples calculs géopolitiques. L'Ukraine est ainsi considérée par l'Union européenne comme puissance régionale mais périphérique.

Limites et ambiguïtés de la politique « multivectorielle »

Après une période de prise de distance volontaire avec son ancien « suzerain », entre 1991 et 1999, la tendance à un rapprochement avec Moscou est manifeste sous la pression des difficultés pour l'Ukraine d'assumer le coût économique de son indépendance. La dépendance ukrainienne est structurelle et de plusieurs ordres : commerciale (la Russie reste son premier partenaire avec 22,6 % des exportations et 36,9 % des importations en 2001) et énergétique (l'énergie représente 70 % des importations ukrainiennes en provenance de Russie et Kiev a accumulé dans ce secteur une dette évaluée à 1,4 mds de dollars en 2001), elle est aussi industrielle. À l'Est du pays, de nombreux géants industriels restent fortement dépendants des matières premières russes, et trouvent leur principal débouché sur le marché russe.

Toutefois, l'établissement de nouveaux rapports plus équilibrés demeure délicat, Moscou continuant d'exiger des droits particuliers pour la forte minorité russe (onze millions) présente dans le pays. La mise au point d'un accord définitif sur le statut du port de Sébastopol (Kiev y a accepté le stationnement payant, pour un délai de vingt ans, de la flotte russe) a été compliquée par les polémiques entretenues par certains milieux russes sur le statut de la Crimée, en dépit des déclarations communes sur « l'intangibilité des frontières ». Ce n'est qu'en 1997 que Kiev et Moscou ont finalement conclu un Traité d'amitié et de coopération. D'ailleurs, si la démarcation des frontières terrestres s'est achevée fin 2001, un désaccord subsiste sur les frontières maritimes (mer d'Azov et détroit de Kertch).

De fait, la méfiance demeure grande entre les deux pays, entretenue par les médias qui n'hésitent pas à monter en épingle le moindre incident. Tout en restant membre de la CEI, Kiev demeure à l'écart des grands dossiers d'intégration et alors que la présence de capitaux russes augmente dans plusieurs secteurs clefs (énergie, métallurgie..), les litiges commerciaux bilatéraux sont fréquents (acier, sucre). Il faudra du temps avant que les deux grands peuples slaves orientaux retrouvent une cohabitation apaisée.

Les directions générales de la politique extérieure, adoptées par le parlement ukrainien en 1993, proclament une politique étrangère « multivectorielle » consistant « à développer les relations extérieures dans toutes les directions sans accorder une attention particulière à un pays ou un groupe de pays ». Ceci confirmait la politique de prise de distance avec la Russie et la CEI — qui n'était à ses yeux que l'instrument d'un divorce civilisé de l'ex-URSS — engagée par Kiev dès 1991. Cette recherche d'équilibre s'est traduite par quelques succès. L'Ukraine s'est vue reconnaître par l'Union européenne un statut de partenaire clé et « d'acteur régional de premier plan ». Tout en préservant des liens étroits avec la Russie, elle s'est nettement rapprochée de l'OTAN, dans le cadre du partenariat spécifique avec l'Alliance, pour assurer sa sécurité militaire. Dans le même temps, elle a su dépasser les rancœurs historiques avec ses voisins immédiats en renouvelant ses relations avec la Pologne ou la Roumanie, en signant un accord frontalier avec la Moldavie.

Toutefois, ceux qui, aux États-Unis et en Europe, entendaient consolider l'Ukraine comme contrepoids, comme État-tampon entre Moscou et la future « Grande Europe », ont dû modérer leurs ambitions. Outre la résistance de Moscou qui n'entend pas abandonner toute influence chez ce voisin essentiel et dispose pour cela de multiples moyens tant économiques que militaires ou politiques, c'est l'ambiguïté des positions ukrainiennes qui a modéré ces projets. Des tergiversations analogues à celles décrites à propos des réformes économiques se sont manifestées par exemple lors de la décision de dénucléariser le pays (en 1992-1993) ou pour la fermeture de la centrale de Tchernobyl, irritant profondément les dirigeants américains. Sans doute Kiev s'est vue invitée à des opérations de maintien de la paix menées par l'ONU (Balkans, Congo, Timor oriental). Mais le souhait ukrainien de faire du GUAM, une véritable communauté concurrente de l'Union économique eurasienne prônée par Moscou, n'a guère résisté à la faiblesse économique du pays et aux réalités bouleversées de l'après 11 septembre.

Au fond, l'opinion publique ukrainienne participe de ces contradictions géopolitiques. Selon une enquête de 2002, plus de 40 % des Ukrainiens estiment que leur pays n'est pas véritablement indépendant. Pour 36 %, ce sont les États-Unis qui exercent la plus forte influence sur Kiev, suivis par la Russie (23,7 %) et l'Union européenne (14 %). Autant de sondés (31 %) pensent qu'il faut donner priorité au rapprochement avec la Russie ou avec l'Union européenne contre seulement 4 % pour un resserrement des liens avec Washington.

LA BIÉLORUSSIE

Republika Belarus

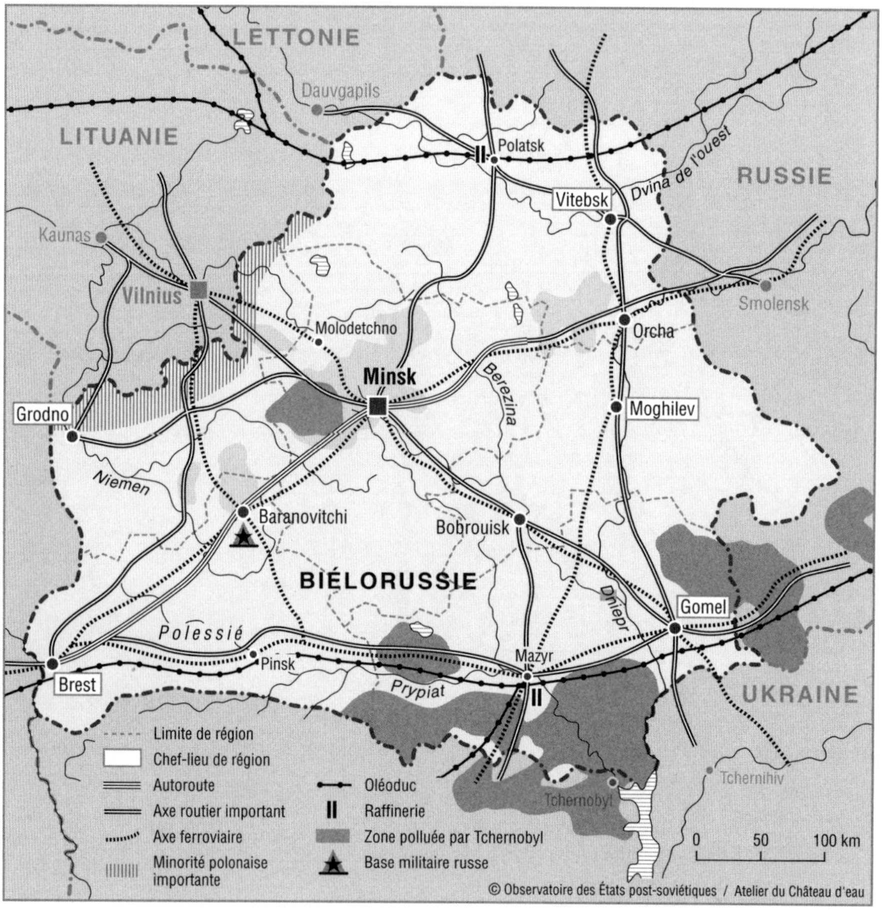

Chiffres clés

Territoire

Superficie : 207 600 km^2
(l'équivalent de la Roumanie)
Capitale : Minsk (1,7 million d'hab.)
Principales villes :
- Gomel (497 000 hab.)
- Moghilev (365 000 hab.)
- Vitebsk (355 000 hab.)
- Grodno (315 000 hab.)
- Brest (294 000 hab.)
- Bobruisk (227 000 hab.)

Divisions administratives : six régions (*oblast*).

Population

10,0 millions au 1er janvier 2004
Dernier recensement : 1999
Densité : 48,2 habitants/km^2
Population urbaine : 70,2 %
Population rurale : 29,8 %
Espérance de vie à la naissance (1999) :
68 ans (hommes, 62 ans ; femmes, 74 ans)

Données démographiques (pour 1 000 habitants)

	1991	1995	2000
Accroissement naturel	1,7	- 3,2	- 4,1
Natalité	12,9	9,8	9,4
Mortalité	11,2	13,0	13,5
Mortalité infantile	12,1	13,3	9,3

Composition ethnique (1999)

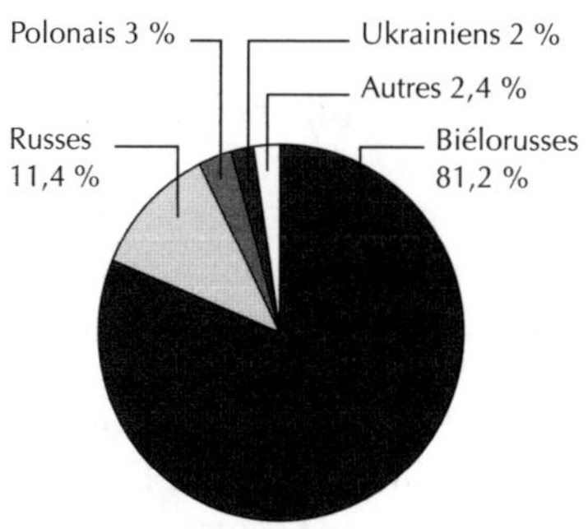

Économie

PIB par habitant en parité de pouvoir d'achat

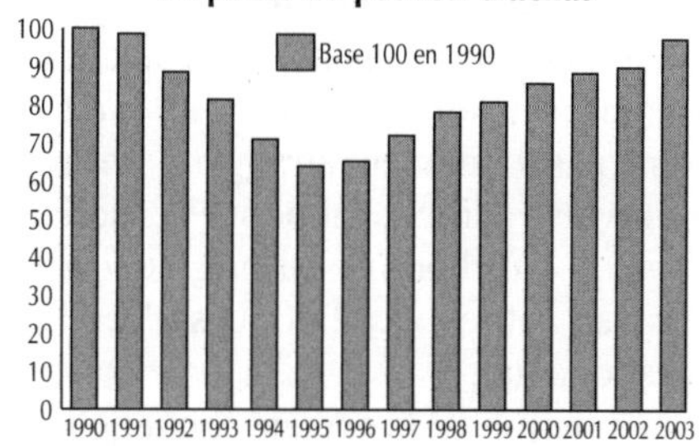

Principales composantes du PIB en 2002 :
- industrie, 26 %
- transport et télécommunications, 11,3 %
- commerce et restauration, 10,4 %
- agriculture, 9 %
- bâtiment, 5,3 %

IDH (2000) : 0,788 (61e rang mondial)
Monnaie : rouble biélorusse (adoptée en 1993)
Dette extérieure (2001) : 770 millions de dollars

Relations extérieures

Adhésion aux organisations internationales :
- ONU (1945),
- Initiative centre-européenne (ICE),
- Partenariat pour la Paix avec l'OTAN,
- COCONA,
- Union Russie-Biélorussie,
- CEI (1999).

Principaux partenaires commerciaux en 2002 :
- export : Russie, 49,6 % ; Lettonie, 6,5 % Grande-Bretagne, 6,2 % ; Allemagne, 4,3 %
- import : Russie, 65 % ; Allemagne, 7,6 % ; Pologne, 2,4 % ; Ukraine, 3,2 %.

Exportations totales : 7 256 millions de dollars
dont :
- machines et équipements, 25,7 %
- produits chimiques, 17,4 %
- produits minéraux, 20,7 %
- produits agricoles, 7,8 %
- métaux, 8,1 %
- textiles, 8,6 %

Importations totales : 8 063 millions de dollars
dont :
- produits minéraux, 26,6 %
- machines et équipements, 23,5 %
- produits chimiques, 14 %
- métaux, 11,2 %
- produits agricoles, 12,8 %
- textiles, 5 %

Une identité équivoque

Entre nationalisme et fusion avec la Russie

Il existe en Biélorussie un consensus sur les frontières de la République mais pas sur le principe d'une identité nationale nettement séparée de celle des autres nations slaves de l'Est voire de tout l'espace postsoviétiques. Pour la majorité de l'opinion, qu'elle soutienne le régime d'Alexandre Loukachenko ou qu'elle préfère les oppositions libérales ou communistes, le fondement de l'identité biélorussienne est surtout territorial. Cette sensibilité tend à considérer la Russie comme pas totalement étrangère. Les régions orientales et centrales du pays et les familles de tradition orthodoxe souscrivent plus fréquemment à cette sensiblité (le nombre « d'orthodoxes d'origine » serait de 7,5 millions pour 1,5 million de pratiquants et les « catholiques d'origine » seraient 2,5 millions pour 1,5 million de pratiquants).

Une fraction de la société soutient les courants plus ou moins nationalistes. Ces milieux estiment que la véritable biéloruthénité s'appuie sur l'usage de la langue biélorussienne, les éléments tirés du folklore national, et que leur pays devrait rompre tout lien particulier avec les États postsoviétiques. Seuls les États baltes, éventuellement l'Ukraine, constitueraient des partenaires souhaitables. Cette orientation est plus répandue à l'ouest du pays, surtout chez les catholiques, pour ceux qui n'appartiennent pas à la minorité polonaise. La tentative de certains émigrés puis de militants nationalistes visant à reconstituer une Église gréco-catholique n'a pas abouti. Cette Église, plus « nationale », regroupait environ 85 % des chrétiens en 1839, année de son interdiction par le tsar, mais elle semble ne pas avoir laissé de traces profondes.

Depuis l'indépendance, en 1991, la hiérarchie orthodoxe de Biélorussie n'a manifesté quasiment aucun désir d'obtenir l'autocéphalie du Patriarcat de Moscou. Elle appuie généralement le sentiment « slavophile » qui rejoint la nostalgie envers la « communauté des peuples soviétiques », si bien que le président Loukachenko se désigne comme un « orthodoxe athée ». Avant la révolution de 1917, un courant « russien de l'ouest » qui voyait dans l'État russe le défenseur naturel des paysans face aux seigneurs polonais, s'était développé en Biélorussie. Tout en rejetant la composante conservatrice de cette sensibilité, les bolcheviks ont pu s'appuyer sur elle pour légitimer l'URSS.

Le désir de « construire » un sentiment national biélorussien exclusif dans la foulée de la *perestroïka* s'est heurté d'emblée à une forte résistance dans l'opinion majoritairement acquise à l'idée d'une communauté de destin avec les peuples de la CEI. L'opinion a majoritairement soutenu la légalisation du bilinguisme russe-biélorussien lors du référendum de 1995. La langue russe est redevenue prédominante dans la vie publique. Seuls 5 à 15 % des Biélorussiens déclarent utiliser quotidiennement le biélorussien, traditionnellement associé à la ruralité, voire à l'archaïsme, en dépit d'un renouveau dans les élites intellectuelles. Les courants nationalistes et anticommunistes qui tentaient d'imposer le remplacement de la version soviétique russifiée du biélorussien par la norme élaborée en 1918 ont échoué, et cette querelle a contribué à les affaiblir. Mais établir une carte linguistique du pays reste difficile car beaucoup d'habitants des campagnes utilisent en fait la « trasianka », dialecte à base de biélorussien mélangé de mots russes ou polonais.

Les milieux russophiles considèrent la période soviétique comme globalement positive tandis que les nationalistes y voient une catastrophe dont le seul aspect positif est d'avoir permis la création d'une entité territoriale nationale qui a constitué la base de l'État indépendant actuel. Ces derniers regrettent toutefois que les territoires de Vilnius (Vilnia), Bialystok (Biélostok) et Smolensk (Smalensk) aient été « détachés » du domaine national, sans pour autant soutenir des revendications territoriales. Les nationalistes s'appuient sur plusieurs mythes. Ils privilégient le passé des principautés médiévales de Polotsk et Tourov et surtout le grand-duché de Lithuanie qui, parce que son administration employait la langue « russienne » parlée dans la région de Vilnia, constituait selon eux un État biélorussien. Les milieux slavophiles privilégient de leur côté les traditions byzantines et paysannes dont la Russie puis l'URSS sont censées avoir été les défenseurs face aux « seigneurs » polonisés.

L'importante minorité russe tend à renforcer les liens avec Moscou tandis que la présence de Polonais, concentrés dans la région de Grodno et le long des frontières avec la Lituanie, favorise la multiplication des contacts avec la Pologne. Par leurs surenchères, les nationalistes ont facilité indirectement l'implantation à partir de 1994 d'un régime politique paternaliste et ambigu sur le plan identitaire. La politique officielle tend à développer une politique d'union avec la Russie qui ne remettrait pas pour autant en cause le statut indépendant de la Biélorussie. Cette politique se heurte toutefois à la condescendance manifestée par Moscou à l'égard de la Biélorussie et de son président. Les nationalistes privilégient l'extension du capitalisme et le rapprochement avec les pays occidentaux mais le reste de la société se soucie surtout du développement de partenariats avec ses voisins orientaux. Une fraction de la population souhaite le maintien de la politique interventionniste économique de l'État mais la pression de la Russie pousse à l'apparition, au sein même de l'administration, d'un courant favorable à la privatisation massive.

La Biélorussie est assez homogène sur le plan ethnique. Les Russes sont bien intégrés et les Polonais étaient, dès l'époque soviétique, mieux intégrés que dans les républiques soviétiques voisines. Mais Alexandre Loukachenko regarde avec méfiance les organisations de la minorité polonaise en raison de ses contacts avec Varsovie. Les minorités d'origine biélorussienne habitant les territoires jouxtant la Biélorussie n'exercent pas de fortes influences sur Minsk. La formation d'un État non ethnique, bilingue, à légitimité territoriale, associé d'une façon ou d'une autre à la Russie et aux autres États postsoviétiques, semble donc dessiner les contours de l'identité en cours de cristallisation.

Une lente intériorisation du cadre territorial

Depuis 1991, un consensus s'est instauré portant sur l'existence d'un État dans son cadre territorial actuel. Il existe désormais une véritable conscience nationale qui dépasse les clivages politiques. L'utilisation du terme de « république » pour désigner le nouvel État indépendant a permis de souligner la continuité existant entre la période d'avant et d'après 1991. Minsk est devenue le centre incontesté du pays. Les autres centres urbains sont répartis de façon équilibrée sur le territoire qui possède une grande unité géographique. C'est par Minsk que passe l'axe principal des transports routier et ferroviaire reliant la Russie aux pays occidentaux. C'est aussi par là que passerait le futur gazoduc Yamal-Union européenne qui doublerait les tubes existant via l'Ukraine pour approvisionner en gaz russe l'Europe occidentale. Ces facteurs expliquent le rôle stratégique de ce pays pour Moscou et les atouts sur lesquels s'appuient les dirigeants de Minsk. Face aux incertitudes du choix stratégique en Ukraine, la Biélorussie a su à plusieurs reprises jouer de sa position « incontournable » pour Moscou. Mais le rapprochement en cours entre le Kremlin et Kiev pourrait contribuer à limiter les marges de manœuvre de Minsk. Même dans l'opposition, on a vu émerger des tendances voyant dans Moscou un facteur favorable à un changement politique en Biélorussie.

L'instrumentalisation politique d'une image identitaire ambiguë

Après 1991, les nationalistes ont poussé le gouvernement de compromis institué au moment de l'indépendance à construire un sentiment national biélorussien exclusif mais la célébration des liens « séculaires » avec Moscou a rapidement mis fin à cette tentative. L'unilinguisme n'a pas résisté aux désirs du président Loukachenko d'affirmer sa popularité en restaurant, par le biais d'un référendum, le bilinguisme biélorussien-russe. Le russe a retrouvé sa position dominante mais le biélorussien continue à être utilisé sur les plaques officielles, les panneaux de signalisation, lors des cérémonies, car il donne à l'État sa légitimité. Le conflit linguistique qui divisa la société n'a plus d'impact réel. La presse, et plus encore les médias audiovisuels, sont désormais majoritairement russophones et la télévision russe est très regardée. Le compromis imposé par le pouvoir sur les questions identitaires (cadre territorial consensuel, indépendance et « politique d'union » avec Moscou, bilinguisme privilégiant le russe, instrumentalisation de l'Église orthodoxe liée au patriarcat de Moscou) et socio-économiques (économie de marché « dirigée » par l'État, privatisation limitée, protection sociale héritée de l'URSS) fait l'objet d'un large consensus en dépit de quelques résistances.

Les hésitations face aux réformes économiques et l'immobilisme pourraient faciliter à terme la réémergence de clivages exploitant les questions identitaires mais ce scénario reste peu probable car les milieux d'opposition eux-mêmes semblent désormais divisés sur ces questions. Le populisme slavophile du pouvoir résiste tant aux nationaux-populistes qu'aux milieux d'opposition libéraux ou communistes qui ne remettent pas en cause les grandes orientations géostratégiques actuelles. Les questions en suspens portent plutôt sur la nature du régime politique et le rôle de l'État dans l'économie. L'affaiblissement des courants nationalistes semble irréversible. Le rêve d'indépendance s'est heurté aux réalités d'une république occupant une place stratégique dans l'ensemble économique postsoviétique. La reconstruction de liens interentreprises à l'échelle de toute l'ex-URSS, sous l'égide de l'administration présidentielle, a rencontré l'assentiment de beaucoup d'acteurs économiques. Mais la différence des systèmes économiques existant pose désormais des problèmes grandissant de cohérence, qui gêne la poursuite de la politique d'intégration avec la Russie et les autres pays signataires de la Communauté économique eurasienne.

Un présidentialisme autoritaire et populiste

Un État centralisé fort

Il n'existe en Biélorussie, ni dans les cercles du pouvoir, ni dans la société, de consensus sur le rôle que doit jouer l'État. Une partie de l'administration considère qu'il doit maintenir une politique économique dirigiste alors que d'autres envisagent à terme un désengagement des pouvoirs publics. Dans la société, des conceptions « néosoviétiques » coexistent avec des sentiments plus ou moins libéraux. Un consensus minimum semble toutefois régner sur le fait que l'État devra continuer à assumer un rôle protecteur, y compris en cas de privatisation massive. La persistance de blocages institutionnels pourrait gêner le développement économique et précipiter, en réaction, des changements plus brusques.

L'État n'a jamais perdu en Biélorussie sa capacité à contrôler l'administration, l'armée, les forces de sécurité, les finances et la vie économique et sociale malgré l'apparition de « lobbies », voire de structures de l'ombre. L'adoption des principes de séparation des pouvoirs est restée assez formelle, obérée, depuis 1994, par la personnalisation du pouvoir. Aux côtés d'organisations politiques et sociales liées à la présidence et jouant le rôle de courroies de transmission aux sensibilités idéologiques différentes (on trouve des formations « loukachienkistes » se déclarant communiste, socialiste, slavophile, voire libérale), il existe plusieurs partis d'opposition allant des communistes aux nationalistes en passant par des libéraux et des sociaux-démocrates. Le régime cache derrière son président omnipotent une relative hétérogénéité tandis que les oppositions ne s'entendent que sur l'instauration du pluralisme politique tout en divergeant sur les orientations socio-économiques et géopolitiques. L'image négative de Loukachenko en Occident lui a permis d'acquérir des sympathies dans l'ex-URSS, en Chine, en Iran, dans le tiers-monde. Mais depuis les attentats du 11 septembre 2001 et la réorientation officielle de Moscou, l'assise du régime au pouvoir à Minsk semble plus précaire.

Une administration présidentielle omnipotente, une société civile embryonnaire

La constitution biélorussienne, adoptée en 1994 et modifiée à la suite du référendum contesté de 1995, entérine en principe la séparation des pouvoirs tout en accordant au président de la république un rôle clef. Toutes les institutions sont en fait contrôlées par la présidence, et les oppositions se heurtent à une répression souvent brutale. Elles ne reconnaissent pas le référendum de 1995, qui a remplacé le Soviet suprême par une Chambre des représentants n'intégrant que les députés qui avaient soutenu ce vote. Ce parlement, renouvelé depuis, constitue une chambre d'enregistrement sans grande légitimité. C'est au sein de l'administration présidentielle que se manifestent plutôt, de façon opaque, les clivages portant sur les stratégies à suivre tant en politique intérieure qu'extérieure.

Le pays est unitaire et l'administration présidentielle a créé une « verticale », structure hiérarchisée doublant l'administration gouvernementale et locale à tous les échelons. Certains voient dans le pouvoir personnel de Loukachenko un dictateur, d'autres un protecteur. C'est vers lui que convergent demandes et exigences, affaiblissant ainsi la position des institutions parlementaires, judiciaires et locales. Tous les scrutins qui se sont tenus depuis 1995 sont contestés par l'opposition et les États occidentaux, mais les enquêtes d'opinion semblent montrer que le pouvoir continue à bénéficier d'une base relativement solide à cause de sa capacité à maintenir une cohésion sociale minimum.

Un système politique et économique hybride

A. Loukachenko défend ouvertement le caractère autoritaire et populiste de son régime. Les institutions officielles ne s'apparentent ni au système soviétique ni au système libéral. Après le flottement des années 1991-1994, le régime actuel a réintroduit certains éléments hérités de l'époque soviétique (dirigisme économique, rapprochement avec la Russie, méfiance envers l'Occident et les forces d'opposition, etc.) tout en rompant avec l'idéologie marxiste et en acceptant l'émergence d'un secteur privé plus ou moins contrôlé par l'État. Il reprend ainsi de façon hétéroclite des éléments d'origine nationale, tsariste, soviétique ou libérale. La volonté de construire une société appelée tantôt « libérale non chaotique » tantôt « socialiste de marché » témoigne de ces hésitations.

Le pouvoir, échaudé par l'expérience soviétique, n'a pas su, ou voulu, construire des structures partisanes influentes. Il a aussi perdu l'appui de presque tous les syndicats. La création d'associations pro-présidentielles « de la société civile », en particulier de jeunesse, n'a pas rencontré d'écho massif. Les partis d'opposition et les syndicats font montre d'une grande combativité mais n'ont pas réussi à conquérir un espace public suffisant pour forcer le pouvoir à négocier. La société hésite toujours à rompre avec la petite stabilité que lui garantit le régime actuel, et qui contraste avec la précarité massive qui règne chez les voisins. Des réseaux clientélistes et des « lobbies » économiques ont cependant émergé, avec lesquels le pouvoir doit compter. La libéralisation de l'économie russe introduit toutefois un facteur majeur d'instabilité.

Des contre-pouvoirs faibles et une opposition velléitaire

La Biélorussie connaît depuis la *perestroïka* la liberté individuelle. Les voyages à l'étranger sont devenus massifs malgré les contraintes grandissantes liées à l'adoption par la Pologne et les États baltes du traité de Schengen limitant la liberté de circulation pour les citoyens de la CEI. Le droit de créer des partis et de mener des activités associatives se heurte à des entraves juridiques et informelles. Le pouvoir utilise diverses méthodes pour intimider ses adversaires ou les chercheurs qui mènent des études sur des sujets sensibles, comme par exemple les effets de la catastrophe de Tchernobyl.

La liberté de la presse est limitée car la plupart des médias appartiennent à l'État ou à des propriétaires qui lui sont inféodés. Les médias audiovisuels dépendent entièrement de la présidence mais la population a accès aux médias russes qui critiquent les politiques menées à Minsk. La presse d'opposition se heurte à de nombreuses entraves : accès difficile aux imprimeries, pressions économiques, contrôles fiscaux, législation prévoyant l'interdiction des médias ayant reçu plusieurs avertissements de la part de l'administration, etc. Des associations indépendantes des autorités se sont cependant constituées, souvent avec l'appui de groupes ou d'États occidentaux.

La vie religieuse est en principe libre mais les Églises qui ont des liens privilégiés avec la Pologne ou les États-Unis, comme c'est le cas de l'Église catholique ou des néo-protestants, rencontrent des difficultés. Le pouvoir fait preuve d'une déférence particulière envers l'Église orthodoxe. Les organisations féministes et homosexuelles se heurtent à des brimades.

Une trajectoire économique atypique

La Biélorussie se signale, dans l'ensemble « Europe centrale et orientale » auquel la géographie et l'histoire la font appartenir, par une trajectoire économique atypique. C'est là en effet que les choix en faveur de la libéralisation et de l'ouverture au monde ont été, jusqu'à ce jour, les moins nets : elle figure en fin de liste (aux côtés du Turkménistan et de l'Ouzbékistan), dans les classements établis en matière de réformes par les organisations internationales. Mais elle est aussi un des pays de l'ex-URSS où le bilan de dix ans de transition, en terme de performance productive, est un des moins accablants. En explicitant les relations de cause à effet entre ces deux caractéristiques, on débouche rapidement sur la question de la perpétuation de cette sorte d'exception biélorusse.

Une réticence relative à l'égard du marché et de l'ouverture

Une décennie après le début de la transition, la Biélorussie apparaît donc comme un des États ayant le moins réformé son système d'allocation des ressources. Certes, là comme ailleurs, l'économie de commandement de type soviétique n'existe plus sous sa forme classique. Mais la capacité d'intervention de l'État, de type administratif, y est considérable. Il soutient un large éventail d'activités considérées comme prioritaires (agriculture, logement, grandes entreprises industrielles) par le biais de subventions directes ou de crédits peu contraignants distribués par un système bancaire presque totalement sous son contrôle. Il « administre » un nombre non négligeable de prix, bien que ce nombre ait été réduit depuis avril 2001 dans le cadre d'un accord négocié avec le FMI. Jusqu'à la fin de l'année 2000, un système de taux de change multiples a été utilisé comme instrument de taxation ou de subvention pour les produits faisant l'objet de commerce international. Depuis lors, l'activité du marché des changes est restée soumise à de fortes limitations, et les revenus de l'exportation en devises font l'objet de reversements obligatoires. Enfin, couplée logiquement à ce bas niveau de libéralisation, la part du secteur privé est restée faible : 80 % de l'industrie reste publique, et 60 % des petites entreprises commerciales et de service relèvent des municipalités. Au total, le secteur privé représente environ 20 % du PIB et de l'emploi.

De la difficulté des dirigeants biélorusses, notamment après l'élection d'A. Loukachenko à la présidence en 1994, à couper par trop radicalement avec le passé soviétique, témoigne encore le deuxième pilier de leur stratégie : le maintien de liens étroits avec la Russie. Dans le champ de l'économie, avant même que les projets d'Union (douanière, puis monétaire) aient été formulés avec clarté, cette propension s'est traduite de multiples façons : approvisionnements en énergie à des prix avantageux (l'équivalent des prix internes russes, bien en deçà des prix mondiaux) ; facilités de paiement (y compris pour l'énergie) ; maintien de liens de complémentarité et de coopération privilégiés dans les industries de transformation (matériels de transport et agricoles, chimie...).

Un bilan macroéconomique apparemment moins accablant

Sans doute doit-on attribuer à cette stratégie biélorusse de rupture modérée un des aspects remarqués de son bilan économique : elle est, un des États de la CEI où le niveau de PIB s'écarte le moins, en 2000, de celui atteint à la veille de l'éclatement de l'URSS. Elle est de ce point de vue là proche de l'Ouzbékistan et du Turkménistan, loin devant la Russie et l'Ukraine : 88 % du niveau de 1990. Il y a un lien, en effet, entre ce relatif succès et les éléments de stratégie qui viennent d'être évoqués, si du moins on veut bien considérer que les statistiques disponibles n'y sont pas moins « justes » qu'ailleurs. Il va de soi ainsi que le maintien d'achats énergétiques à bon marché, associé à des opérations de troc pour compenser les arriérés accumulés ont maintenu la « demande » russe (et ex-soviétique) de produits manufacturés biélorusses, « sauvant » ainsi une partie des productions traditionnelles du pays du choc de la désintégration. Par ailleurs, l'octroi de subventions et de crédits aux entreprises a évité l'effondrement des premières années de la transition. De la même façon, la réticence à l'égard de la privatisation des grandes entreprises a permis à l'État de conserver un contrôle sur les actifs, et de prévenir les phénomènes déstabilisants de capture, d'évasion et d'abandon bien connus de la plupart des pays en transition engagés dans des stratégies de libéralisation et de stabilisation plus affirmées. Enfin, le fort contrôle social exercé par les autorités centrales a permis de mettre en place une pression fiscale suffisamment forte pour réaliser les politiques de redistribution et de protection exigées par le « modèle ». L'agriculture et le monde rural ont en particulier bénéficié de cette capacité des autorités publiques à guider selon leurs vœux l'évolution des structures productives. Pour les mêmes raisons, et bien que la Biélorussie ne soit pas totalement à l'abri des phénomènes de corruption et d'échappement aux règles, ceux-ci semblent s'y être moins étendus que dans la plupart des pays « réformateurs ». Par ailleurs, selon les évaluations les plus généralement admises, l'économie informelle, tout en représentant une part significative du PIB, y est moindre que celle observée en Russie ou en Ukraine, — mais aussi le nombre et le rôle des petites entreprises.

Des contradictions préoccupantes

Les modalités biélorusses d'évitement des désagréments productifs les plus marqués de la transition offrent cependant quelques inconvénients. Certains sont d'ores et déjà avérés ; d'autres se profilent, dont la survenue potentielle repose en partie sur la contradiction entre les pans internes et externes de la stratégie adoptée.

Parmi les premiers, on soulignera que la restructuration du tissu industriel et rural nc s'cst déroulée qu'à marche lente, et souvent sur des modalités essentiellement défensives. Le maintien d'une trajectoire qui reste au moins aussi positive que celle des pays environnants exige une accélération de la modernisation des entreprises et des infrastructures. Cette modernisation elle-même suppose entre autres l'intervention de partenaires étrangers — et pas seulement russes — dans le cadre d'investissements directs. L'adoption, en juin 2001, d'un nouveau code d'investissement est censée préparer ce tournant, mais les conditions de sécurité et de stabilité économiques internes sont loin d'être réunies. En particulier, la dérive mal maîtrisée des prix et de la monnaie au cours des dernières années témoigne des difficultés rencontrées dans la gestion du budget et des transactions courantes — la rançon d'un interventionnisme étatique élevé et d'une faible compétitivité internationale.

Mais c'est peut-être la perspective d'un rapprochement encore plus prononcé avec la Russie qui pose les questions les plus lourdes à la stratégie de transition biélorusse. L'union monétaire (prévue pour janvier 2005), puis le passage à une monnaie unique (envisagé pour 2008) nécessitent l'alignement des règles de gouvernance macro et micro-économiques des deux partenaires : autrement dit, une pente biélorusse de libéralisation et de stabilisation plus marquée, un « rattrapage » dont les effets seront inévitablement troublants. La Biélorussie aura peut-être, par son conservatisme économique relatif, fait l'économie d'un choc immédiat — et sans doute aussi des erreurs dues à l'absence d'un État fort ; elle ne pourra échapper totalement aux restructurations et aux contraintes.

Une cohésion sociale peut-être fragilisée par la perspective de l'union

Ce qui vient d'être dit renvoie à la question de la cohésion sociale. Il est certain, de ce point de vue là aussi, que la stratégie de transformation lente a permis à la société biélorusse de bénéficier d'avantages relatifs par rapport à ses voisines russe, ukrainienne, voire même d'Europe centrale et orientale. Ainsi, le pays est affecté d'un taux de chômage largement inférieur à celui de la plupart de ses voisins (un peu plus de 2 % selon les statistiques officielles). Ainsi également, le haut niveau de redistribution étatique a permis le maintien d'un système de protection sociale plus satisfaisant, la garantie des revenus et notamment des retraites (même à un niveau bas). En un mot, le taux de pauvreté y est inférieur à celui observé ailleurs, cependant que les logiques égalitaires et de solidarité s'y sont mieux maintenues, expliquant, au moins autant que l'existence d'un système politique autoritaire, la stabilité politique et sociale du pays.

La question de la durabilité de cette forme de contrat social vaut d'être posée, compte tenu de la trajectoire annoncée. Pour autant, la réponse qu'on peut y apporter est loin d'être claire. L'adossement à un voisin russe bienveillant, apparemment entré sur une pente économique plus ferme, peut, à première vue, contribuer à réduire les risques de déstabilisation qui découleront d'une politique plus libérale, mais il ne saurait les évacuer totalement. Peut-être même pourrait-il les accentuer : après tout, l'augmentation des contraintes associée pour partie à ce projet pourrait, faute d'être mal gérée, réveiller des aspirations souverainistes jusqu'alors, semble-t-il, éteintes, mais qui avaient trouvé un temps des soutiens au sein de la population.

Les limites du choix stratégique pro-russe

Une stratégie désormais précaire d'intégration postsoviétique

Pour Minsk, les principaux défis à la sécurité nationale provenaient depuis 1994 de l'élargissement de l'OTAN. La doctrine militaire a été élaborée en étroite coopération avec les militaires russes. Elle vise à assurer la défense des frontières occidentales du pays et plus largement, à faciliter celle de la région de Moscou. La présence de bases russes sur le territoire biélorussien va dans ce sens (Baranovitch ; Velika). Privée d'accès à la mer, la Biélorussie a d'abord vu dans les ports de Gdansk (Pologne) et de Klaïpeda (Lituanie) ses débouchés naturels. Le rapprochement avec la Russie, en particulier avec l'oblast de Kaliningrad, a rendu depuis prioritaire la question du transit vers ce port à travers la Lituanie ou la Pologne au moment où l'Union européenne pousse Varsovie et Vilnius à verrouiller leurs frontières orientales.

Les changements stratégiques opérés à Moscou depuis le 11 septembre 2001 ont provoqué un certain émoi à Minsk. La Biélorussie a dénoncé comme contraire aux traités liant les États de la CEI l'accord de Moscou au stationnement de troupes des États-Unis en Asie centrale et en Géorgie. Cette nouvelle configuration fragilise A. Loukchenko qui compte sur ses liens avec les militaires et les entrepreneurs russes pour modérer les effets du réalignement stratégique opéré par le Kremlin. Un réchauffement rapide des relations entre Minsk et l'OTAN semble donc peu probable.

Les menaces extérieures qui pèsent sur l'équipe au pouvoir à Minsk s'ajoutent à la fragilité relative des équilibres économiques, sociaux et sanitaires internes. Le pays n'est pas traversé par de grandes tensions inter-ethniques mais sa sécurité pourrait être menacée par l'exacerbation des clivages sociaux et des problèmes économiques. À cela il faut ajouter les effets de la catastrophe de Tchernobyl qui grèvent toujours près d'un quart du budget national sans que la situation n'ait pu être suffisamment améliorée.

L'imbrication régionale-justification des choix intérieurs

En 1991, Minsk se trouvait face au choix d'axer sa politique soit vers les puissances occidentales soit vers Moscou. Elle a d'abord préféré mener une politique médiane puis, après 1994, elle a privilégié un rapprochement stratégique, politique et économique avec ses anciens partenaires soviétiques. Mais Minsk s'est heurtée aux difficultés d'élaborer une stratégie commune avec ses partenaires en raison des politiques économique très différentes menées dans chacun des États de la CEI.

La cohésion de l'État et de l'économie semble avoir été globalement préservée si l'on se réfère à la situation en vigueur ailleurs en ex-URSS. Mais le degré de rapprochement avec la Russie est aujourd'hui tel que la poursuite de la stratégie d'intégration économique, douanière, monétaire force Minsk à introduire des réformes au moins en partie similaires à celles déjà appliquées à Moscou. Cela pourrait provoquer des tensions tant au sein de la société que dans différents cercles de l'administration présidentielle. La question du rôle définitif de l'État dans l'économie et son degré d'autonomie face à Moscou n'a toujours pas été tranchée. C'est sans doute là que réside le point d'équilibre interne et externe le plus délicat à atteindre pour A. Loukachenko.

La Biélorussie s'est réinsérée dans le tissu économique postsoviétique. Les *oblasts* de l'est du pays sont directement associés aux politiques mises en place par les *oblasts* russes contigus. Une partie importante de la vie économique de la Biélorussie occidentale est orientée vers la Pologne. Cela ne semble pas avoir d'incidence majeure sur les stratégies élaborées à Minsk mais beaucoup d'entrepreneurs biélorussiens semblent envisager qu'il est désormais temps de voir leur pays jouer un rôle actif de « plate-forme » dans les relations euro-asiatiques.

Un partenariat stratégique avec Moscou aux assises fragiles

Les liens entre les politiques intérieure et extérieure, les stratégies économique et sociale et la politique de sécurité sont particulièrement imbriqués en raison de l'enclavement du pays, de sa taille moyenne, de son intégration dans les chaînes technologiques postsoviétiques et de sa position privilégiée sur l'axe transeuropéen est-ouest. Vue l'importance à la fois politique et commerciale du secteur militaro-industriel, les militaires jouent un rôle majeur dans les équilibres internes du pays. La prise en compte des nouvelles données internationales semble à l'ordre du jour alors que la situation sociale reste précaire. Malgré la poursuite de la croissance, on doit s'attendre à des évolutions difficiles dans les années à venir. Quelle que soit l'évolution politique intérieure, on tentera sûrement d'éviter, aussi bien à Minsk qu'à Moscou qu'une rupture brutale avec les politiques menées jusqu'à présent n'enraye les bénéfices de la stratégie de changements lents et de compromis sociaux en vigueur depuis l'indépendance... Le renforcement des contrôles sur la frontière orientale de l'Union européenne (et de la zone Schengen) élargie sera sans doute un argument supplémentaire en faveur du partenariat avec la Russie.

TROISIÈME PARTIE

LA FÉDÉRATION DE RUSSIE

Rossiiskaïa Federatsia-Rossia

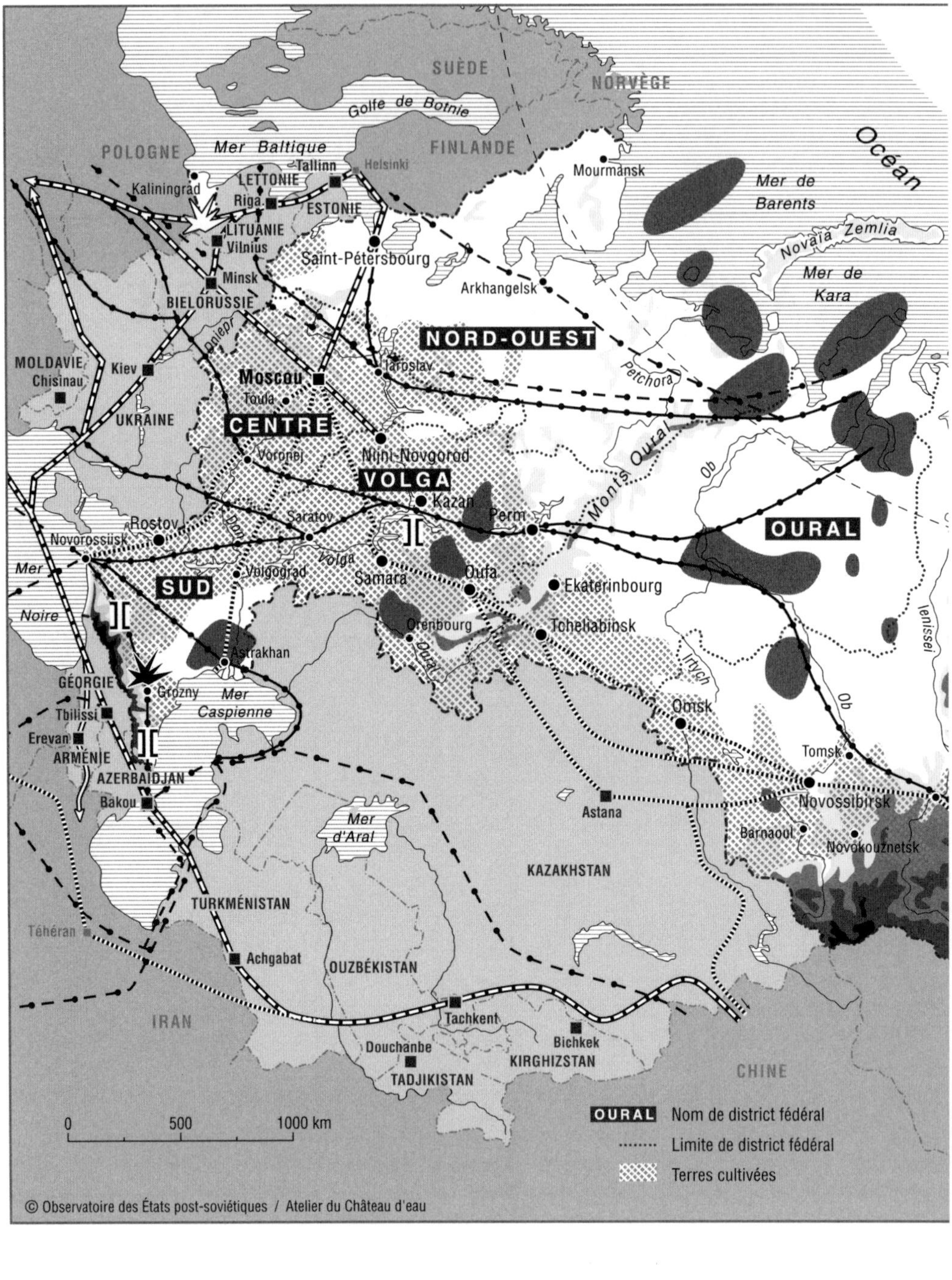
SUÈDE
NORVÈGE
Golfe de Botnie
FINLANDE
Océan
POLOGNE
Mer Baltique
Tallinn
Helsinki
LETTONIE
Kaliningrad
Riga
ESTONIE
Mourmansk
Mer de Barents
Novaïa Zemlia
Mer de Kara
LITUANIE
Vilnius
Saint-Pétersbourg
Arkhangelsk
Minsk
BIELORUSSIE
Dniepr
NORD-OUEST
MOLDAVIE
Chisinau
Kiev
Moscou
Iaroslav
Petchora
Toula
UKRAINE
CENTRE
Voronej
Nijni-Novgorod
Monts Oural
Ob
VOLGA
Kazan
Rostov
Saratov
Perm
OURAL
Novorossiisk
Don
Volga
Samara
Oufa
Ekaterinbourg
Mer Noire
Volgograd
SUD
Orenbourg
Tcheliabinsk
Ienissei
Oural
Astrakhan
Irtych
GÉORGIE
Grozny
Mer Caspienne
Omsk
Tbilissi
Erevan
ARMÉNIE
Tomsk
AZERBAIDJAN
Novossibirsk
Bakou
Astana
Mer d'Aral
Barnaoul
Novokouznetsk
KAZAKHSTAN
TURKMÉNISTAN
Téhéran
Achgabat
OUZBÉKISTAN
IRAN
Tachkent
Bichkek
Douchanbe
KIRGHIZSTAN
TADJIKISTAN
CHINE
0
500
1000 km
OURAL Nom de district fédéral
Limite de district fédéral
Terres cultivées
© Observatoire des États post-soviétiques / Atelier du Château d'eau

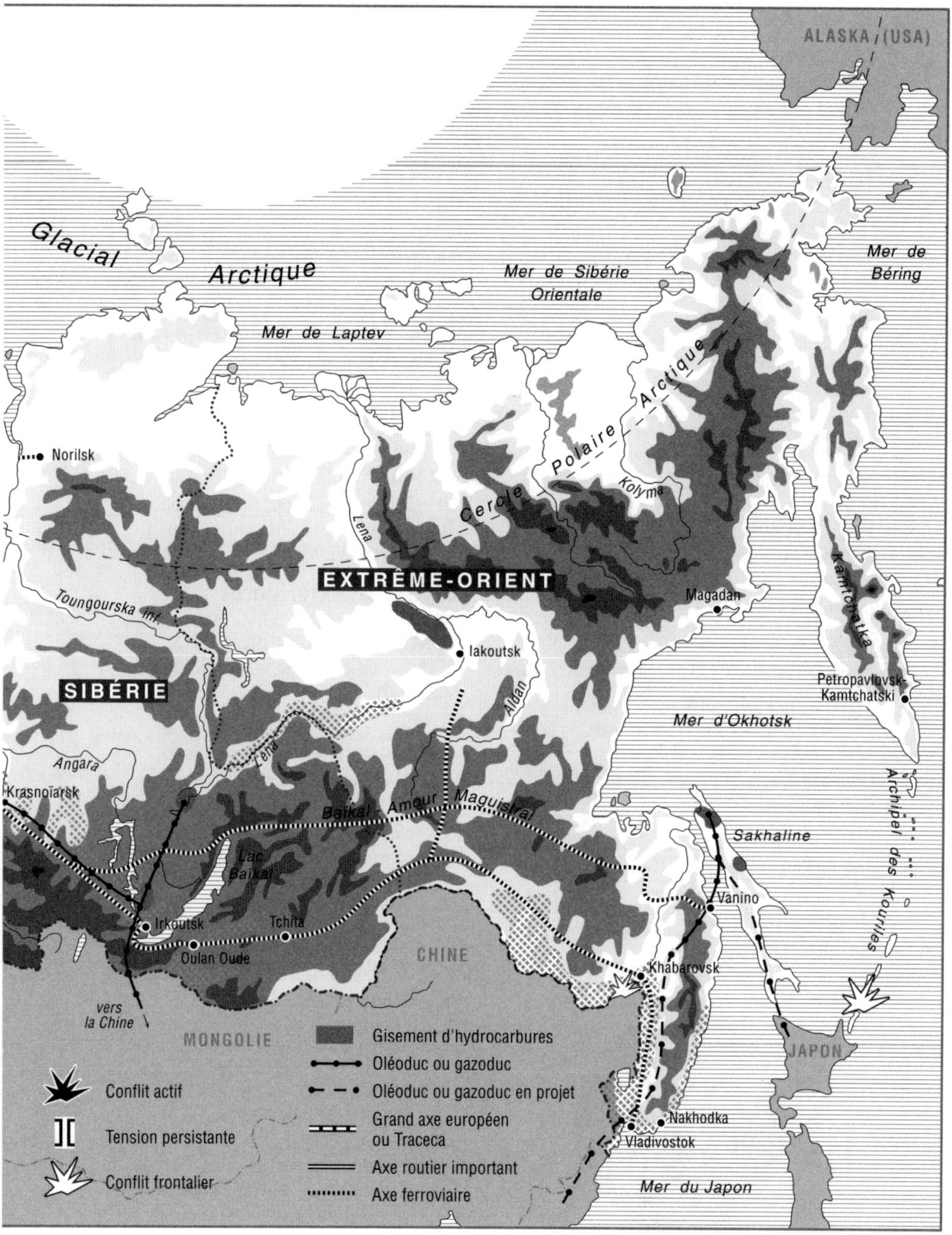

ALASKA (USA)
Glacial
Arctique
Mer de Sibérie Orientale
Mer de Laptev
Mer de Béring
Cercle Polaire Arctique
Norilsk
Kolyma
Lena
EXTRÊME-ORIENT
Magadan
Kamtchatka
Toungourska inf.
Iakoutsk
SIBÉRIE
Aldan
Petropavlovsk-Kamtchatski
Mer d'Okhotsk
Angara
Lena
Archipel des Kouriles
Krasnoïarsk
Baïkal - Amour Maguistral
Sakhaline
Lac Baïkal
Vanino
Irkoutsk
Tchita
Oulan Oude
CHINE
Khabarovsk
vers la Chine
MONGOLIE
JAPON
Gisement d'hydrocarbures
Oléoduc ou gazoduc
Oléoduc ou gazoduc en projet
Grand axe européen ou Traceca
Axe routier important
Axe ferroviaire
Conflit actif
Tension persistante
Conflit frontalier
Nakhodka
Vladivostok
Mer du Japon

Chiffres clés

Territoire

17 075 400 km²
Capitale : Moscou 10 358 000 hab. (2002)
Principales villes (en millions d'hab.) :
Saint-Pétersbourg (4,6) ; Nijny Novgorod (1,3) ; Novosibirsk (1,4) ; Ekaterinbourg (1,3) ; Samara (1,1) ; Omsk (1,1) ; Kazan (1,1) ; Perm (1,1) ; Tcheliabinsk (1,0) ; Rostov sur le Don (1,07), Oufa, (1,0), Volgograd (1,0).

Divisions administratives : 89 entités territoriales (« *subjekt* », sujet de la Fédération) dont :
- 32 régions nationales : 21 Républiques ; 1 région autonome ; 10 arrondissements autonomes (*okrougs*) ;
- 55 régions administratives : 6 territoires (*kraï*), 49 régions (*oblast*) ;
- 2 villes d'importance fédérale : Moscou et Saint-Pétersbourg.

Population

146 744 000 habitants au 1er janvier 2004
Densité : 8,5 habitants/km²
Population urbaine : 72,9 %
Population rurale : 27,1 %
Espérance de vie à la naissance (1999) :
66 ans (hommes, 60 ans ; femmes, 72 ans)

Données démographiques (pour 1 000 habitants)

	1991	1995	2000
Accroissement naturel	0,7	- 5,7	- 6,5
Natalité	12,1	9,3	9,1
Mortalité	11,4	15,0	15,6
Mortalité infantile	17,8	18,1	14,6

Composition ethnique (recensement 2002)

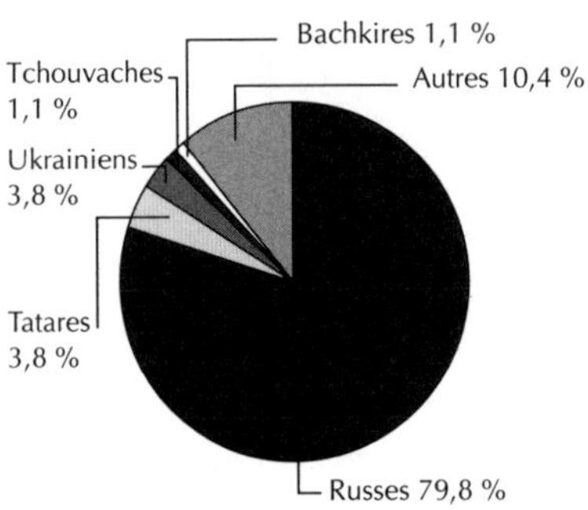

Économie

PIB par habitant en parité de pouvoir d'achat

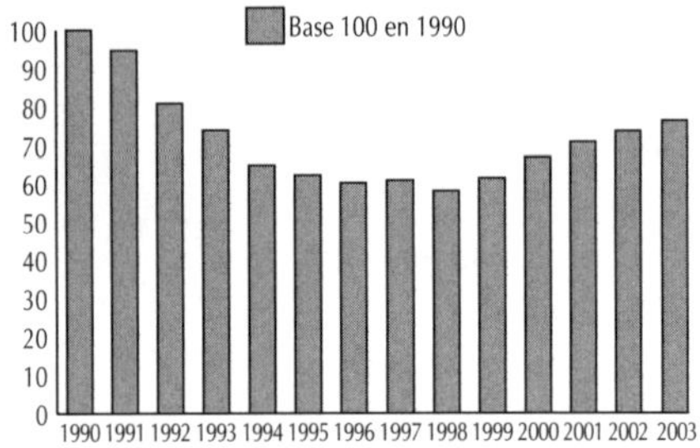

Principales composantes du PIB en 2001 :
- services, 56 %
- industrie, 37 %
- agriculture, 7 %

IDH (2001) : 0,781 (60e rang mondial)
Monnaie : rouble
Dette extérieure brute (2001) : 54 % du PIB

Relations extérieures

Adhésion aux organisations internationales :
- ONU (siège de l'URSS) en 1945 ;
- Conseil des États de la mer Baltique,
- COCONA,
- Conseil de l'Europe (1996),
- Acte fondateur du Partenariat et au Conseil permanent OTAN-Russie (1997),
- APEC (observateur, 1997),
- CEI (1991).

Principaux partenaires commerciaux en 2000 :
- export : Allemagne, 9 % ; États-Unis, 7,2 % ; Italie, 7,0 % ; Biélorussie, 5,4 % ; Chine, 5,1 % ; Ukraine, 4,9 %.
- import : Allemagne, 11,5 % ; Biélorussie, 11,1 % ; Ukraine, 10,8 % ; États-Unis, 8 % ; Kazakhstan, 6,5 % ; Italie, 3,6 %.

Exportations totales en 2001 :
99 198 millions de dollars
dont : – produits minéraux, 53,8 %
– métaux, pierres précieuses, 21,6 %
– machines, équipements, 9 %
– produits chimiques, 7,2 %

Importations totales en 2001 :
41 528 millions de dollars
dont : – machines, équipements, 31,7 %
– produits agricoles, 21,9 %
– produits minéraux, 17,9 %
– métaux, pierres précieuses, 8,2 %
– articles textiles et chaussures, 5,9 %

La Fédération de Russie est sur bien des points, après les États baltes, en tête des transformations qu'on a caractérisées par le terme de transition. Pour autant, la situation est loin d'être totalement stabilisée et la succession de crises politiques (en 1993), ou économiques (1994, 1998) ont révélé à quel point ce nouvel État russe était profondément affecté par les mutations en cours. Alors que les transformations économiques étaient confirmées après cette dernière crise, le conflit tchétchène mettait en lumière les incertitudes sur le plan des réformes politiques et démocratiques. Dans ce contexte, le retour à l'ordre et la mobilisation patriotique proposés par le président Vladimir Poutine suscitent des interprétations divergentes et de plus en plus d'appréhensions.

Une identité postimpériale à construire

Une société inquiète sur son identité

Largement sous-estimé en Occident, le trouble identitaire russe se manifeste au travers de nombreux symptômes, « marqueurs » de ce qui paraît être une véritable déstabilisation.

Symboliquement, un premier débat a porté, après 1991, sur la dénomination même de l'État russe. L'usage des termes *russkii/rossiiskii/Rossianin* (Russe/russien/citoyen de Russie) mais traduits en général par le seul mot « russe » révèle la difficulté des Russes — qui représentent près de 80 % de la population — à redéfinir leur rôle par rapport aux minorités ethniques. La place de celles-ci, dans l'organisation spatiale du pays comme dans l'identité du nouvel État-nation (le « peuple multinational de Russie » qu'évoque la constitution) reste un enjeu sensible. Sans doute de nouvelles lois tendent-elles à clarifier le statut de ces minorités mais la propension à n'affirmer qu'une identité russe (ethnique, linguistique, religieuse) pour l'ensemble de la fédération est critiquée par certains peuples aux revendications affirmées (Caucasiens, Tatars..) et, dans certaines républiques, le rôle des Russes est contesté.

La crise démographique (surcroît de mortalité accidentelle, croissance naturelle négative), particulièrement marquée chez les Russes, est devenue un enjeu politique, exploité par les mouvements patriotiques qui en ont fait un symbole de crise nationale.

L'État russe est laïque mais les deux présidents successifs ont constamment joué du rôle réaffirmé de l'Église orthodoxe et du Patriarcat de Moscou pour en faire un élément-clef du nouveau système de valeurs nationales ou du rayonnement international de la Russie, sans grand souci des sentiments des non-croyants ou des fidèles d'autres religions de la Fédération.

Le rôle de la langue russe s'est notablement affaibli durant plus d'une décennie dans tout l'espace postsoviétique sans que les autorités russes aient vraiment réagi. La contestation de l'alphabet cyrillique en Russie même (choix de l'alphabet latin pour le tatar) a marqué les esprits et conduit les autorités à réaffirmer la place de la russophonie, instrument majeur de la présence d'une culture russe que de nombreux observateurs — surtout dans la mouvance nationaliste —

estiment « dévoyée », soit par l'influence de la culture de masse nord-américaine soit par le dynamisme des cultures régionales.

Une identité territoriale contestée

Citoyens d'une puissance impériale récemment déchue, les Russes s'inquiètent de leur place dans un espace postsoviétique en pleine mutation. Loin d'avoir calmé les débats, l'affaiblissement du rôle de la Russie a relancé les polémiques sur cette vieille question. Alors que certains prônent un repli sur les valeurs traditionnelles russes menacées par la globalisation, toute une littérature s'emploie à revaloriser l'influence du pays en Eurasie, et l'on voit refleurir dans une grande confusion conceptuelle les tendances messianiques d'une Russie « troisième Rome », pont spirituel entre l'Europe et l'Orient. Mais dans le même temps, les Russes ont vécu douloureusement la contestation de leur prééminence dans leur ancien empire et redécouvert l'imbrication (au Caucase, en Volga moyenne et sur toutes leurs marges méridionales) entre populations chrétiennes et musulmanes.

Les « Russiens » ont eu du mal à assimiler le nouveau territoire de la fédération. Outre le règlement encore délicat des contentieux frontaliers avec le Japon, la Chine et d'autres contestations mineures (Géorgie, Ukraine), ou la gestion de « l'exclave » de Kaliningrad, l'opinion publique russe demeure profondément troublée par la question des Russes de « l'étranger proche » et par la « perte » de l'Ukraine et de la Biélorussie. L'acceptation des nouvelles frontières de la fédération est encore fragile et l'idée que les « vraies frontières » seraient celles de la CEI est encore vivace comme en témoigne la mise en place de l'Union Russie-Biélorussie.

Or, si la revendication tchétchène d'autodétermination demeure une exception, l'intégrité du nouveau territoire russe (il ne coïncide avec aucune limite historique antérieure) fait l'objet de nouvelles contestations. Elle est fragilisée par l'exode massif des Russes de certaines régions de Russie (Caucase du Nord-Est, Grand Nord sibérien…). La réduction de l'oekoumène réel des Russes a conduit à l'élaboration d'une théorie de l'espace « peau de chagrin » — la perception de terres inutiles ou impossibles à maîtriser — et à des propositions d'abandon de portions de territoires (Tchétchénie, Daghestan ou certaines régions d'Extrême-Orient...).

La difficile mise en oeuvre du nouveau fédéralisme à la russe est un élément de cette fragilisation. On a stigmatisé les contradictions de la politique fédérale eltsinienne associée à une décentralisation volontaire mal contrôlée. L'ensemble des mesures pragmatiques visant à la consolidation d'un pouvoir contesté en période de crise a eu comme effet l'affaiblissement du Centre (guerre des lois, des budgets, fronde des barons régionaux) aboutissant à un accroissement des disparités régionales. Le « Fédéralisme asymétrique » (statut différent pour les régions « ethniques » et pour les régions « administratives »[10]) et le « Fédéralisme à la

10. Les premières sont les républiques, la région et les districts autonomes créées sous Staline en fonction des nationalités éponymes aujourd'hui souvent minoritaires sur leur propre territoire, les secondes sont les *oblast* et les *kraï*.

carte » officialisé par les traités bilatéraux et tout un ensemble de programmes, de statuts spécifiques, a parfois abouti à un accaparement par les régions de certaines fonctions régaliennes — (Police, FSB ex KGB, impôts et finances, douanes, justice). L'affermage régional de secteurs économiques cruciaux aboutissait dans le même temps à de multiples incohérences dans la gestion des ressources naturelles et de l'économie. Toutefois, alors qu'une partie de l'opposition voit dans ces mesures un des principaux facteurs de l'affaiblissement du pays, d'autres acteurs estiment que cette stratégie a au contraire permis d'éviter l'éclatement de la Russie.

La consolidation de la « verticale du pouvoir » proposée par V. Poutine va indéniablement dans le sens d'un renforcement du rôle de l'État et de la cohésion du pays avec en particulier la création de sept districts (*okroug*) fédéraux et le dessaisissement d'une partie des compétences acquises par les gouverneurs ou présidents au profit des représentants plénipotentiaires du président. Structures macrorégionales incluant à la fois des régions et des républiques, ces districts tendent à gommer les déséquilibres nés du fédéralisme « asymétrique ». Ils pourraient devenir un élément clef de l'homogénéisation des pratiques constitutionnelles et politiques, un des défis urgents du pays.

Après 10 ans d'incertitudes, la consolidation d'une nouvelle image nationale russe ?

C'est pour tenter de répondre à ces inquiétudes que le nouveau président a lancé une campagne pour mobiliser l'opinion publique autour d'un nouveau patriotisme. Après des années d'hésitation sur les différents facteurs d'intégration tant interne qu'externe, un tel programme — sensible aussi bien sur le plan économique avec la défense des productions nationales, qu'international avec la relance d'une diplomatie dynamique — semble porter ses fruits auprès des Russes en consolidant l'image de leur pays . Mais le poids désastreux du conflit tchétchène crée les conditions d'une dérive possible vers un nationalisme ethnique russe qui aurait inévitablement comme corollaire le renforcement des tensions tant en Russie qu'avec une partie de ses voisins.

Le conflit tchétchène, pour être exceptionnel, est en effet révélateur d'une série de faiblesses majeures du système : difficulté fondamentale à traiter la question des nationalités au sein de la fédération ; faiblesse chronique du système politique et fragilité de l'opinion publique dont une partie semble prête à exclure tout un peuple dans une dérive « sécuritaire » ; effritement prolongé de l'armée russe et difficile maîtrise des « ministères de force ». L'orchestration, par les autorités fédérales avec le large assentiment des médias, d'une campagne pour désigner un nouvel ennemi intérieur (le Tchétchène assimilé à un terroriste islamiste voire le Caucasien et tous les « culs noirs ») risque de faire basculer une partie de la société russe dans une condamnation de l'ensemble des musulmans ou des minorités turco-caucasiennes ce qui entraînerait une crise majeure dans deux des régions stratégiques du pays (Caucase et Volga).

Une voie autoritaire vers la démocratie ?

Un système étatique à reconstruire

La volonté compréhensible des premiers gouvernements réformateurs de se débarrasser au plus vite des éléments clefs du système soviétique a conduit à un affaiblissement majeur et durable des fonctions étatiques, les mécanismes de contrôle politique, idéologique de l'ancien régime n'étant pas remplacés par des institutions fiables. Aujourd'hui encore, la nature du nouveau régime suscite des analyses contradictoires.

Pour certains, la Russie est toujours une dictature des « *siloviki* », les « ministères de force »[11], qui se masque sous l'apparence d'une démocratie en construction. L'arrivée au pouvoir de Vladimir Poutine, associé de par sa carrière au KGB/FSB, l'importance prise par les « siloviki » dans l'administration ont renforcé cette thèse de l'incapacité à surmonter ces vieux démons « russes ».

D'autres parlent d'un régime mafieux qui aurait entièrement accaparé l'État — coquille vide — par des systèmes de fonctionnement occultes, par la multiplication de crimes et exécutions impunis (pour la première fois, un gouverneur de région a été assassiné en plein jour à Moscou en 2002), au profit des anciennes nomenklatura reconverties mêlées aux nouvelles élites.

D'autres encore décortiquent ce régime bâtard où, comme dans la plupart des pays de l'ex-URSS, se mêlent à la fois des éléments des deux modèles précédents et des éléments balbutiants de démocratie libérale. Ils s'appuient sur la lenteur inévitable de la transition pour fonder leurs espoirs sur l'ancrage de celle-ci ou, au contraire, pour en rejeter le modèle qui ne s'appliquerait pas à la Russie eut égard à ses spécificités historiques.

Une large partie de la population a perdu confiance envers la puissance publique, les soi-disant partis politiques et leurs dirigeants encore qu'au plan local, on puisse dire que, dans la plupart des cas, ce sont vraiment des dirigeants pragmatiques qui ont maintenu les fonctionnements essentiels même affaiblis : systèmes éducatifs et de santé, établissements culturels et sociaux. On assiste dans de nombreuses régions à une dynamisation des fonctionnements locaux qui doit faire réfléchir sur la nature du système dans son ensemble.

Réorganisation des systèmes politiques : Des législations lacunaires, des pratiques incertaines

La mise en pratique des nouveaux fonctionnements politique est lente et hésitante. Dans bien des domaines où il se sent menacé, le pouvoir exécutif n'a pas renoncé à recourir à des mesures d'exception, des pressions directes ou indirectes, qui contredisent la volonté affichée de la séparation des pouvoirs. Dans le même temps, on assiste à la mise en oeuvre lente mais de plus en plus effective des nouveaux grands cadres légaux (code pénal, code civil, code fiscal, code du travail..) dont l'application tend à affermir dans la société les nouvelles pratiques qui sont déjà largement à l'oeuvre sur le terrain économique.

---

11. Il s'agit des ministères de l'Intérieur, de la Défense et du FSB, placés sous la tutelle directe du président.

La constitution du 12 décembre 1993 instaure en Russie un régime démocratique et le principe d'un État fédéral. Les droits fondamentaux y sont reconnus ainsi que le pluralisme politique et la séparation des pouvoirs. La constitution prévoit l'élection au suffrage universel, tous les quatre ans, du président de la Fédération, chef de l'État. De même, les 450 représentants à la Douma d'État (*Gosoudarstvennaïa Douma*, chambre basse) sont élus pour un mandat de quatre ans au suffrage universel direct, pour moitié par un scrutin de listes à la proportionnelle, pour moitié par circonscriptions. La Fédération de Russie est composée de 89 « sujets de la Fédération » dotés de différents statuts: républiques, territoires, régions, districts autonomes et villes d'importance fédérale. Jusqu'à l'automne 2000, le Conseil de la Fédération (*Soviet Federatsii*, chambre haute) était composé de droit des 89 présidents des assemblées des sujets de la Fédération et des 89 chefs des administrations (« gouverneurs » ou présidents de républiques élus pour quatre ans au suffrage universel direct ou indirect). Jugeant que ce système donnait des pouvoirs exorbitants à ces derniers (dont l'immunité parlementaire), V. Poutine a obtenu que les premiers dirigeants régionaux ne siègent plus au Conseil de la Fédération mais à un « Conseil d'État » (*Gosoudarstvennyi Soviet*) près la présidence, au rôle purement consultatif.

Dans les faits, le système politique est marqué par la primauté du président et, en général, des exécutifs de tout niveau (présidents des républiques, gouverneurs des régions, maires) sur les assemblées (Douma d'État, doumas régionales, assemblées municipales, auto-administration locale). Même si le parlement, à l'instar du Congrès des États-Unis, peut engager une procédure d'*impeachment* à l'égard du chef de l'État, le régime russe se rapproche d' un régime présidentiel, puisque le président y nomme un Premier ministre (qui doit recevoir l'assentiment de la Douma d'État) et, dispositif inspiré de la constitution de la Ve République, dispose du droit de dissoudre cette dernière. Ni Boris Eltsine (1991-1999), ni Vladimir Poutine (élu en mars 2000 et réélu le 14 mars 2004) n'ont fait usage de cette prérogative.

On observe à tous les niveaux une concentration du pouvoir entre les mains d'exécutifs placés sous l'influence de puissantes oligarchies, pour la plupart constituées à la faveur du démantèlement de la propriété d'État. Même si les représentants les plus en vue de ces oligarches (Boris Berezovski, Vladimir Gousinski, Mikhail Khodorkovski) qui mêlaient étroitement activités économiques, politiques et médiatiques ont été écartés par V. Poutine, les groupes de pression (le lobbiisme est pratiquement officialisé en Russie) que constituent les grands groupes financiers et industriels pèsent lourd sur un processus décisionnel caractérisé par d'incessants marchandages entre élus et possédants. Ce mode de gouvernement stimule la formation et l'enracinement de puissantes féodalités régionales et locales, génère une grande insécurité juridique, réduit à néant la séparation des pouvoirs et conduit à ce que l'État fédéral soit incapable d'assurer sur l'ensemble du territoire les fonctions régaliennes qui lui sont dévolues, notamment le prélèvement de l'impôt. Le décret présidentiel pris en mai 2000 et instaurant les sept districts fédéraux, super-régions dirigées par un représentant plénipotentiaire du président, nommé et révoqué par ce dernier, est censé rétablir la « verticale du pouvoir » en replaçant les administrations régionales sous l'autorité du pouvoir central.

Comme dans la plupart des autres États de la CEI, la vie politique est chaotique, tant le paysage des partis demeure instable. Aucun des « partis du pouvoir » précédents n'a résisté aux crises politiques successives et la plupart des mouvements ne sont que l'expression conjoncturelle de personnalités. Grâce à une nouvelle loi électorale éliminant les petits partis, et à des pressions sur les médias, V. Poutine a réussi, lors des élections législatives de décembre 2003 puis des présidentielles de mars 2004, à consolider sa position en imposant une recomposition du panorama politique. Avec 37,5 % des votants, son parti « Russie unie » disposera de 300 sièges sur 450. Les partis libéraux sont laminés, les communistes affaiblis alors que la mouvance nationale patriotique (dont le parti « libéral démocrate » de V. Jirinovski) sort renforcée d'un scrutin sous contrôle. Mais la légitimité du pouvoir demeure relative : Russie unie n'a attirée que 21 % des inscrits et le président, réélu avec 71,2 % des voix, n'a convaincu que 45,8 % des inscrits.

Au Kremlin et dans les régions, la tenation des médias

La presse et les médias ont joué un rôle déterminant dans la nouvelle Russie, réussissant longtemps, en dépit de toutes sortes de menaces, à préserver en partie la liberté gagnée sous Gorbatchev. Toutefois, grâce aux pressions financières et politiques, les groupes dirigeants ont peu à peu renforcé leur contrôle des médias, au moins des télévisions qui demeurent le principal véhicule d'opinion dans un pays où, pour de diverses raisons (dont le coût), la presse papier a vu son rôle réduit. Déjà sous B. Eltsine, l'administration présidentielle a tenté de (re)prendre le contrôle des principales chaînes de télévision qui lui échappaient. La venue de V. Poutine au pouvoir a vu ce processus systématisé non sans cynisme, les arguments économiques et légaux se mêlant à des pressions politiques directes. On n'hésite pas, le cas échéant, à s'en prendre à des instituts de sondage trop indépendants (le VTSIOM à Moscou), voire à éliminer les journalistes récalcitrants comme Iouri Chekotchikine, rédacteur en chef du quotidien *Novaïa Gazeta* en 2003. Cette mainmise est encore plus nette au niveau régional où peu de chaînes télé et de journaux n'échappent aux dirigeants locaux quelle que soit leur couleur politique.

Il n'en demeure pas moins que le champ médiatique russe est extrêmement diversifié. On y observe d'autres phénomènes qui méritent d'être mentionnés : absence fréquente de déontologie, goût du scandale, approche subjective sélective de certains thèmes y compris dans les médias réputés les plus indépendants mais qui se font les porteurs de tel ou tel lobby, campagne de soutien ou d'hostilité envers un homme, une région, une entreprise, une idée, selon les équilibres des rédactions, des propriétaires ou forces influentes.

Économie : vers une consolidation durable ?

Un État particulièrement avancé dans les réformes

La Russie est, au sein de la CEI, l'État le plus engagé dans la transition vers le marché. Bien qu'il y ait eu des hésitations, voire des reculs, à l'occasion de crises aiguës (automne 1994, été 1998), la stratégie initiale en matière de politique économique et de réformes structurelles n'a jamais été durablement remise en cause.

La libéralisation a été lancée début 1992, sans concertation avec les Nouveaux États Indépendants, enregistrant ainsi — et prolongeant — l'éclatement de l'espace économique soviétique. De ce fait, après une période confuse, et la création de monnaies nationales dans les ex-républiques, l'espace monétaire du rouble s'est limité à la seule Russie. Des accommodements ont cependant été mis en place pour maintenir un niveau minimal d'échanges. La libération des prix s'est poursuivie, même si quelques-uns restent régulés en dessous du niveau des coûts (services à caractère public), ou des prix mondiaux (électricité, gaz...). D'autre part, l'intervention directe des administrations centrales et locales dans l'activité des entreprises reste importante. Enfin, pour ce qui est des échanges avec l'étranger, la libéralisation ne permet pas encore de satisfaire aux critères d'adhésion à l'OMC, un des grands objectifs de moyen terme.

La politique associée de stabilisation macroéconomique, relativement lâche de la mi-92 à la fin 1994, a été renforcée à partir du printemps 1995, et s'est maintenue tant bien que mal, notamment après la crise d'août 1998. Exigés par la conditionnalité du Fonds Monétaire International jusqu'en 2000, l'équilibre budgétaire, la stabilité monétaire et l'inflation sont aujourd'hui sous contrôle. Cette stabilisation doit en partie à la conjoncture internationale (cours du pétrole) ; en partie aussi à l'impact lent des réformes sur les comportements productifs.

Le « taux de privatisation » (la part du PIB qui relève du secteur privé) est le plus élevé parmi les pays de la CEI : 70 %. Ce haut niveau résulte pour beaucoup de « la privatisation de masse » engagée dès 1992, et qui a consisté formellement en une remise gratuite aux salariés de la majeure partie du capital des entreprises. Des certificats de privatisation (vouchers) ont été distribués à l'ensemble des citoyens. Ceux-ci les ont soit échangé contre des parts de leur propre entreprise, soit vendu sur un marché secondaire, soit confié à des « fonds d'investissement ». Les deux dernières procédures ont souvent débouché sur la concentration de parts dans les mains d'anciens dirigeants. Il est également dû à l'opération, amorcée en 1995, de nantissement d'actions de très grandes entreprises contre des prêts accordés par des hommes d'affaires enrichis dans les premiers temps de la transition : ces opérations ont permis aux prêteurs de devenir un peu plus tard les actionnaires principaux des entreprises en question et ont favorisé l'apparition de grands groupes industriels et financiers russes (le terme d'oligarque est né, en Russie, à l'occasion de cette phase de privatisation). Enfin, la privatisation s'est déroulée selon des modalités plus classiques de ventes de parts d'entreprises à des nationaux et des étrangers. Menée rapidement, elle a buté sur l'opacité des conditions de transferts, de même que sur l'impréparation des acteurs. Progressivement, une redistribution plus « normale » des actifs s'est mise en place avec l'apparition d'un marché des titres mais de grands secteurs fondamentaux (énergie, aluminium et métaux non ferreux) sont toujours suspectés d'être sous le contrôle de mafias puissantes liées au cercle présidentiel.

Le vote, en juin 2002, après des années de batailles, d'une loi autorisant la privatisation des terres agricoles vient parachever ce processus et devrait favoriser la reprise dans ce secteur décisif.

De la menace du chaos à la croissance durable ?

Largement inspirée des expériences centre-européennes (Pologne pour la politique économique, Tchécoslovaquie pour la privatisation), la stratégie de transition a débouché en Russie sur des difficultés d'une ampleur plus marquées, révélatrices de nombre de ses spécificités. La récession y a été plus profonde et plus longue. Elle a duré de 1992 à 1998 (avec un répit en 1997) ; et au total, si on compte la régression des années 1990-1991, le PIB russe se situait, en 2000, à 62 % de son niveau de 1989[12]. Le poids particulier du « complexe militaire industriel » en rend partiellement compte, même si tous les secteurs ont contribué à cette chute. Parmi les activités ayant le mieux résisté à la récession, outre les hydrocarbures, on compte une partie de la métallurgie et de la chimie. La reprise de la croissance (5,4 % en 1999, 9 % en 2000, plus de 6 % en 2003) a bénéficié à tous, mais la dévaluation du rouble, en 1998, a permis surtout aux industries de consommation de réaliser un début de « reconquête » du marché intérieur.

L'attitude productive des entreprises a été caractérisée longtemps par des stratégies de survie face aux contraintes résultant de la politique de stabilisation, ce dont a témoigné en particulier le développement du troc (entre entreprises, mais aussi entre administrations et entreprises) et l'extension de l'économie parallèle, notamment dans les services. Nombre de grands groupes financiers et industriels (GFI), créés dans le cadre de la privatisation, ont agi — et agissent encore — dans une logique de protection des entreprises membres. D'autres ont développé des stratégies actives d'adaptation, contribuant, avec les entreprises nouvelles, à la restructuration du tissu économique favorisée par une reprise des investissements.

La stabilisation macroéconomique, l'affirmation du rôle régulateur de l'État, de même que la mise en place de nouvelles règles du jeu (notamment fiscales) ont ainsi fini par accroître la lisibilité des conditions de production, réduit le champ d'action des pratiques spéculatives, et éloigné le spectre d'un chaos irrémédiable. Mais, compte tenu de l'importance particulière de la Russie pour la stabilité des pays qui l'entourent, pour la sécurité du continent européen, et, plus largement encore, pour l'équilibre international, il importe que cette trajectoire récente se confirme. Or, la perspective d'une Russie stabilisée dans son fonctionnement et dans son développement ne pourra être considérée comme durable que lorsqu'un certain nombre de réformes structurelles destinées à perfectionner encore les « gouvernances » micro et macroéconomiques auront été menées à bien.

Contraintes et dépendances : l'enjeu controversé des investissements étrangers

La lenteur des réformes jugées nécessaires — système bancaire, protection sociale, fédéralisme économique, et d'autres encore — a contribué à faire de la Russie l'épouvantail des gazettes occidentales au cours des premières années de la transition, et les craintes ne sont pas toutes levées, il s'en faut .

Le pays doit encore « inventer » les règles du jeu social, des institutions adaptées à ses structures et à sa culture. Bien sûr, cette question concerne tous les pays

12. En moyenne pour la CEI 59 %, mais 109 % pour l'Europe centrale et 74 % pour l'Europe du Sud-Est.

en transition, et notamment ceux de la CEI. Mais la Russie, du fait même de son engagement réformateur, a buté plus que tout autre sur la délégitimation de l'État, la persistance de représentations sociales héritées. Il faut encore définir la juste place de l'État, identifier les politiques structurelles à mettre en œuvre, s'entendre sur les conditions de la transformation d'un monde rural resté largement à l'écart des réformes. Le règlement de ces questions suppose l'approfondissement des réformes structurelles faute de quoi, en dépit d'un indéniable processus d'apprentissage et d'accoutumance, les aléas qui menacent toute croissance prendront en Russie des dimensions plus marquées qu'ils ne le devraient.

Autre « héritage », la dette à l'égard des pays occidentaux continuera de peser encore longtemps sur l'économie russe. Ici, c'est le pronostic macroéconomique à court et moyen terme qui est en cause, avec un échéancier de remboursement particulièrement contraignant à partir de 2003. Une dégradation du marché international des hydrocarbures pourrait rendre ce remboursement difficile. Mais la véritable dépendance russe à l'égard de l'étranger réside surtout dans le besoin d'investissements directs en provenance des principaux pays développés. La politique actuelle dite de « l'amélioration du climat d'investissement » repose sur la conviction que ceux-ci sont décisifs pour la croissance (par leurs apports financiers et matériels) et la modernisation sociale (par leurs effets de guidage et de pédagogie). La réalisation de cet élément de la stratégie économique, de même que l'adhésion à l'OMC, peut participer de l'enclenchement d'une « spirale vertueuse » liant l'ouverture et le développement. Mais l'arrestation de Mikhail Khodorkovski alors qu'il s'apprêtait à céder une partie de son groupe pétrolier Ioukos à l'américain Exxon Mobil a ravivé les craintes occidentales, laissant planer le doute sur la volonté d'ouverture russe.

Cohésion économique et sociale : la question des inégalités

Il reste que les mutations rapides des pratiques économiques s'opposent souvent à des représentations héritées, caractérisées, elles, par une forte inertie. Cette contradiction a d'autant plus d'effets déstabilisants que ces mutations ont engendré une spectaculaire montée des inégalités sociales, renforçant méfiance et déception à l'égard des réformes. L'écart constaté pour les revenus réels est passé — selon les données officielles — de 1 à 8 entre les 10 % les mieux lotis et les 10 % les plus pauvres en 1992 à 1 à 13,8 en 2000 (d'autres sources parlent de 1 à 30). En Russie cette inégalité s'est manifestée avec d'autant plus de netteté que les politiques macroéconomiques et structurelles ont été plus affirmées. Par ailleurs, la décentralisation rapide des mécanismes de gestion a incité les régions riches (celles pourvues de ressources exportables) à renforcer leur autonomie, favorisant ainsi les inégalités de développement entre les sujets de la Fédération.

Enfin, la prise de conscience de l'inégalité entre la Russie et les pays développés pose un problème spécifique qui découle du refus d'accepter la perte du statut de grande puissance de la Russie, entretenant un syndrome post-impérial dans les représentations sociales.

Consolider un espace géostratégique contesté

Politique internationale : de la perception exacerbée des menaces au pragmatisme ?

La Russie a perdu son statut de super-puissance et voit son influence contestée jusque dans ses marges immédiates. Cette nouvelle réalité est vécue très difficilement par une partie des élites (armée, milieux nationalistes) et de la population. Nombre de Russes lient ce déclin aux réformes elles-mêmes, qu'ils perçoivent comme l'imposition d'un modèle occidental inadapté et évoquent volontiers un complot organisé de l'extérieur pour affaiblir durablement leur pays. Ils minimisent les causes internes de ce déclin, que ce soit les caractéristiques de l'économie ou les effets durables de la domination que la Russie a imposée à ses voisins.

Une conséquence fondamentale de ce trouble est la polémique encore vive sur la pertinence de la politique d'ouverture. Face aux libéraux favorables à un ancrage définitif de leur pays vers l'Europe et le monde occidental, la perception volontairement amplifiée des risques à la sécurité est devenu un point de ralliement commode autour d'une critique radicale des effets négatifs de l'ouverture aux investissements étrangers, aux influences politiques ou culturelles.

La stratégie choisie par V. Poutine introduit une rupture importante dans ce débat. Elle entend démontrer qu'il est possible de réaffirmer les intérêts nationaux de la Russie dans les divers volets de sa politique extérieure tout en menant une coopération active avec l'Europe et les États Unis. Ainsi, alors que V. Poutine reprenait l'initiative dans toute sa zone d'influence élargie (de l'Union européenne à la Chine et au Japon), il multipliait, après le 11 septembre 2001, les signes de coopération avec les États-Unis (dont une possible « cogestion » des conflits caucasiens), et engageait des mesures concrètes pour faire de son pays un pôle d'attraction pour les capitaux étrangers.

Ce nouveau pragmatisme qui suscite encore bien des doutes en Russie n'est pas dénué de dérives possibles. Il faudra du temps avant que la Russie se convainque qu'elle a intérêt à abandonner les recettes traditionnelles de son influence, faites d'un mélange de pressions économiques, politiques et militaires sur ses voisins et alliés. Ce nouveau cours, qui rencontre des oppositions au sein de l'appareil diplomatique et militaire, doit être confirmé avant qu'on puisse définitivement mettre un terme aux accusations de tentations impériales, toujours dénoncées par une partie des observateurs.

Une puissance mondiale affaiblie mais régionalement indispensable ?

L'abandon de quelques positions éloignées datant de l'époque soviétique (bases à Cuba ou au Vietnam) semble confirmer que la Russie ne prétend plus jouer un rôle mondial. Mais depuis le passage de E. Primakov aux Affaires étrangères, Moscou entend reconstituer son influence dans son espace régional et l'intense activité diplomatique de V. Poutine confirme cette volonté. La Russie a désormais admis l'éclatement de l'URSS en États indépendants mais elle veut y jouer un rôle accru et une vigoureuse offensive commerciale, stratégique et diplomatique vise à réorganiser cet espace considéré comme sa zone d'influence naturelle.

Une nouvelle stratégie des transports tend à reprendre le contrôle des axes majeurs en intégrant les régions russes limitrophes et en tentant de capter les échanges d'une partie des États de l'étranger proche (nouveaux tubes et ports vers le golfe de Finlande, nouveau gazoduc Yamal-Europe, oléoducs et gazoducs vers Novorossiisk et la côte pontique, tubes et réseaux électriques vers la Chine, les Corées et le Japon). Des pressions économiques (prise de participation dans des infrastructures stratégiques) remplacent de plus en plus les pressions militaires. Pour autant, Moscou maintient ses efforts pour impliquer un nombre accru d'États alliés dans son orbite (Communauté économique eurasienne, Traité de sécurité collective, Union Russie-Biélorussie) et a relancé une dynamique asiatique au sein du Forum de Shanghaï avec Pékin.

Mais la Russie a perdu tout rôle hégémonique dans cet espace et voit son influence contestée au sein même de la CEI avec l'organisation, sous l'égide de l'OTAN et des États-Unis, du GUAM qui fragilise sa présence sur toute sa marge méridionale. V. Poutine a évité de contester frontalement l'installation de militaires américains en Asie centrale et en Géorgie mais montré des signes d'irritation lors des changements dans ce pays. Tout porte à croire qu'il cherchera à minimiser l'influence occidentale sur ses propres objectifs.

Plus généralement, il n'est pas certain que Moscou ait réellement surmonté sa difficulté conceptuelle à imaginer, organiser l'espace postsoviétique. C'est pour l'essentiel ses choix politiques au début des années 90, y compris un désengagement volontaire initial sur les marges sud (abandon des « pieds rouges »), qui ont induit les avatars de la CEI et la valse hésitation des structures imbriquées n'a en rien clarifié sa position. La Russie saura-t-elle adapter ses ambitions légitimes à la réalité de ses moyens durablement affaiblis ? Outre la gestion de l'après Talibans, plusieurs tests importants vont permettre d'évaluer la réalité de ces évolutions avec l'élargissement de l'Union européenne et de l'OTAN, le règlement du statut de Kaliningrad et des Kouriles ou les développements du casse tête caucasien.

Une stratégie sécuritaire à redéfinir, une armée à reconstruire

Depuis la disparition de l'URSS, la politique de défense de la Russie se caractérise par une succession de cycles contradictoires, témoignant des hésitations militaires induites par le partage de l'ancienne armée soviétique, la réorganisation des territoires au sein de la CEI et la nouvelle donne internationale. Cette politique oscille entre le pragmatisme (lié aux conflits de basse intensité qui se sont développés sur le territoire russe et à ses frontières) et l'idéalisme (fondé sur l'espoir de restaurer le statut de grande puissance de la Russie). Ces oscillations politiques conjoncturelles voient leurs effets atténués par les évolutions sociales et économiques lourdes au sein de l'armée.

À la suite de l'élection de B. Eltsine à la tête de la Fédération, le premier cycle de la politique de défense, de 1992 à 1994, a été marqué par le rapatriement sur le sol russe des troupes soviétiques stationnées à l'étranger. La Russie a ainsi poursuivi la politique de désengagement initiée par M. Gorbatchev et marqué son renoncement à l'occupation militaire des États du défunt pacte de Varsovie et de l'URSS. Opération logistique d'une ampleur exceptionnelle, ce retour des soldats russes sur le sol national s'est déroulé sans heurt au plan international. À l'exception de quelques tensions avec les pays Baltes, cette opération de démobilisation a pu être mise à l'actif du nouveau régime. Au plan intérieur, cependant, le retour des soldats de l'étranger a accentué les problèmes d'organisation dans les casernes.

À partir de l'hiver 1994, une fois le rapatriement achevé, la politique de défense de la Russie a été orientée par l'intervention des troupes fédérales en Tchétchénie. Initialement conçue comme une facile opération de rétablissement de l'ordre, l'incapacité de l'armée à s'imposer dans ce conflit local et son inadaptation au combat de guérilla ont montré les difficultés structurelles d'une armée massive héritée de la guerre froide et faiblement réformée. Les débats autour de la légitimité de cette intervention militaire ont conduit le pouvoir à réorganiser ses structures de sécurité en général et à accorder un rôle plus important aux troupes armées du ministère de l'Intérieur. Cette sécurisation du conflit n'a pas porté ses fruits. La première guerre en Tchétchénie a abouti à la signature d'un accord de paix à Khassaviourt, en 1996, considéré par l'armée russe comme une défaite face aux indépendantistes tchétchènes.

En réponse au sentiment d'affaiblissement né de la première guerre de Tchétchénie, la période 1996-1999 a été marquée par la volonté de restaurer la grandeur de l'armée russe sur la scène internationale. En 1997, la nomination du général Sergueev, ancien commandant en chef des forces nucléaires russes, a constitué un tournant sensible dans la politique de défense. Tirant les leçons de l'affaiblissement de l'armée de terre, il s'est fait le promoteur d'un renforcement du nucléaire, porté par les troupes de fusées stratégiques. Son action a été symbolisée par l'installation de nouveaux sites de lancement de missiles ballistiques Topol-M. Cet accent mis sur le nucléaire a été validé politiquement par les textes programmatiques de l'époque et certaines déclarations intempestives de B. Eltsine sur une possible utilisation de la force nucléaire pour défendre les frontières de la Russie. Elle a coïncidé avec l'intervention des troupes de l'OTAN contre la Serbie, perçue comme un défi par les autorités russes. Cependant, la stratégie du tout-nucléaire a rapidement montré ses limites. Elle a d'abord suscité des tensions vives au sein même de la hiérarchie militaire. Le conflit ouvert opposant le maréchal Sergueev, partisan du nucléaire, et son chef d'État-major issu de l'armée de terre, le général Kvachnine, soucieux de renforcer l'armement conventionnel, a illustré le dilemme de la politique de défense russe. La reprise du conflit en Tchétchénie, à l'automne 1999, a posé la question de la pertinence d'une défense basée sur l'arme nucléaire, inutile dans les conflits de basse intensité et a semblé donner raison aux officiers de l'armée de terre.

L'élection de Vladimir Poutine à la tête du pays a contribué à la réorientation de la politique de défense russe. La nomination de Serguei Ivanov, un « civil », au poste de ministre de la Défense en 2001, a redonné un aspect plus sécuritaire à une politique de défense jusqu'alors gérée par les militaires. Ancien officier du FSB (ex-KGB), S. Ivanov s'est vu confier la mission de réformer l'armée. Sa politique, fondée sur une diminution des effectifs, devrait être accompagnée d'une modernisation des équipements. Dans les faits, une reprise en main politique de l'armée, caractérisée notamment par le rappel au devoir de réserve, semble avoir eu lieu. Ce rétablissement d'une autorité politique au sein de l'armée n'a cependant pas permis de mettre fin aux difficultés matérielles quotidiennes de l'institution. Le naufrage du sous-marin Koursk, en août 2001, et le crash d'un hélicoptère surchargé en Tchétchénie, en août 2002, ont témoigné de l'état de délabrement des matériels et des infrastructures. L'incapacité de l'armée russe à contrôler l'ensemble du territoire tchétchène a illustré l'inadaptation de la politique menée pour réduire militairement ce conflit.

Depuis la chute de l'URSS, en dépit des réorientations successives de la politique militaire, les problèmes de fond demeurent sans solution. La forte diminution du niveau de vie des officiers et les difficultés matérielles dans les casernes font de l'armée une institution sinistrée, en porte à faux avec l'effort de modernisation entamé par le pays, notamment dans les grandes villes. En conséquence, l'armée n'est plus l'instrument de promotion sociale qu'elle a pu être aux belles heures de la guerre froide. Les personnels qualifiés et les jeunes diplômés s'en détournent pour embrasser des carrières plus lucratives dans le secteur privé. L'insoumission massive des jeunes Russes à l'égard du service militaire montre leur défiance face à l'armée. La politique du gouvernement russe reste pourtant sourde à ces indicateurs. Le service militaire est toujours fixé à deux ans. Les conditions d'exercice d'un service civil alternatif sont draconiennes. La violence des bizutages (la *dedovchina*) lors du service n'a pas été éradiquée. En conséquence, les ambitions gouvernementales sont en opposition avec la vie réelle de l'armée postsoviétique.

Plus d'un an après le revirement spectaculaire de la politique étrangère russe et le rapprochement avec Washington, les conséquences de cette décision continuent de susciter critiques et polémiques dans la presse russe. Beaucoup de commentateurs parlent de marché de dupes ou de mésalliance, soulignant que les concessions faites à Moscou (la création du conseil Russie-OTAN, le 28 mai 2002, une nouvelle coopération énergétique et le silence diplomatique sur la réalité du conflit tchétchène) sont bien maigres au regard de l'acceptation du projet anti-missiles de G.W. Bush ou de l'installation durable de l'armée américaine en Asie centrale et au Caucase. De son côté, le président V. Poutine s'efforce de démontrer que cette nouvelle alliance crée autour de la Russie un climat favorable qui permettra de développer ses forces productives et son économie, rejoignant sur ce point nombre d'observateurs occidentaux qui soulignent que Moscou a su tirer le meilleur profit de la position de faiblesse où l'a plongé la crise. L'avenir dira si le rebond constaté depuis 1998 est durable et permettra de ressouder une société russe durablement déstabilisée.

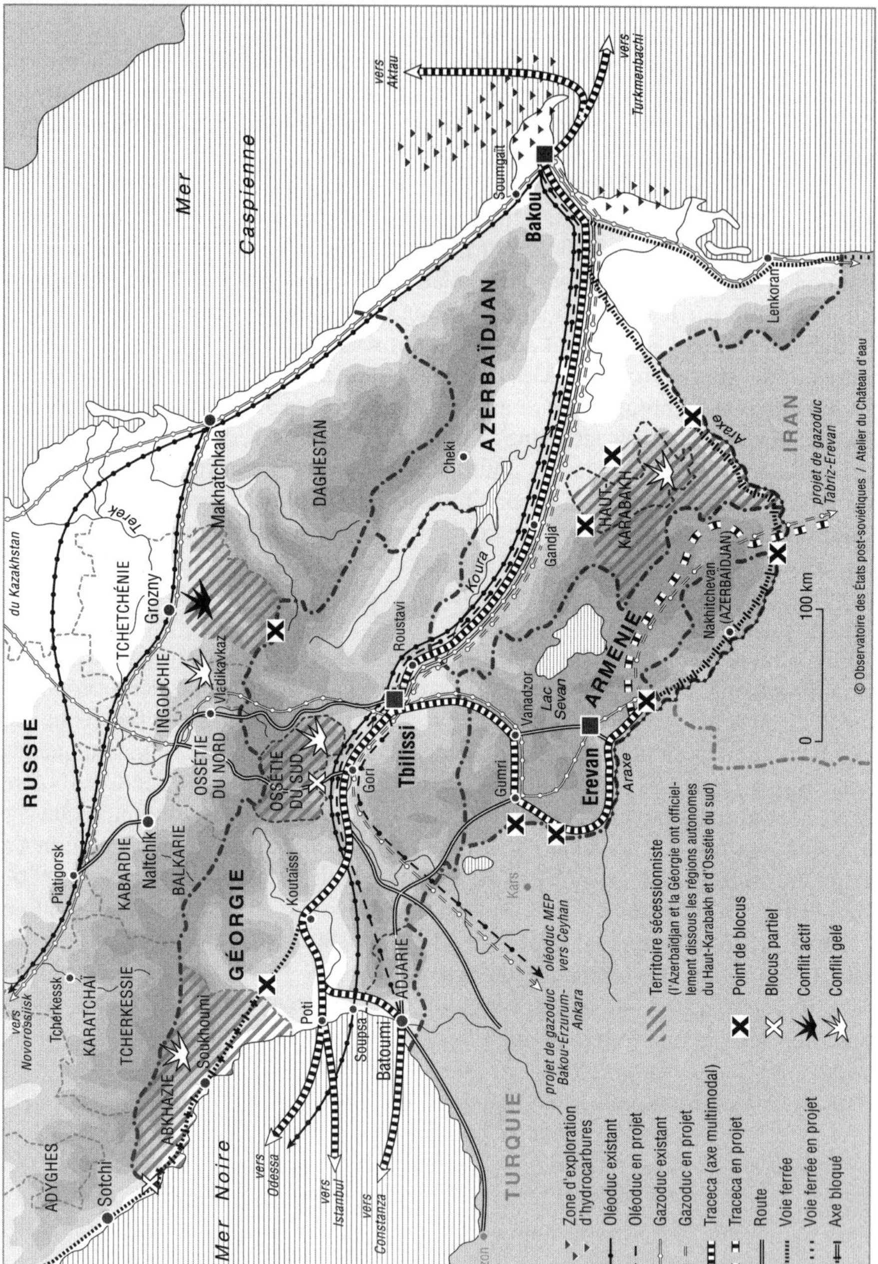
RUSSIE
Mer Caspienne
Mer Noire
GÉORGIE
AZERBAÏDJAN
ARMÉNIE
TURQUIE
IRAN
TCHETCHÉNIE
INGOUCHIE
OSSÉTIE DU NORD
OSSÉTIE DU SUD
KABARDIE
BALKARIE
KARATCHAÏ
TCHERKESSIE
ADYGHES
ABKHAZIE
ADJARIE
DAGHESTAN
HAUT-KARABAKH
Nakhitchevan (AZERBAÏDJAN)
Tbilissi
Bakou
Erevan
Grozny
Makhatchkala
Vladikavkaz
Naltchik
Piatigorsk
Tcherkessk
Sotchi
Soukhoumi
Koutaïssi
Poti
Soupsa
Batoumi
Gori
Roustavi
Gandja
Cheki
Soumgaït
Lenkoran
Gumri
Vanadzor
Lac Sevan
Kars
Trabzon
Terek
Koura
Araxe
vers Novorossiisk
du Kazakhstan
vers Aktau
vers Turkmenbachi
vers Odessa
vers Istanbul
vers Constanza
oléoduc MEP vers Ceyhan
projet de gazoduc Bakou-Erzurum-Ankara
projet de gazoduc Tabriz-Erevan
0
100 km
Zone d'exploration d'hydrocarbures
Oléoduc existant
Oléoduc en projet
Gazoduc existant
Gazoduc en projet
Traceca (axe multimodal)
Traceca en projet
Route
Voie ferrée
Voie ferrée en projet
Axe bloqué
Territoire sécessionniste (l'Azerbaïdjan et la Géorgie ont officiellement dissous les régions autonomes du Haut-Karabakh et d'Ossétie du sud)
Point de blocus
Blocus partiel
Conflit actif
Conflit gelé
© Observatoire des États post-soviétiques / Atelier du Château d'eau

QUATRIÈME PARTIE

LES ÉTATS DU CAUCASE

L'Arménie
L'Azerbaïdjan
La Géorgie

L'ARMÉNIE

Haïastani Hanrapétoutioun

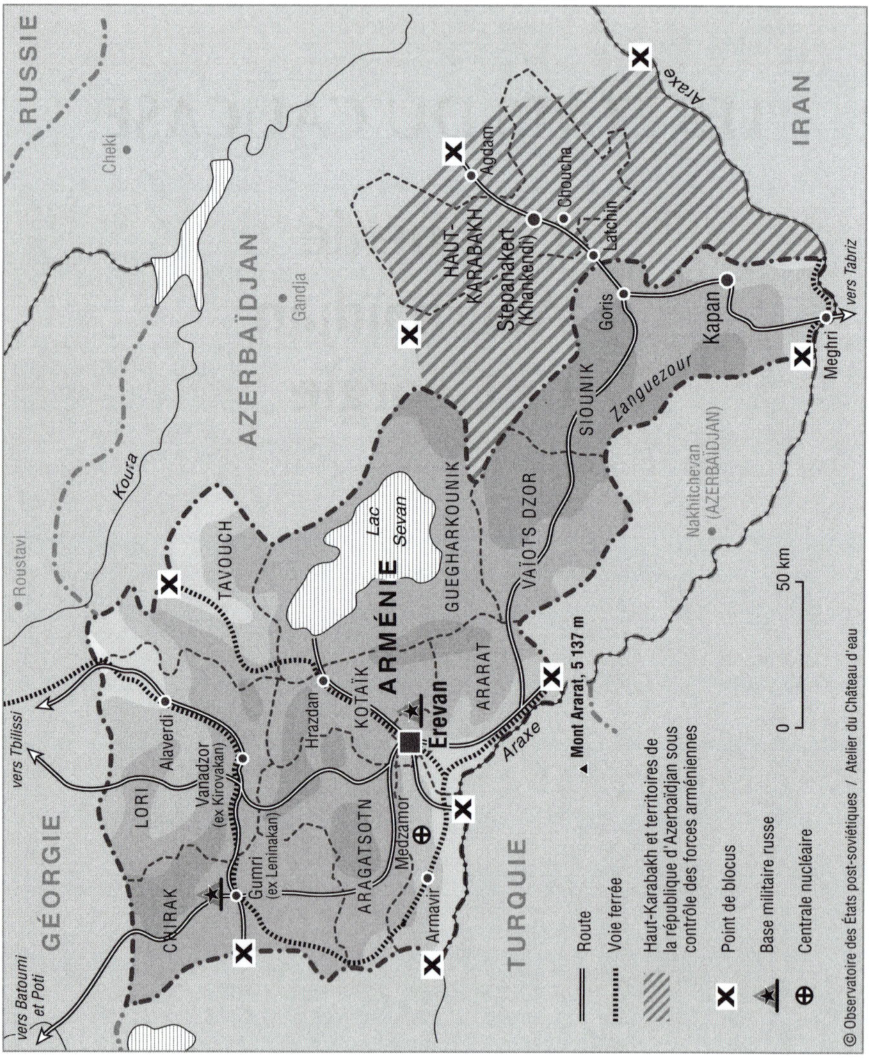

Chiffres clés

Territoire

Superficie : 29 743 km², (l'équivalent de la Belgique)
Capitale : Erevan (1 230 000 hab.)
Principales villes :
- Gumri (ex-Leninakan), 137 000 hab.
- Vanadzor (ex-Kirovakan), 92 000 hab.

Divisions administratives : 11 régions ou *marz*, dont la capitale ; statut spécial pour Gumri et Vanadzor.

Population

2 935 400 habitants (2004)
Densité : 98,6 habitants/km² (de 17 à 300 selon l'altitude)
Population urbaine : 62,8 %
Population rurale : 37,2 %
Espérance de vie à la naissance (1999) : 73 ans (hommes, 71 ans ; femmes, 76 ans)

Données démographiques (pour 1 000 habitants)

	1991	1995	2000
Accroissement naturel	15,1	6,4	2,7
Natalité	21,6	13,0	9,0
Mortalité	6,5	6,6	6,3
Mortalité infantile	17,9	14,2	15,6

Composition ethnique (est. 1996)

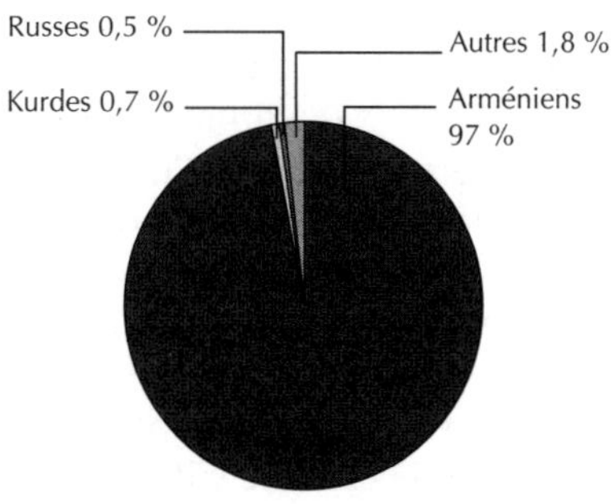

Économie

PIB par habitant en parité de pouvoir d'achat

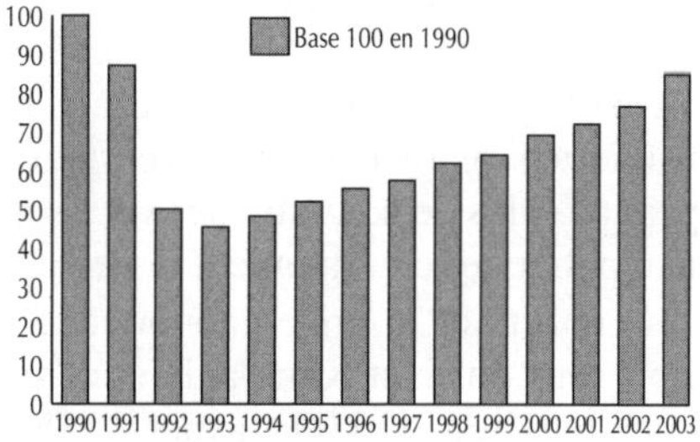

Principales composantes du PIB en 2002 :
- agriculture 23,1 %
- industrie 20,5 %
- bâtiment, 13,9 %
- commerce, 10 %
- transport et télécommunications : 7,2 %

IDH (2000) : 0,754 (76e rang mondial)
Monnaie : dram (adoptée en 1993)
Dette extérieure brute (2001) : 44 % du PIB

Relations extérieures

Adhésion aux organisations internationales :
- ZCEMN, (1992)
- Partenariat pour la Paix de l'OTAN (1995),
- Conseil de l'Europe (2001),
- OMC (2002)
- CEI (1991).

Principaux partenaires commerciaux en 2002 :
- export : Belgique, 18,2 %, Russie, 12,8 %, Israël, 17,4 % ; Grande-Bretagne, 10,1 %
- import : Russie, 19,8 % ; Israël, 8,3 % Belgique, 9,2 % ; Iran, 6,3 %.

Exportations totales (2002) :
507 millions de dollars
dont :
- métaux et pierres précieux et semi-précieux, 51,1 % ;
- produits alimentaires, 10,8 %
- métaux, 8,8 %
- produits minéraux, 8,4 %

Importations totales (2002) :
991 millions de dollars
dont :
- produits minéraux, 17,6 %
- métaux et pierres précieux et semi-précieux, 21,6 %
- machines et équipements, 10,5 %
- produits alimentaires, 8 %

Un pays assiégé ?

Quelle existence collective pour une nation éclatée ?

L'identité des Arméniens apparaît vigoureuse, avec toute la palette des marqueurs : conscience d'un passé ancien, parfois prestigieux, souvent difficile, au carrefour des empires, Église nationale, langue très tôt dotée (ve siècle) de son alphabet, culture originale, territoire de référence porteur de vestiges monumentaux. Mais c'est une identité de survivants. Les vicissitudes de l'histoire (invasions, partages, disparition de l'État), le deuil impossible d'un génocide nié, la nostalgie à l'égard des provinces perdues d'Anatolie et du Caucase, enfin la dispersion (plus de la moitié des six à sept millions d'Arméniens vivent en dehors de la république) entretiennent la perception d'une existence nationale menacée.

Les conflits et la crise économique ont déclenché de nouvelles migrations. Hormis ceux du Haut-Karabagh (il en resterait 150 000 ?), les Arméniens d'Azerbaïdjan (environ 475 000 avant 1988) ont fui vers l'Arménie, la Russie ou l'Ukraine. Le repli sur Erevan des Arméniens de Bakou et de Tiflis, commencé dès les premières indépendances de 1918-1920, puis les divers rapatriements, ont conforté l'homogénéité ethnique de la république, aujourd'hui quasi-totale. Le débat sur la citoyenneté a porté ici non pas tant sur la place des minorités (2-3 % : Slaves, Kurdes, Azéris, Grecs), mais sur celle des Arméniens de l'extérieur. Compromis entre le droit du sol et le droit du sang, la loi sur la citoyenneté du 16 novembre 1995 soumet l'accès à des conditions de résidence (3 ans), de maîtrise de la langue, de moralité et d'exclusivité (pas de double nationalité sauf en cas d'accords bilatéraux). Mais elle n'a pas inclus de clause d'acquisition automatique pour la diaspora, équivalente à la « loi du retour » israélienne. L'indépendance a ainsi posé la question des relations avec une diaspora dont on réclame le soutien financier sans contrepartie politique. À l'enthousiasme des retrouvailles a succédé la fin des mythes : celui du retour, comme celui d'une identité unique et d'une communauté d'intérêts au moment où l'émigration massive temporaire ou définitive (1 million en dix ans) et la crise démographique (baisse de la natalité et de l'espérance de vie) ranime l'inquiétude de la disparition, face à des voisins turcs et iraniens en expansion. Probablement surestimés, les premiers résultats globaux du recensement de décembre 2001 (3 020 000 hab.) montrent une nette décroissance par rapport au dernier recensement soviétique de 1989 (3 300 000) et un décalage important par rapport aux chiffres officieux (environ 2 millions).

La constitution a affirmé la laïcité de l'État. Les cérémonies du 1 700e anniversaire de la christianisation et l'accueil fait au pape Jean-Paul II (2001) ont attesté néanmoins de la place singulière de l'Église nationale, présente dans toutes les manifestations officielles. Seule institution commune des Arméniens, symbole de la continuité de la nation en l'absence d'État, elle a pu, à l'ère soviétique, survivre en tant qu'institution, en raison de son influence sur la diaspora et pour ne pas laisser le monopole de la direction spirituelle au catholicossat de Cilicie, installé après le génocide à Antélias (Liban). Reflet de la césure spatiale et idéologique du monde arménien, les tensions entre les deux sièges catholicossaux ont suivi l'évolution des relations Est-Ouest. Le séisme de 1988 et l'indépendance les ont rapprochés, amenant même, un temps, à la tête d'Etchmiadzine le catholicos d'Antélias, en la personne de l'œcuménique Karékine Ier (avril 1995-juin 1999). Les anciennes barrières entre « apostoliques », catholiques et protestants se sont effritées avec la sécularisation de l'identité. Les catholiques (env. 10 %) et les protestants (5 %) compensent leur situation minoritaire par un très grand dynamisme.

L'arménien, comme le géorgien ont conservé leur alphabet, résistant aux tentatives de cyrillisation des années 1930. Deux réformes orthographiques (1920, 1940) ont cependant créé un clivage supplémentaire entre les parlers oriental (Caucase, Iran) et occidental (Anatolie et, aujourd'hui, diaspora). Le débat sur le retour à l'orthographe « classique » qui sous-tend celui sur les relations avec la diaspora, revêt des enjeux plus politiques que linguistiques, de même que l'importance accordée au russe (accords avec Moscou sur l'enseignement), désormais confronté à la concurrence des langues occidentales, soutenues par les nouvelles universités française et américaine ou le centre culturel allemand d'Erevan.

Territoire réel, territoire rêvé

L'actuelle Arménie, la plus petite des républiques de l'ex-URSS, et le Haut-Karabagh, ultimes foyers de peuplement arménien continu et homogène, représentent un territoire résiduel : un dixième de « l'Arménie historique », le quart de l'Arménie du traité de Sèvres (1920). Au Caucase soviétisé, les Arméniens durent abandonner, sous la pression de Moscou, l'essentiel des zones litigieuses (Karabagh, Nakhitchevan, Djavakhétie) disputées à leurs voisins pendant l'indépendance. Ces querelles frontalières issues de l'administration coloniale ont ressurgi au moment de l'effondrement de l'empire soviétique. Le poids démographique relatif et la politique à l'égard des minorités déterminent l'acuité des conflits. Le Karabagh qui décline tous les thèmes du nationalisme arménien — survie physique, défense de l'identité religieuse et culturelle, rassemblement des hommes et des territoires — mobilise davantage que la Djavakhétie.

Comme ses voisins, l'Arménie, souvent définie comme le pays le plus oriental de l'Europe ou le plus européen de l'Asie, se prévaut d'une vocation naturelle à servir de « pont », dans le droit fil du rôle traditionnel d'intermédiaire qu'ont pu jouer autrefois ses élites, notamment ses marchands, tant au plan économique que culturel. Elle est ici en concurrence avec la Géorgie, mais aussi l'Azerbaïdjan, sans compter des pays plus puissants — la Turquie par exemple — qui revendiquent le même rôle.

Le dilemme sécurité ou liberté ?

Parmi les premières républiques à marcher sur les « chemins de la liberté », l'Arménie connaît aujourd'hui un certain désenchantement. L'effondrement du système sanitaire et éducatif, le chômage, les inégalités sur fond de corruption, de pratiques mafieuses, de reconversion des nomenklaturistes dans les affaires, les détournements de l'aide internationale ou de la diaspora entraînent un rejet du pouvoir, le repli sur la famille, la « fuite des cerveaux », et souvent, la nostalgie de l'ancien ordre soviétique, synonyme de protection sociale. La crainte ressuscitée du pan-turquisme du fait des liens privilégiés entre Bakou et Ankara et la crainte de l'encerclement par le monde musulman ont aussi poussé l'Arménie à se tourner à nouveau vers l'ancienne puissance impériale, malgré les incertitudes sur la solidité de cette alliance stratégique. Les divergences entre les différentes nations du Caucase quant à la définition de la menace principale, constituent sans doute l'une des entraves principales à l'intégration régionale. Erevan est, autant que Bakou et Tbilissi, en faveur d'une ouverture à l'Occident. Le poids du passé suscite néanmoins une certaine méfiance à l'égard des plans européens et surtout américains de favoriser le *leadership* régional de la Turquie.

Un « bon élève » des réformes aux résultats moyens

État de droit ou État fort ?

À l'aube de l'indépendance, l'Arménie pouvait se prévaloir de sa liberté d'expression, de son pluralisme et de sa stabilité intérieure, en contraste avec la Géorgie et l'Azerbaïdjan secoués par la guerre civile. La république n'a pas échappé à une certaine dérive autoritaire, ni aux soubresauts politiques. Quand il se sent menacé, le pouvoir exécutif ne renonce pas à recourir à des mesures d'exception, aux pressions directes ou indirectes sur le parlement, les tribunaux, les opposants, la presse. La République d'Arménie a entamé la mise en conformité de son arsenal législatif avec les standards internationaux puis européens, plus contraignants encore. Le chantier de réformes, largement anticipé avant même que le pays ne devienne membre à part entière du Conseil de l'Europe (25 janvier 2001), a été néanmoins ralenti par la tuerie du parlement d'octobre 1999, notamment sur le point particulier de l'abolition de la peine de mort adoptée finalement le 9/09/2003.

Le choix d'un régime présidentiel autoritaire

C'est le premier parlement ou Conseil suprême, élu en août 1990 alors que ne pouvaient se présenter que le PC et le Mouvement national arménien (MNA), issu du Comité Karabagh tout juste légalisé, qui a joué le rôle de Constituante, au prix de débats houleux. Adoptée par référendum (5 juillet 1995), la constitution s'inspire de la constitution française de 1958. Définissant la République d'Arménie comme un « État de droit, souverain, démocratique et social », elle établit, sous la garantie d'un Conseil constitutionnel indépendant, un régime présidentiel fort (président élu au suffrage universel pour cinq ans, pour deux mandats consécutifs au maximum). Le pouvoir législatif est incarné par un parlement monocaméral de 131 députés élus pour quatre ans (75 au scrutin majoritaire uninominal, 56 au scrutin de liste). À la tête des nouvelles régions, des préfets exercent l'autorité étatique, alors que villes et villages sont dotés d'un système d'autogestion locale. Si la séparation des pouvoirs et l'indépendance du judiciaire et du législatif sont affirmées, ni les mécanismes de garantie de ces principes, ni les modalités de relation entre les différents pouvoirs ne sont définis avec clarté. Le président a un droit de veto sur les décisions du gouvernement, de dissolution de l'Assemblée, de nomination des magistrats. Dès 1998, un processus de réforme constitutionnelle a été lancé. L'amendement réduisant les pouvoirs du Président, sans toutefois créer un régime parlementaire, a été soumis à un référendum le 25 mai 2003 mais n'a pas été adopté faute d'une participation suffisante.

Une stabilité démocratique relative

L'expulsion du président du Dachnaktsoutioun (août 1992), puis l'interdiction (1994) de ce parti indépendantiste historique, présenté comme un parti « de l'étranger », des assassinats politiques non élucidés et des premières élections postsoviétiques entachées d'irrégularités, ont suscité très tôt des doutes sur l'état de la démocratie. Les partis apparaissent souvent comme des rassemblements autour de personnalités, de clans régionaux ou économiques, plus que l'incarnation de courants politiques structurés. On a pu constater la force du modèle du parti-État, le parti du président remplaçant le parti communiste. Aux législatives du 5 juillet 1995, c'était le bloc « République » regroupant plusieurs mouvements autour du MNA qui soutenait Levon Ter Pétrossian, le premier président issu du Comité Karabagh. Affaibli par la forte contestation qui entoure les conditions de sa réélection à la présidence en 1996, L. Ter Petrossian dut remplacer en 1997 l'économiste Hrant Bagratian qui, depuis 1993, incarnait les réformes structurelles et l'austérité sociale à la tête du gouvernement, sans réussir à rétablir son autorité. Les dissensions sur le niveau de concession pour régler le conflit avec l'Azerbaïdjan, apparues avec son nouveau Premier ministre Robert Kotcharian (auparavant président du Haut-Karabagh) et le puissant ministre de la Défense Vazken Sarkissian, chef des Yerkrapah (les défenseurs de la terre, anciens volontaires de la guerre du Karabagh), contraignent L. Ter Pétrossian à la démission (février 1998).

Après son élection à la présidence (30 mars 1998), face à Karen Démirdjian, l'ancien Premier Secrétaire du PC devenu le chef du parti du Peuple d'Arménie (PPA), R. Kotcharian entame une politique de réconciliation nationale : levée de l'interdiction du Dachnaktsoutioun, amélioration des relations avec la diaspora. Aux législatives de mai 1999, la victoire de la coalition « Unité » (Parti du Peuple et Parti républicain), porte Karen Démirdjian à la présidence du parlement et Vazken Sarkissian à la tête du gouvernement, suscitant l'espoir fugitif d'un pouvoir plus consensuel. Mais le 27 octobre 1999, ces deux personnalités sont abattues en public au parlement. Acte isolé, complot intérieur ou extérieur, coup d'État avorté ? L'attentat n'avait pas été encore élucidé par l'enquête officielle fin 2002, ouvrant la voie à tous les soupçons. Cette crise, la plus grave de la première décennie d'indépendance, a néanmoins été gérée dans le cadre constitutionnel existant et le pays n'a pas sombré dans le chaos malgré la recomposition de l'échiquier politique. À la tête du gouvernement depuis mai 2000, Antranik Markarian, dirigeant du Parti républicain, s'est donné pour tâche d'assainir la situation économique et politique. Le ministre de la Défense, Serge Sarkissian, originaire du Karabagh, est l'autre homme fort. Reste à regagner la confiance de la population dans la puissance publique et la vie politique jusqu'ici souvent synonyme d'affairisme. Aux élections locales du 20 octobre 2002, jugées « libres et équitables » par les observateurs internationaux et remportées par le Parti républicain, le nouveau parti présidentiel, la participation était en chute (46 %). Le déroulement des élections présidentielles (19 février-5 mars 2003) et législatives (25 mai 2003) qui ont vu la victoire du président sortant, Robert Kotcharian, et de son parti, a été vivement critiqué par l'opposition et les observateurs internationaux, ces derniers considérant néanmoins que les irrégularités constatées ne remettaient pas en cause les résultats des scrutins. La coalition gouvernementale est cependant fragilisée et les événements de Géorgie ont ravivé les tensions au printemps 2004.

Un « quatrième pouvoir » en voie de constitution

Après une explosion (plus de 250 journaux, tirant jusqu'à 100-150 000 exemplaires), la crise économique a entraîné la disparition de nombreux titres et un effondrement des tirages (3 à 5000 exemplaires pour les principaux). La plupart des journaux (une quarantaine en 2002) sont financés par un parti ou un homme d'affaires aux ambitions politiques. Une multitude de stations de radio et de télévision privées, outre les deux chaînes publiques et les chaînes russes, sans compter le satellite et internet, ont diversifié les moyens d'information, souvent réservés aux élites. Les journaux doivent être enregistrés auprès du ministère de la Justice et la censure ou l'autocensure sont courantes. Les habitudes héritées du passé soviétique d'une presse de propagande subventionnée, la corruption, le manque de formation et le goût du sensationnalisme pèsent sur la construction d'un authentique « quatrième pouvoir ». Parmi une multitude d'ONG caritatives, quelques-unes participent à cet apprentissage de la démocratie.

Une transition économique soumise à de fortes contraintes

Avant la chute de l'URSS, l'économie arménienne était essentiellement industrielle, d'une structure diversifiée et bien représentée dans les activités technologiques prestigieuses du secteur militaro-industriel. Devenu indépendant, le pays s'engage dès 1992 dans la voie des réformes avec deux difficultés cependant : les conséquences du séisme de 1988 et le blocus économique exercé conjointement par l'Azerbaïdjan et la Turquie en raison du conflit du Karabagh. Avec le soutien tardif des organisations financières internationales, l'Arménie sera, en 1994, la première république de la CEI à enregistrer une stabilisation macro-économique, mais la persistance du blocus reste le principal obstacle à la consolidation et au dynamisme de l'économie.

Une stabilisation réussie mais fragile

Depuis l'indépendance, le processus de stabilisation économique est passé par trois périodes :

– De 1991 à 1994, l'éclatement de l'espace soviétique, les effets conjugués de la crise énergétique et de la pénurie d'intrants dus au blocus ont été les causes d'une dépression profonde estimée à 61% du PIB. Privé de ses appuis traditionnels, le secteur industriel s'effondre alors que la part relative de l'agriculture augmente, assurant les consommations prioritaires de la population. Par effet de dominos, la dégradation s'étend. Les entreprises accumulent des arriérés de paiement gigantesques, développant une insolvabilité générale y compris des finances publiques. L'hyperinflation, les pénuries et la dépréciation irréversible du rouble soviétique entraînent une détérioration du niveau de vie et de l'emploi. Le gouvernement décide alors de se lancer dans la mise en place des réformes avec l'objectif d'attirer l'aide financière et la bienveillance des organismes financiers internationaux. Au cours de cette période trois mesures furent décisives : la privatisation des terres de 1991, la libération des prix décrétée le 1er janvier 1992 et complétée le 1er décembre 1994 par la suppression progressive de toutes les subventions sur des biens et services de première nécessité et, enfin, l'adoption de la monnaie nationale, le dram, le 22 novembre 1993.

– De 1995 à 1997, la dégradation des indicateurs macroéconomiques s'arrête. Après une période chaotique d'improvisation de la banque centrale, la politique économique s'oriente vers une politique de rigueur au sens occidental du terme. Dès 1995, la stabilisation se confirme, le taux d'inflation passe de 5273 % en 1994 à 14 % en 1997 et le dram atteint sa valeur d'équilibre en 1996. Dans une économie largement dollarisée, la monnaie nationale gardera la confiance des opérateurs même pendant la crise monétaire russe de 1998. L'autre élément décisif de la stabilisation est l'aide active apportée par la Banque mondiale et le FMI après la signature du cessez-le-feu au Karabagh (mai 1994). Leur premier objectif est de négocier une lettre de développement comprenant des règles de conditionnalité fortes accompagnées d'un calendrier d'exécution précis. L'accord rapide du gouvernement et les résultats obtenus surprennent les bailleurs de fonds eux-mêmes. Ils donnent une réputation de « bon élève » à l'Arménie qui devient la république de l'ex-URSS avec la plus forte aide multilatérale par habitant.

– Depuis 1998, la stabilisation des fondamentaux est un fait avéré, mais la consolidation de la croissance demeure fragile. La bonne santé des indicateurs macroéconomiques dissimule des conditions micro-économiques nettement moins favorables. La privatisation de masse des entreprises fut conçue comme une mesure structurelle de relance par le gouvernement et les bailleurs de fonds qui pensaient certainement déclencher un effet dynamique important sur la croissance de moyen et long terme.

Un dynamisme entrepreneurial sous contrainte

Le processus de privatisation lancé en 1995 était censé prolonger la stabilisation en créant les conditions favorables à l'afflux d'investissements nécessaires au redémarrage de l'activité. Mais le simple transfert de propriété ne suffit pas à insuffler une nouvelle culture d'entreprise, les ressources financières faisant défaut. Principalement par manque de moyens, il n'y eut aucune mesure de politique industrielle et les autorités se concentrèrent sur deux objectifs, la création d'un environnement juridique et fiscal incitatif et l'attraction des investissements étrangers en direction des grandes entreprises. Avatar de la période soviétique, le soutien à l'activité des PME-PMI ne fut pas perçu comme un élément crédible de la reprise. Près de 90 % des crédits bancaires distribués sont de court terme avec des taux d'intérêt encore très élevés d'où une faible incitation à entreprendre dans une période cruciale. Les ressources bancaires se détournent du financement risqué des entreprises au profit des titres d'État dont le revenu est garanti et plus lucratif. Les plans d'ajustement structurels des bailleurs de fonds n'ont pas accordé l'importance ni les moyens nécessaires au développement des entreprises notamment des PME. Ce contexte de sous-activité rend l'Arménie dépendante des financements externes provenant des investissements directs, des organismes financiers internationaux qui détiennent près de 80 % de l'encours de la dette d'Arménie et des transferts de la diaspora.

Une croissance économique bridée par le blocus

À l'époque soviétique, l'avantage comparatif reconnu à l'Arménie était celui de sa matière grise. Durant la phase de transition, ce potentiel s'est recyclé de trois façons : en quittant le pays, en s'orientant vers d'autres activités ou en s'investissant dans des activités d'intensité technologique élevée ou moyenne. S'il est vrai que l'image d'une Arménie « Silicon Valley » fait cliché, le dynamisme actuel des entreprises dans les technologies de l'information attire des investissements étrangers, surtout américains, et montre que cet avantage n'a pas disparu, même si une grande part des exportations concerne la taille des pierres précieuses.

Une étude de la Banque mondiale (juin 2001) estimait que la levée du blocus (son coût annuel est estimé à 186 millions de dollars soit 10 % du PIB), entraînerait une augmentation du PIB de 30 à 38 %. L'Arménie eut pendant de nombreuses années la volonté de sortir de son « dilemme du prisonnier » par la diplomatie, affichant comme priorité l'ouverture de sa frontière avec la Turquie. L'impasse de ce dossier renforce le poids de la Russie comme partenaire économique. En 2002, la Russie a négocié la conversion de la dette énergétique arménienne, environ 100 millions de dollars, en prise de participation dans plusieurs entreprises stratégiques (énergie, électronique militaire), accentuant ses moyens de contrôle.

Des progrès restent à faire dans le renforcement de l'autorité de l'État en termes de bonne gouvernance, de réglementation efficace, de promotion de règles de droit et de combat contre la corruption. L'opacité de certains appels d'offre de privatisations notamment celle des télécoms (Armentel) ou, plus récemment, de l'opérateur d'électricité ont montré que la connivence de quelques-uns l'emportait parfois sur l'intérêt général et l'efficacité économique.

Une pauvreté difficile à résorber

La transition économique a entraîné la chute des salaires réels, la montée du sous-emploi et le transfert progressif de certaines charges de l'État vers le budget des ménages. L'Arménie a bénéficié d'une aide humanitaire de sa diaspora et des organisations non-gouvernementales pendant les années de pénurie. Les statistiques reflètent mal la détérioration du niveau de vie : 51 % de la population vivrait en dessous du seuil de pauvreté. La croissance économique résorbe difficilement la pauvreté car l'État est devenu un vecteur imparfait de la redistribution des richesses. La lutte contre la pauvreté mobilise des moyens significatifs de la

Banque mondiale qui y voit une condition nécessaire à un développement durable de l'Arménie, afin qu'elle échappe à la tiers-mondisation.

Une politique de sécurité du « moindre mal »

La guerre du Karabagh au centre des axes d'alliance

La crise du Karabagh (plus de 30 000 morts, des centaines de milliers de réfugiés de part et d'autre), dont la majorité arménienne réclamait le rattachement à l'Arménie, a un impact direct sur les relations extérieures du pays qui, malgré son soutien à Stépanakert, a veillé à ne pas se trouver en guerre déclarée avec Bakou. Officiellement, l'Arménie dit n'avoir aucune revendication territoriale, affirmant qu'il ne s'agit ni d'un conflit interethnique, ni d'une guerre de religion, mais du droit des peuples à choisir leur destin, et qu'elle se satisferait de toute solution approuvée par la population arménienne locale. En réplique à l'abolition de l'autonomie par Bakou (novembre 1991), Stépanakert proclame, après un référendum, l'indépendance de la République du Haut-Karabagh et demande son adhésion à la CEI (décembre 1991). Mettant à profit le désengagement des forces soviétiques, les forces arméniennes prennent en 1992 l'ancienne capitale Chouchi et le corridor de Latchine, avant de s'emparer, en 1993, en profitant des crises politiques en Azerbaïdjan, de plusieurs districts hors des limites de la région. La continuité territoriale du Karabagh avec l'Arménie et jusqu'à la frontière iranienne et une ceinture de sécurité sont ainsi assurées au prix d'un blocus persistant.

La conférence internationale que la CSCE a proposée, à l'initiative de la France (mars 1992), de réunir pour résoudre le conflit n'a pas vraiment dépassé, dix ans après, le stade préparatoire. Le groupe dit « de Minsk » (États-Unis, France, Italie, Allemagne, Suède, République tchèque, Russie, Biélorussie, Turquie, Arménie, Azerbaïdjan) n'a pas encore levé les obstacles à sa tenue : participation du Haut-Karabagh rejetée par Bakou ; retrait des territoires conquis sans contrepartie politique refusé par Stépanakert ; levée du blocus ; rôle de la Russie. Cette dernière qui menait une médiation parallèle à l'origine du cessez-le-feu (mai 1994), a obtenu la coprésidence permanente du groupe de Minsk en décembre 1994. Dans ce conflit où s'affrontent deux principes contradictoires — droit à l'autodétermination des peuples contre intégrité territoriale des États — les protagonistes, s'ils ont su éviter un nouveau recours à l'option militaire, continuent de s'affronter sur les scénarios de sortie de crise, sur fond de surenchère patriotique, en particulier dans les périodes électorales. Début 2004, malgré le maintien du cessez-le-feu et la multiplication des contacts directs entre R. Kotcharian et le nouveau président azéri Ilham Aliev, tout restait à définir pour un plan de paix commun : la composition et le commandement des forces d'interposition, la question des frontières et du statut, les garanties de sécurité pour la population arménienne, le retour des réfugiés. Dans le même temps, malgré une grave crise politique au printemps 2000 (attentat contre le président Arkady Ghougassian imputé à l'homme fort de la région et principal artisan des victoires militaires, Samuel Babayan), la république autoproclamée a entrepris de construire un État en se dotant d'un parlement, d'un gouvernement et d'un président élu au suffrage universel. Elle essaie aussi, en dépit d'une forte émigration, de développer des projets économiques et de mener une diplomatie officieuse.

Face à Bakou qui use de l'arme du pétrole (80 % des hydrocarbures consommés en Arménie provenaient de l'Azerbaïdjan) et du blocus, de concert avec la Turquie, Erevan a privilégié les liens avec les États qui peuvent faire contrepoids : d'autres pays riverains de la Caspienne comme le Turkménistan (aujourd'hui un de ses principaux fournisseurs de gaz), l'Iran, par où passent une partie des échanges commerciaux, le Liban, la Syrie, la Grèce, la France. Et surtout la Russie, qui partage avec l'Arménie le souci de la sécurité d'une frontière sensible depuis des siècles, mais qui utilise le conflit du Karabagh, parmi d'autres, comme un levier pour maintenir son influence dans son « étranger proche » considéré comme une zone d'intérêt vital.

Les limites de la diplomatie d'ouverture

La Russie, la Lituanie et la Roumanie ont été les premiers pays à reconnaître l'Arménie en 1991. Le processus de reconnaissance internationale s'est parachevé après la disparition de l'URSS et le ralliement d'Erevan à la CEI. L'Arménie participe au Partenariat pour la paix de l'OTAN, est entrée dans l'Organisation mondiale du commerce (décembre 2002), après avoir obtenu un statut d'observateur au GATT, d'invité spécial (janvier 1996) puis de membre du Conseil de l'Europe (janvier 2001). Elle a établi des relations diplomatiques avec plus de 50 pays dont une quinzaine ont ouvert une ambassade à Erevan ; elle utilise aussi le relais de la diaspora pour s'ouvrir au monde et faire valoir ses intérêts et les droits de son peuple.

Dès août 1988, dans sa première plate-forme, le Comité Karabagh affirmait qu'« il ne saurait y avoir d'amis ou d'ennemis éternels pour une nation indépendante ». Cherchant à renouer avec son aire géographique naturelle proche-orientale dont elle avait été coupée par le rideau de fer, elle a adhéré à la Zone de coopération économique de la mer Noire proposée par Ankara (juin 1992), malgré les obstacles psychologiques. Du fait du conflit au Karabagh, cette diplomatie d'ouverture s'est révélée peu payante. Si la Turquie a reconnu la République d'Arménie et si, malgré la fermeture des frontières, hommes et marchandises circulent entre les deux pays (principalement par la Géorgie), Ankara n'a toujours pas établi de relations diplomatiques avec Erevan, s'arcboute sur la négation du génocide et soutient l'Azerbaïdjan tant dans le projet d'oléoduc Bakou-Ceyhan censé contourner la Russie et l'Arménie que dans le conflit du Karabagh.

Des accords bilatéraux avec la plupart des républiques de l'ex-URSS, sauf l'Azerbaïdjan, visent à rétablir les échanges commerciaux. Erevan, dont la Russie reste le principal partenaire, a adhéré à la CEI dès sa création et a participé à tous ses sommets. Elle a signé tous les documents principaux, surtout dans le domaine de la défense (Traité sur la sécurité collective de Tachkent du 15 mai 1992, renouvelé en 1999), optant pour l'intégration à une structure qui apparaît parfois comme un substitut plus souple de l'ancien empire soviétique. Malgré une volonté de relations équilibrées entre les grandes puissances, elle a fini par recourir à nouveau au « bouclier russe », acceptant le maintien de bases militaires russes pour vingt-cinq ans (mars 1995), et signant avec Moscou un traité militaire d'amitié, de coopération et d'assistance mutuelle (29 août 1997). Une des propositions américaines de régler le conflit du Karabagh par un échange de territoire (Karabagh contre Zanguezour) qui assurerait une continuité territoriale entre la Turquie et l'Azerbaïdjan, mais enclaverait davantage l'Arménie en la coupant de sa frontière avec l'Iran — ce qui serait une modification majeure de l'équilibre géopolitique régional — a sans doute joué une part dans ce choix. Sans être candidate à l'OTAN et tout en critiquant l'intervention américaine en Irak, l'Arménie, qui entretient de bonnes relations avec les pays arabes s'est rapprochée des États-Unis dans le cadre de la lutte antiterrorisme.

Forces et faiblesses de l'armée nationale

Malgré un potentiel numérique et un niveau d'armement inférieurs, des trois républiques du Caucase du Sud, l'Arménie a progressé le plus vite dans la construction d'une armée nationale. Dès octobre 1990, le parlement avait adopté une loi sur le service militaire dans la république, une revendication ancienne, réitérée devant la multiplication des brimades meurtrières à l'encontre des appelés arméniens dans les régiments soviétiques. Auparavant, l'un des premiers succès de L. Ter Petrossian avait été d'obtenir, fin août 1990, le désarmement des milices d'autodéfense (5 à 6 000 volontaires) pour éviter les risques de guerre civile. L'amalgame entre appelés et volontaires crée un embryon d'armée nationale dont l'organisation s'accélère après l'indépendance et le partage de l'arsenal soviétique (mai 1992), sous l'égide du tout nouveau ministère arménien de la Défense, mais en coopération avec la Russie. Des accords de défense conjointe des frontières sont signés dès juin 1992 et la VIIe Armée (23 000 hommes) continue de stationner dans le pays. C'est aussi en Arménie qu'est redéployée une partie des forces russes qui quittent la Géorgie. Toutefois, dès avant le 11 septembre 2001, les États-Unis n'étaient pas inactifs dans le pays, fournissant officiellement une aide militaire et technique et à Bakou et à Erevan.

Pour l'encadrement, Erevan a fait appel aux nombreux officiers arméniens de l'ex-armée soviétique. Au milieu des années 1990, l'armée comptait environ 30 000 hommes, outre les forces armées de l'Intérieur, et une réserve potentielle de 300 000 hommes ayant suivi une instruction militaire au cours des 15 années précédentes. Plusieurs options sont envisagées pour la doctrine militaire en cours d'élaboration : conscription ou armée de métier ; intégration des groupes paramilitaires dans l'armée régulière ou formation d'unités spéciales.

Faible taux de réponse à l'appel, désertions, manque d'armements, faiblesse des soldes d'officiers et des moyens alloués à la troupe, vide idéologique, corruption, brimades, ligne de partage selon le statut social et la nationalité (base arménienne, commandement encore essentiellement slave) : tels sont quelques-unes des problèmes auxquels est confrontée l'armée. L'enclavement, l'absence de frontières commune avec son allié stratégique russe, un espace aérien étroit et l'absence de profondeur constituent les principales préoccupations en cas de conflit, avec deux régions sensibles : le Zanguézour, qui dans sa partie la plus étroite ne dépasse pas 18 km de largeur, et la capitale Erevan, située à 12 km de la frontière turque.

L'AZERBAÏDJAN

Azerbaycan Respublikasi

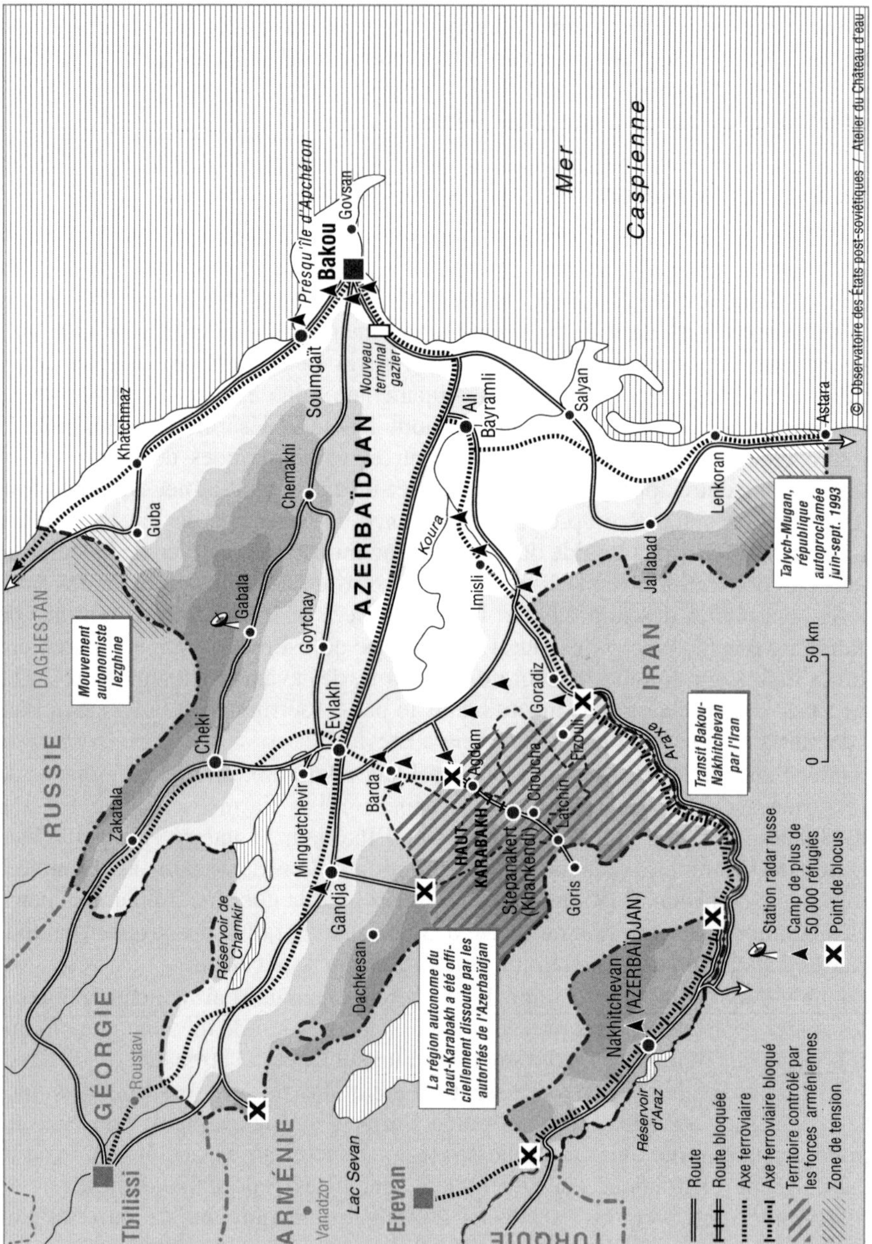

Chiffres clés

Territoire

Superficie : 86 100 km^2
(l'équivalent de l'Autriche)
Capitale : Bakou (2 139 000 hab.)
Principales villes :
- Gandja (304 000),
- Soumgaït (281 000)

Divisions administratives : 59 districts (*raionlar*), une république autonome (Nakhitchevan). La région du Haut-Karabagh est officiellement dissoute.

Population

8 321 800 habitants au 1er janvier 2004
(7 021 178 habitants au 1er janvier 1989)
Densité : 96 habitants/km^2
Population urbaine : 50,8 %
Population rurale 49,2 %
Espérance de vie à la naissance (1999) :
72 ans (hommes, 68 ans ; femmes, 75 ans)

Données démographiques (pour 1 000 habitants)

	1991	1995	2000
Accroissement naturel	14,3	12,2	8,9
Natalité	20,6	18,9	14,8
Mortalité	6,3	6,7	5,9
Mortalité infantile	25,3	23,3	12,8

Composition ethnique (recensement, 2001)

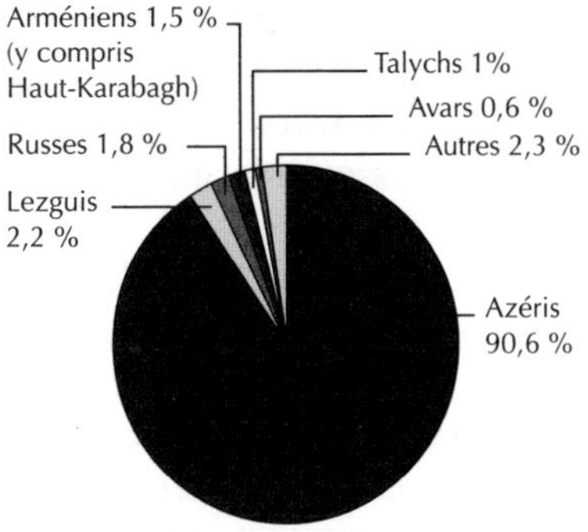

Économie

PIB par habitant en parité de pouvoir d'achat

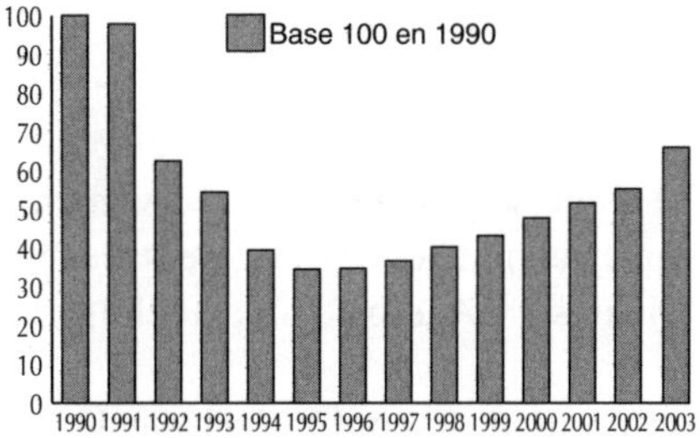

Principales composantes du PIB en 2002 :
- industrie 34,9 %
- agriculture 14,2 %
- transport et télécommunications, 9,8 %
- bâtiment, 10,8 %

IDH (2000) : 0,741 (88e rang mondial)
Monnaie : manat (adoptée en 1993)
Dette extérieure brute (2001) : 22 % du PIB

Relations extérieures

Adhésion aux organisations internationales :
- ZCEMN (1992)
- OCE
- GUAM (1997)
- Partenariat pour la paix de l'OTAN (1995)
- Organisation de la conférence islamique
- Conseil de l'Europe (2001)
- observateur à l'OMC
- CEI (24/09/1993)

Principaux partenaires commerciaux en 2002 :
- export : Italie (50 %), Russie (4,4 %), Israël (7,1 %), Turquie (3,8 %) ; France (7,7 %).
- import : Russie (16,9 %), Turquie (9,4 %), États-Unis (5,9 %), Kazakhstan (9 %), Grande-Bretagne (5,1 %).

Exportations totales (2002) :
2 305 millions de dollars
dont : - produits pétroliers, 88,9 %
- produits alimentaires, 3,1 %
- machines et équipement, 1,4 %
- produits chimiques, 1,7 %

Importations totales (2002) :
1 823 millions de dollars
dont : - machines et équipements, 23,8 %
- produits pétroliers, 17,6 %
- matériels de transport, 7,4 %
- métaux, 16,9 %

Une identité azerbaïdjanaise en construction

La défense du territoire, élément clef de la construction identitaire

La refonte de l'identité nationale azérie s'appuie sur un ancrage historique composite. Elle évoque des références hétérogènes et souvent antagonistes mêlant des racines caucasiennes (l'affirmation d'une filiation avec les Albaniens du Caucase), turques, persanes, des éléments de la première république indépendante (1918-1920) voire de la période soviétique. Les composantes turque et musulmane chiite se sont insérées tardivement parmi les peuples caucasiques. La région a subi les conquêtes turques, persanes puis russes et les constructions territoriales antérieures à l'Azerbaïdjan actuel, tsariste ou soviétique, ont toujours été contestées.

Sur ce fond, le conflit du Haut-Karabagh est à la fois un élément perturbant (cause de crises politiques internes au début de l'indépendance) et fédérateur de la nouvelle identité nationale. En outre, les chassés croisés forcés de population viennent accentuer l'homogénéisation ethnique du territoire entamée sous l'URSS. La conséquence de cette histoire tumultueuse est l'émergence récente d'un État qui se légitime avant tout par son territoire, creuset d'une culture dont on cherche officiellement à affirmer la spécificité.

Une société en quête d'unité

L'accroissement des inégalités contribue à la constitution d'une société à deux vitesses séparée par des clivages non seulement économiques et sociaux, mais aussi culturels et régionaux.

Les velléités sécessionnistes talyches (au tout début des années 1990) et lezguies ont affaibli la construction nationale et l'identité régionale reste déterminante. Les projets d'un Grand Azerbaïdjan (union avec l'Azerbaïdjan du Sud, en Iran, où vivraient environ 20 millions d'Azéris) sont restés à l'état de fantasmes malgré le souvenir de l'éphémère république de 1945-1946 créée par les Soviétiques en Iran. L'appartenance au monde turc, voire au modèle kémaliste, constituent un attribut essentiel de cohésion mais poussent les Azéris à rechercher un modèle inédit, celui d'un État traditionnellement pétrolier musulman, mais laïc et centralisé.

La population est sujette à d'importants flux démographiques. D'origine économique, l'émigration s'oriente vers la Russie ou la Turquie. La majorité des populations slaves et arméniennes ont quitté le pays. D'origine politique, la situation des réfugiés et déplacés du conflit du Haut-Karabagh est une source potentielle d'instabilité. De nouvelles élites émergent à Bakou en même temps que les laissés-pour-compte. Les difficultés sociales participent sans doute à l'émergence dans le champ politique d'une apparente « question religieuse » depuis la fin des années 1990 alors que le pays se caractérisait jusque-là par sa laïcité et sa tolérance.

Un État fort pour compenser une identité faible ?

Le conflit gelé du Haut-Karabagh et l'incertitude quant à son futur degré d'autonomie soulèvent cependant le problème du statut juridique des Arméniens dans le cadre de la citoyenneté azerbaïdjanaise. Les nouveaux passeports, mis en vigueur après de longues tergiversations, ne comportent qu'une seule mention, « citoyenneté azerbaïdjanaise », sans aucune référence à l'origine ethnique ou religieuse.

Linguistiquement, le pays a affiché radicalement sa turcité et son occidentalisation en adoptant, dès 1992, l'alphabet latin, rompant ainsi avec la suprématie du russe dont l'enseignement tend à diminuer. Ces réformes linguistiques rendent les archives nationales en alphabet arabe (utilisé jusque dans les années 1920) et cyrillique (sous l'URSS) inaccessibles aux nouvelles générations, réduisant encore les sources de la mémoire collective. Toutefois, l'adoption de la lettre « I », qui marque la spécificité linguistique nationale, a permis de différencier l'alphabet azerbaïdjanais du turc. Les réformes linguistiques témoignent d'une volonté de s'ouvrir vers l'Occident mais ne réactivent pas particulièrement l'identité nationale. La mise en pratique de ces réformes est progressive : le passage obligatoire à l'alphabet latin dans la presse ne date que de 2001 et les manuels scolaires se renouvellent lentement. Encore très utilisé par les élites bakinoises comme langue maternelle, le russe est de plus en plus concurrencé par l'anglais chez les jeunes générations.

C'est le développement de structures politiques très hiérarchisées, à partir de 1993 (arrivée de Heïdar Aliev — ancien premier secrétaire du parti communiste local et ancien premier vice Premier ministre de l'URSS — au pouvoir) qui a finalement garanti l'affermissement de l'État en construction. En 2001, l'Azerbaïdjan est un État fort dans ses fonctions régaliennes de police, justice, et armée et dans le secteur moteur de son économie : le pétrole.

La fonction présidentielle a été très personnalisée par le leader charismatique qu'est Heïdar Aliev, qui a réussi à identifier son personnage à l'État tant à l'intérieur que sur la scène internationale. La corruption et la souffrance provoquée par la guerre conduisent la population à adopter une attitude très partagée vis-à-vis du pouvoir : à la fois convaincue des bienfaits de la stabilité et révoltée par les dérives du système en place. L'accaparement des richesses nationales par le clan présidentiel et la succession, en octobre 2003, de Ilham Aliev à son père (décédé en décembre 2003) est le signe d'une dérive vers ce que certains qualifient de « dynastie à la syrienne ».

Entre ouverture et stabilité : un présidentialisme contesté

L'État de droit à la baguette

La période d'instabilité de 1991-1993 n'a pas véritablement permis de lancer des réformes à long terme, hormis la création de la monnaie nationale, le manat. L'adoption par référendum en 1995 d'une nouvelle constitution a consacré la présidentialisation du régime. Taillée sur mesure pour Heïdar Aliev, le nouveau texte jette les bases juridiques d'une République qui se veut démocratique. Les amendements constitutionnels adoptés lors d'un référendum contesté, en août 2002, confirment cette tendance des réformes démocratiques sur le papier allant dans le sens du Conseil de l'Europe (mise en place d'un *Ombudsman* et du service militaire alternatif) assorties de manœuvres douteuses destinées à consolider le régime en place en assurant la prise du pouvoir par Ilham Aliev. Dans les faits, le pouvoir demeure exagérément concentré dans les mains de quelques-uns et les pratiques politiques marquées par une culture du contrôle, de l'obstruction et des violations des droits fondamentaux. Le parlement est relégué à un rôle de chambre d'enregistrement. Après l'élimination musclée des principaux opposants fomentateurs de coups d'État avortés dans les années 1990, le système partisan s'est ouvert progressivement. Mais la vague répressive qui a suivi les élections présidentielles d'octobre 2003 a décapité l'opposition et repoussé les espoirs d'une véritable démocratisation à plus tard.

Des réformes étatiques selon les modèles européens

L'acte constitutionnel du 18 octobre 1991 puis la constitution de 1995 ont fourni un cadre juridique à la sortie du système soviétique. Le partage des pouvoirs prescrit dans les textes est rarement appliqué. La concentration du pouvoir dans les mains du président empêche toute prise de responsabilité par les ministres. En 2003, la République d'Azerbaïdjan ne s'est pas encore dotée d'un gouvernement à l'européenne.

Hypertrophie du Cabinet des ministres (juxtaposition de baronnies concurrentes), dispersion et chevauchement des fonctions et des mandats des administrations, prééminence de l'appareil présidentiel, nuisent à l'efficacité des pouvoirs exécutifs. La plupart du temps, les postes de ministres s'achètent. Fondé sur des clivages antérieurs à 1991, le système clientéliste qui s'est construit dans les administrations, y compris au niveau local, ne fonctionne pas selon des mécanismes bureaucratiques fondés sur le respect de la règle. Il entretient plutôt une logique de dépendance des agents vis-à-vis de leurs créanciers hiérarchiquement plus haut placés. Cet immobilisme a retardé les réformes dans la fonction publique engagées à grands coups de décrets présidentiels et soutenues par les bailleurs de fonds internationaux qui ont, depuis le début des années 1990, insisté sur l'urgence en la matière. Les ministères soviétiques continuent à être fusionnés, supprimés ou remplacés. D'autres ont été créés comme ceux de l'Énergie, du Commerce, de l'Environnement et du Transport. Afin d'assurer la transition, des administrations *ad hoc* ont été montées, comme le Comité d'État aux privatisations ou l'administration douanière.

Les réformes juridiques ont abouti en 2000 à la promulgation d'un ensemble de nouveaux codes. La corruption du système judiciaire est très étendue malgré les nouvelles nominations politiques au parquet et le principal écueil dans les progrès du droit consiste dans l'écart entre l'existence officielle des textes — qui a permis de respecter les critères d'entrée au Conseil de l'Europe en janvier 2000 — et la généralisation de leur application.

Le pluralisme sous contrôle clanique

L'échiquier politique s'organise à la fois selon un schéma gouvernement-opposition et selon un principe de clanisme régional.

Le parti au pouvoir est le YAP (Yeni Azerbaijan Partiyasi, nouveau parti de l'Azerbaïdjan), dirigé par le nouveau président Ilham Aliev. Celui-ci va devoir cependant confirmer son emprise face à des contestations émanant des clans liés à son père. La grande majorité des députés du Mili Medjlis (Assemblée nationale) provient du YAP, qui rassemble autour de lui d'autres partis pro-gouvernementaux. Le YAP se considère de centre gauche. Au centre se trouve une nébuleuse de partis hétérogènes qui prétendent exercer une opposition constructive. Dans l'opposition du centre gauche, on trouve Vahdat et les sociaux démocrates, plutôt proches de l'ancien président Ayaz Moutalibov (clan bakinois). L'activité du parti islamique pro-iranien, à la fois nationaliste et de centre gauche, a été tolérée depuis l'indépendance, tout en étant régulièrement entravée par le pouvoir. Au centre droit, l'opposition est affaiblie depuis les élections de 2003. Elle regroupait plusieurs partis sous l'appellation « Congrès démocratique » et est généralement issue de la scission du mouvement d'indépendance du Front populaire, au pouvoir au début des années 1990 et aujourd'hui éclaté en trois factions mais toujours actif. Le principal parti en est le Moussavat, pro-occidental, héritier des fondateurs de la république de 1918-1920, et dont le slogan est « Turquisme, démocratie et Islam ». Il a revendiqué la victoire des élections législatives de 2000 et les présidentielles de 2003 qu'il considère comme truquées. La plupart de ses cadres ont été arrêtés ou intimidés fin 2003. D'autres partis, comme le Parti de l'indépendance nationale, le parti démocrate et le parti libéral, fondés par des personnalités, jouent un rôle actif d'opposition.

En termes de clans, les principales forces politiques se regroupent en quatre grands ensembles dont les ressources sont très variées et les critères d'appartenances plus ou moins anciens (ethniques, familiaux, régionaux, dialectaux, économiques, institutionnels). Les groupes dominants sont ceux du Nakhitchevan et des Yeraz (Azéris qui vivaient en Arménie avant le conflit du Haut-Karabagh). Les clans de Bakou et du Karabagh sont moins puissants, moins personnalisés et plus difficilement identifiables. Les autres régions génèrent des clans de moindre importance et fournissent des recrues aux clans principaux en fonction des parcours personnels. La situation de guerre gelée qui résulte du conflit du Haut-Karabagh est l'un des enjeux les plus récurrents dans les discours politiques et a souvent servi aux autorités de prétexte pour brider l'opposition. Les centaines de milliers de déplacés et de réfugiés, constituent à la fois un réel foyer d'instabilité et de mécontentement et une ressource politique et financière pour les autorités.

Le président Aliev, après plus de huit années, a réussi à garantir le passage du pouvoir à son fils. Ce dernier a entamé son mandat dans un climat politique délétère et doit encore prouver qu'il est à même de gouverner. Il s'est donc donné la tâche de garantir la stabilité politique acquise par les pratiques autoritaires de son père et avec la bénédiction de la communauté internationale.

Démocratisation réelle ou de façade ?

À chaque élection des violations flagrantes du droit ont été observées. L'opposition est sous-représentée au parlement, ses partis font régulièrement l'objet de poursuites et les manifestations demeurent une source d'inquiétude pour les autorités. La pluralité de candidature se fraye un chemin et les mécanismes de contestation juridiques ont été de plus en plus utilisés par les acteurs politiques qui se sentaient, à tort ou à raison, lésés. Les médias se caractérisent par leur dynamisme — plus que par leur qualité — et jouissent d'une liberté relative souvent menacée par les poursuites policières. Chaque parti dispose ainsi de son organe de presse, mais la diffusion des journaux en dehors de Bakou demeure inégale et l'autocensure des journalistes, quand ils ne subissent pas d'intimidation, se pratique couramment. L'ouverture du paysage télévisuel s'est opérée progressivement et se poursuit tant bien que mal selon les standards du Conseil de l'Europe. Jusqu'en 2003, une étroite marge de manœuvre existait ainsi pour les contre pouvoirs nécessaires à la démocratisation du régime. Reste à savoir si ces tendances vont se poursuivre après le coup d'arrêt porté à la démocratisation lors de l'arrivée au pouvoir d'Ilham Aliev qui se présente comme un modernisateur potentiel…

L'admission de l'Azerbaïdjan au Conseil de l'Europe a cristallisé les débats sur l'avenir démocratique du système politique. Pour les uns, la société et les acteurs politiques ne sont pas assez mûrs pour assumer une ouverture du régime, qui doit par conséquent être sacrifiée sur l'autel de la stabilité. Pour les autres, les citoyens azerbaïdjanais sont déjà capables de participer à des processus politiques ouverts dans le respect du droit, ce qui légitime la levée des pressions autoritaires dans certains domaines de la vie politique. Cette incertitude peut mener le pays aussi bien vers une démocratisation volontariste que vers un régime autoritaire où les oppositions — entre autres islamiques — risquent de se radicaliser.

Le « nouveau Koweït » mis en doute

Une libéralisation efficace mais inachevée

Alors que le pays souffrait d'hyperinflation et de l'effondrement général de sa production, un plan de stabilisation a été lancé en 1995. Il consistait dans la réduction de la masse monétaire et celle du déficit budgétaire. L'Azerbaïdjan a été l'un des derniers États de la CEI à s'engager dans la privatisation. Les premiers programmes (1995) ont été longs, peu transparents et faiblement rémunérateurs pour le budget. Malgré cette lenteur, la part du secteur privé a connu une progression régulière : de 15% en 1991, elle est passée à 62% en 1999. Les autorités ont poursuivi une politique de change rigoureuse afin de défendre le manat des contrecoups des crises voisines (Russie, Asie) et sans doute aussi des fluctuations du cours du pétrole.

En parallèle, une stratégie diplomatique de développement du secteur pétrolier (on a parlé alors de « nouveau Koweit » et de « contrat du siècle » signé avec un consortium occidental mené par BP) visait à relancer la croissance tout en attirant des investisseurs politiquement favorables. En 2001, la nouvelle loi couvrant l'ensemble du secteur énergétique était en partie adoptée même si la partie pétrole et gaz, préparée avec l'aide de l'Union européenne, n'était pas encore prête.

Depuis le 1er janvier 2001, un nouveau code fiscal est entré en vigueur, abolissant les autres lois sur les taxes, en particulier les textes existants sur la TVA.

Les réformes de stabilisation monétaire, budgétaire et de change ont été rapides et efficaces et ont obtenu sans conteste de bons résultats en termes de croissance globale, de maîtrise de l'inflation et du respect des grands équilibres économiques. Les réserves de change du pays ont été reconstituées grâce aux transferts de capitaux des bonus pétroliers, aux investissements directs étrangers principalement dans le secteur énergétique et aux prêts internationaux octroyés au gouvernement.

Mais les réformes n'ont comporté aucune mesure contre la corruption généralisée et ont laissé perdurer les faiblesses structurelles de l'économie du pays, notamment dans le secteur bancaire et celui des privatisations. La rigueur budgétaire, une des plus dures de la CEI, a conduit au délabrement des infrastructures d'État et à des réductions violentes de moyens dans les secteurs éducatifs et sanitaires.

Présenté au milieu des années 1990 comme une zone au potentiel exceptionnel, l'Azerbaïdjan n'est plus considéré comme tel : les principales ressources énergétiques dans la mer Caspienne se trouvent au nord du bassin dans les secteurs kazakhs et russes. Les désillusions et le retrait de certains investisseurs à la suite de plusieurs forages secs en 1999 ont conduit à revoir à la baisse les prétentions et les perspectives énergétiques. Néanmoins, depuis 1998, de nouveaux puits pétroliers sont en exploitation par le consortium AIOC et la production de pétrole a recommencé à augmenter en 1999. D'importantes ressources de gaz ont été découvertes en 1999 et laissent présager un développement de ce secteur. Le projet international (longtemps incertain, il devrait être ouvert en 2005) d'un pipeline vers la Méditerranée, le Bakou-Tbilissi-Ceyhan, est désormais doublé par un projet de gazoduc Bakou-Tbilissi-Erzurum qui devrait bénéficier au pays. Cette reprise n'a pas empêché le pays de continuer à importer du pétrole et du gaz.

Les déséquilibres de l'or noir : vers la « maladie hollandaise » ?

Le développement du secteur pétrolier (plus de 30 % du PIB en 2001) est allé de pair avec l'affaiblissement de secteurs entiers de l'industrie manufacturière comme la métallurgie, la mécanique ou le textile. L'économie réelle du pays est tributaire du secteur pétrolier qui drainait 65 % des investissements étrangers en 2000, représentait 76 % des exportations en 1999, et motivait 23 % des importations. Quant aux recettes budgétaires, elles provenaient, en 1997, pour la moitié, du même secteur. Les entrées massives de capitaux créent des risques d'appréciation indésirable du manat. L'ensemble de ces conséquences néfastes des réussites pétrolières, dues à leur gestion inefficace (la « maladie hollandaise »), met l'économie dans une situation incertaine. Tout dépendra de la façon dont les autorités gèreront les recettes de ce secteur clé, en particulier à travers le fonds pétrolier mis en place en décembre 2000 et crédité de 850 millions de dollars en 2003.

La croissance pétrolière a pourtant permis indirectement le développement de la construction (9 % du PIB en 1999) et de l'hôtellerie, secteurs créateurs d'emploi. Des domaines d'activité ont tenu le choc de la transition comme l'agroalimentaire, le commerce de détail, les transports et les télécoms (14 % du PIB). L'agriculture, en récession jusqu'en 1998, et ce malgré la réforme agraire de 1994, a connu une amélioration à partir de 1998 et représentait 22 % du PIB en 1999.

Au-delà du secteur énergétique, des contraintes multiples

Le rôle central du pétrole place le pays dans une situation de dépendance multiple : vis-à-vis des cours mondiaux de matières premières (plusieurs compagnies ont quitté le pays en 2000), des pays étrangers fournisseurs d'équipements pétroliers et de biens de consommation courante. La faiblesse du secteur bancaire provoque une crise de confiance et une « dollarisation » de l'économie.

La composition du commerce extérieur a changé depuis l'indépendance. Les liens avec la Russie et la CEI se sont réduits (de 65 % en 1992 à 23 % en 1999) tandis que les échanges avec les pays plus proches géographiquement se sont renforcés (Turquie, Géorgie). L'Europe est aussi apparue comme un nouveau débouché pour le pétrole. Globalement, on observe une réorientation des échanges vers l'Union européenne, notamment par le commerce de navette (qui transite par Dubaï). Les relations commerciales avec la Turquie et l'Iran demeurent instables du fait de la variabilité des taux de changes de ces deux partenaires.

Le pays connaît en outre des difficultés écologiques : les ressources en eau sont insuffisantes, le niveau de la mer Caspienne connaît des variations difficilement prévisibles, les abus de la pêche de l'esturgeon (pour le caviar) et la catastrophe écologique du complexe chimique de Soumgaït posent de sérieuses questions environnementales que le pays n'a pas les moyens de traiter en priorité malgré l'assistance de la Banque mondiale.

La tiers-mondisation en marche

Les populations ont subi les conséquences des politiques de rigueur de 1995, en particulier les fonctionnaires et les salariés agricoles même si les employés de secteurs porteurs comme celui de la construction ont profité du décollage énergétique. En 1999, les salaires réels n'avaient pas retrouvé leur niveau de 1990 (64 % du niveau de 1990), même si en dollars courants, le salaire mensuel moyen (45 dollars US) est plus élevé qu'en 1990 et en 1995.

Les réformes ont conduit à la constitution d'une large population de laissés-pour-compte et de chômeurs, parmi lesquels les réfugiés et déplacés de la guerre du Karabagh, les vétérans du conflit, les personnes âgées mais aussi les habitants des provinces, qui manifestent régulièrement leur mécontentement, laissant craindre d'éventuels troubles sociaux à plus grande échelle.

Entre ambitions internationales et frustrations géopolitiques

Le Haut-Karabagh, talon d'achille de la sécurité nationale

Depuis l'indépendance, la sécurité nationale de l'Azerbaïdjan est mobilisée en priorité par la guerre du Haut-Karabagh, qui, malgré le cessez-le-feu de 1994, n'a pas trouvé d'issue politique. Chaque mois, plusieurs personnes trouvent la mort sur la ligne de front avec les forces arméniennes. La question du Haut-Karabagh est perçue par la population comme un levier russe de pression sur le pays. En Azerbaïdjan, il est communément admis que les pogroms d'Arméniens organisés à

Bakou et à Soumgaït à la fin de la perestroïka, souvent considérés comme les événements déclencheurs du conflit, ont été le fruit de manipulations des services secrets soviétiques. Les atteintes à la sécurité intérieure tels que les attentats dans le métro en 1994 — attribués tantôt à l'Arménie tantôt aux Lezguis bénéficiant de l'appui de Moscou-, les tentatives d'assassinat du président Aliev et les coups d'État avortés ont toujours été interprétés comme des manipulations de l'extérieur.

La médiation de l'OSCE depuis 1994 sur le conflit arméno-azerbaïdjanais, stérile malgré plusieurs plans de règlement (règlement par étapes, État commun, échange de territoires), a provoqué un ressentiment général de la population. Pour Bakou, la communauté internationale ignore les arguments juridiques de l'intégrité territoriale et du respect des résolutions du Conseil de sécurité des Nations unies. Les vétérans de la guerre du Haut-Karabagh et les déplacés réclament le retour à leurs terres, alimentant périodiquement un discours vindicatif et belliqueux. Une partie des élites politiques et des médias continue de laisser percer son souhait d'une nouvelle tentative militaire : profitant du nouveau rapport de force dans le monde d'après le 11 septembre 2001, la reprise d'une petite parcelle de territoire occupé permettrait selon ces faucons de relancer les négociations dans une position de force. Il est cependant difficile d'évaluer les capacités militaires du pays à reprendre le Karabagh par les armes. La solution d'un échange de territoire semblait acquise par les négociations directes avec l'Arménie mais difficilement acceptable par l'opinion publique.

La diplomatie azerbaïdjanaise tient, depuis le cessez-le-feu, un discours inchangé qui vise à présenter le pays comme agressé, occupé, patient, respectueux du droit international (qui lui donne raison), relativement ouvert à la coopération régionale malgré le conflit et partisan d'une solution pacifique. Mais le changement de Président a correspondu à une certaine radicalisation des positions officielles et les négociations n'avancent pas.

Hormis le Karabagh, l'Azerbaïdjan focalise ses efforts sur sa souveraineté et son ancrage dans le monde occidental, qui passe par le développement de liens privilégiés avec la Turquie, membre de l'OTAN et principal allié des États-Unis dans la région. La décision, en 1994, de s'en remettre, dans le secteur énergétique, à des compagnies européennes et anglo-saxonnes pour exploiter ses ressources pétrolières, a été un élément majeur qui a en outre permis aux pays d'attirer des investisseurs favorables aux intérêts politiques nationaux. Depuis 1993, le président Aliev a mené une habile diplomatie énergétique consistant à associer systématiquement l'entrée des compagnies énergétiques étrangères à un soutien politique voire militaire des États dont elles sont originaires sur la question du Haut-Karabagh. Cette politique de balance et de promotion du pays comme nouvel eldorado énergétique a porté ses fruits malgré les déceptions des investisseurs à la suite de déconvenues dans les forages en 1998-1999.

Petit pays dans la cour des grands

L'exploitation des gisements d'hydrocarbures reste tributaire de la définition du statut de la mer Caspienne en accord avec les autres pays littoraux (Russie, Kazakhstan, Turkménistan, Iran). La revendication par Bakou de gisements dont l'appartenance est contestée tant par le Turkménistan que par l'Iran suscite des tensions avec ces deux pays. En juillet 2000, un incident maritime concernant ces zones a eu lieu avec l'Iran qui a menacé d'employer la force contre deux navires d'exploration pétrolière loués par la British Petroleum. Les relations avec Téhéran demeurent tendues. Bakou est restée distante compte tenu du rôle ambigu prêté à Téhéran au plus fort du conflit, du prosélytisme islamiste des fondations iraniennes auprès des déplacés, des tentatives de coups d'État et de la relation chaleureuse entre l'Iran et l'Arménie.

L'acheminement des hydrocarbures azéris était toujours limité en 2002. L'Azerbaïdjan exporte son pétrole par deux voies : par la Russie via Novorossiisk et par la Géorgie via Soupsa. Les projets d'oléoduc et de gazoduc Bakou-Ceyhan/ Erzurum ont la faveur des autorités et devraient fonctionner en 2005-2007.

Comme les Géorgiens, les Azéris accusent plus ou moins ouvertement Moscou d'avoir instrumentalisé les conflits caucasiens pour conserver son influence. On estime à Bakou que la Russie a intérêt à maintenir des tensions au Caucase du Sud afin, d'une part, de rétablir son hégémonie politique et militaire et, d'autre part, d'apporter la preuve que l'exportation des ressources énergétiques de la Caspienne ne peut transiter en sécurité que par le territoire russe. Les deux guerres en Tchétchénie ont créé des tensions supplémentaires, l'Azerbaïdjan étant considéré comme une zone de transit des combattants et servant de refuge à plusieurs milliers de Tchétchènes dont la situation reste précaire.

Sphère d'influence de puissances régionales (Russie, Iran, Turquie) interventionnistes, voire manipulatrices ou hostiles, l'Azerbaïdjan fait aussi la part belle à des puissances extérieures à la région qui tentent d'y affirmer leur présence (États-Unis, puissances européennes, puissances asiatiques — Chine et Japon). Suite au 11 septembre 2001, le pays est devenu un partenaire prioritaire des États-Unis qui cherchent à rallier des États musulmans du « grand Moyen-Orient » dans la lutte contre le terrorisme. Après dix ans d'indépendance, le pays, à la fois membre de la CEI, du Conseil de l'Europe, du GUAM de la ZCEMN et de l'Organisation de la Conférence Islamique, semble avoir choisi de ne pas intégrer une communauté d'intérêts plutôt qu'une autre tout en penchant vers une attirance atlantique.

Une stratégie balancée à la croisée des alliances

L'Azerbaïdjan oscille entre deux appartenances stratégiques, soucieux de ménager chaque partenaire régional. L'ambiguïté de sa position situe le pays à l'intersection de deux alliances, l'une Moscou-Erevan-Athènes-Téhéran, l'autre Washington-Istanbul-Islamabad-Tel-Aviv. La question majeure qui est aujourd'hui posée est celle de savoir si le pays réussira son ancrage turc, européen et occidental, et si celui-ci conduira à un renforcement de sa sécurité et de sa stabilité dans un contexte régional tendu.

L'équipement militaire azerbaïdjanais est principalement d'origine russe et le pays est dépendant de la Russie car, dans ce domaine, il n'a pas les moyens d'investir dans du matériel qui correspondrait aux standards de l'OTAN. La station radar de Qabala (2 000 soldats russes) a été longtemps un sujet de négociation avec Moscou, qui la loue désormais sur une base contractuelle. La Russie a entretenu un chantage aux visas (même si l'idée d'un système de visas pour les Azéris a été écartée) tout en renonçant à l'intégration de l'Azerbaïdjan au système de défense de la CEI. Bakou participe néanmoins à certaines réunions des ministres de la défense de la Communauté. Alors que l'Arménie et la Russie entretiennent des relations de coopération stratégique, l'Azerbaïdjan est resté plus distant vis-à-vis de Moscou (ce qui n'exclut pas les rapprochements opportunistes) et n'a pas manqué de dénoncer la livraison d'armes russes à l'Arménie comme une volonté de déséquilibrer les forces en présence dans le conflit du Karabagh. Les souhaits de certaines personnalités azerbaïdjanaises d'adhésion à l'OTAN ont alors été brandies comme une menace vers la Russie.

Bakou s'est tournée très tôt vers Ankara (dans l'OTAN depuis 1952) pour obtenir un soutien turc dans le conflit du Haut-Karabagh. Les deux pays, dont les rapports ne sont pas toujours au beau fixe, ont développé une étroite coopération militaire. Ce choix turco-américain n'a pas été démenti par le président Aliev après 1993 : le pays est devenu membre du Partenariat pour la Paix de l'OTAN et a signé des accords bilatéraux de coopération stratégique avec l'Ukraine avec laquelle ils animent le GUAM. La sanction américaine (section 907 du US Freedom Support Act), qui empêchait toute assistance gouvernementale et coopération militaire avec Washington tant que Bakou continuerait son embargo sur l'Arménie et le Haut-Karabagh, a été annulée début 2002, suite à l'utilisation américaine du ciel azerbaïdjanais dans sa guerre afghane. Même si Washington affirme vouloir mener une politique d'équilibre entre Bakou et Erevan, ce virage historique a ouvert la voie à une aide directe des États-Unis à l'Azerbaïdjan, élément important du dispositif stratégique américain dans la région après le 11 septembre 2001. Depuis la fin 2003, la mise à disposition des bases azerbaïdjanaises pour que l'armée américaine y déploie temporairement des troupes mobiles et du matériel est à l'ordre du jour, sans que cela se concrétise par des bases permanentes, toujours a priori inacceptables pour la Russie.

LA GÉORGIE

Sakartvelo

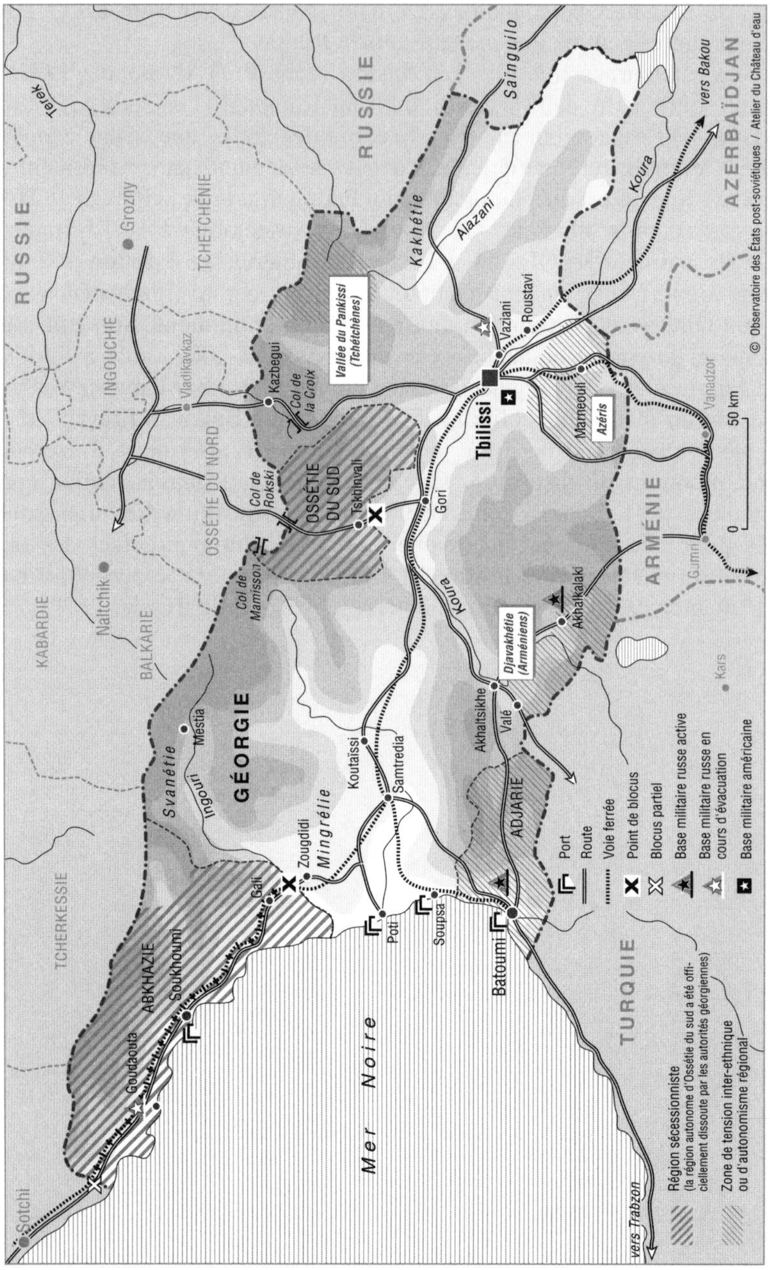

Chiffres clés

Territoire

Superficie : 69 700 km²
(l'équivalent de l'Irlande)
Capitale : Tbilissi (1 270 000 hab.)
Principales villes :
- Koutaïssi (183 000 hab.)
- Roustavi (114 000 hab.)
- Batoumi, capitale de l'Adjarie (117 000 hab.)
- Soukhoumi, capitale de l'Abkhazie (92 000 hab.)

Divisions administratives : neuf régions (*mkhare*), deux républiques autonomes, l'Adjarie et l'Abkhazie.

Population

4 535 000 au 1er janvier 2004
Densité : 65 habitants/km²
Population urbaine, 57,7 %
Population rurale, 42,3 %
Espérance de vie à la naissance (2002, est.) : hommes 61,1 ; femmes 68,3

Données démographiques (pour 1 000 habitants)

	1991	1995	2000
Accroissement naturel	7,9	3,8	0,1*
Natalité	16,6	11,6	8,9*
Mortalité	8,7	7,8	8,8*
Mortalité infantile	13,7	13,1	17,5*

* 1999

Composition ethnique (2000)

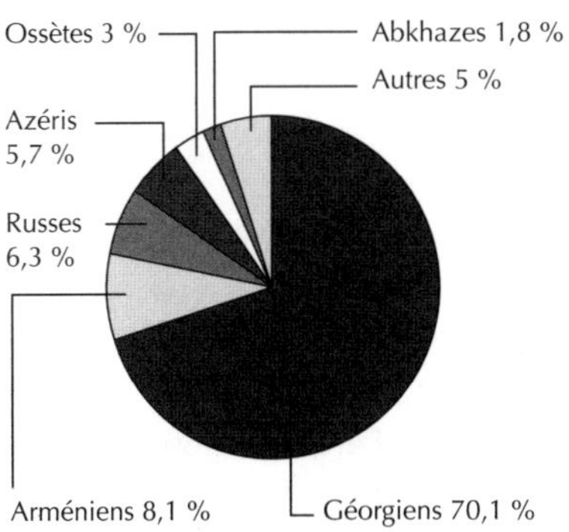

Économie

PIB par habitant en parité de pouvoir d'achat

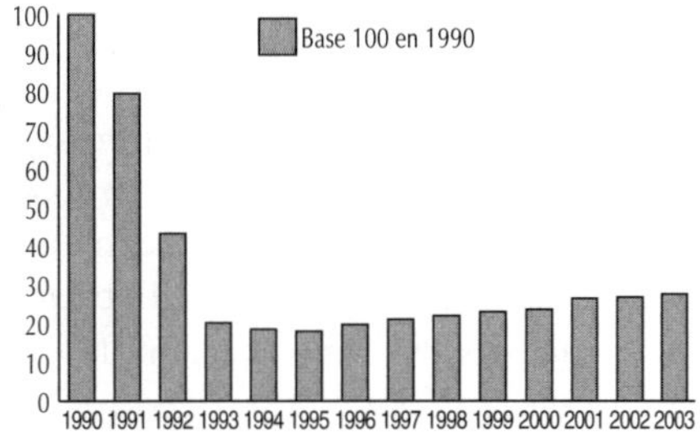

Principales composantes du PIB en 2003
- agriculture, 20,3 %
- transport et télécommunications, 13,6 %
- commerce, 13 %
- industrie, 13,3 %

IDH (2001) : 0,748 (81e rang mondial)
Monnaie : lari (adoptée en 1995)
Dette extérieure brute (2001) : 54 % du PIB

Relations extérieures

Adhésion aux organisations internationales :
- ZCEMN (1992),
- Partenariat pour la Paix de l'OTAN (1995),
- GUAM (1997),
- OMC, Conseil de l'Europe (1999),
- CEI (1993).

Principaux partenaires commerciaux en 2003 :
- export : Turquie, 17,8 % ; Russie, 17 % ; Ukraine 6,1 %, Grande-Bretagne 5,8 % ; Suisse 7,3 %,
- import : Turquie 12,4 %, Russie 15 % Azerbaïdzan 7,2 %, Ukraine 7,2 % Grande-Bretagne 11,1 %

Exportations totales : 750 millions de dollars
dont : – métaux ferreux 18, 6 %
– métaux non ferreux 9,4 %
– vin et eaux minérales 14,7 %

Importations totales : 1325 millions de dollars
dont : – pétrole et produits énergétiques 18 %
– fer et acier 8,9 %
– médicaments 4,9 %
– véhicules 4,2 %

Une identité fragile, entre mythes et réalités

Consensus sur la Nation ou sur l'État ?

Il existe en Géorgie un large consensus sur l'existence d'un État qui puise ses racines dans l'histoire, et justifie l'accession à l'indépendance, perçue comme une « restauration ». Mais deux logiques de légitimation historique coexistent : le nouvel État se dit tantôt l'héritier de la République indépendante de 1918-1921, tantôt de l'État géorgien médiéval à son apogée, aux XIIe et XIIIe siècles. En imposant un nouveau drapeau national à cinq croix, qui remplace le drapeau de la première république de 1918, le nouveau président Mikhail Saakachvili a clairement opté pour la seconde au risque de froisser les Géorgiens non chrétiens. Mais la fréquente référence à un royaume mythifié cache mal le déficit identitaire ancré dans l'ère moderne, et en particulier, l'absence d'État unifié avant l'arrivée des Russes.

Les facteurs discriminants sont la langue géorgienne et la religion, liées dans la mesure où le géorgien est, depuis le VIIIe siècle, la langue liturgique, et dans une certaine mesure la langue de culture de la région (y compris pour nombre d'Abkhazes et d'Ossètes). La défense de la langue et de la culture est un thème traditionnel du discours nationaliste depuis le XIXe siècle jusqu'aux manifestations pour la défense de la langue sous Brejenev. Langue et religion sont toutefois des marqueurs identitaires problématiques, car il n'y a pas de complète adéquation entre les zones qu'ils recouvrent. Environ 10 % de la population — y compris des Géorgiens « ethniques », les Adjars — sont musulmans, fragilisant le discours de l'Église orthodoxe qui essaye de jouer un rôle de plus en plus actif. Le géorgien n'est pas la langue maternelle de tous les Géorgiens : même s'ils sont bilingues, les Mingréliens et les Svanes ont leurs langues propres, marginalisées depuis le XIXe siècle au nom de la promotion du géorgien. On trouve enfin des kartvélophones en Turquie, si bien que la carte des locuteurs ne recouvre pas celle du territoire géorgien.

Surtout, ces « marqueurs » sont ceux de la Nation, non de l'État. La Géorgie reste un pays pluriethnique, et les minorités (Arméniens, Azéris...) sont exclues par le discours fédérateur en vigueur. Elles sont de confessions différentes, ont leur propre vision de l'histoire, et dans les régions de peuplement compact, elles maîtrisent mal le géorgien. La mise en avant de la « tolérance » des Géorgiens dévoile paradoxalement (les minorités étant des « hôtes ») l'absence de débat sur ce qui pourrait être une identité commune à toute la population de l'État, ou sur les modalités de la cohabitation.

Une légitimité territoriale contestée

L'État géorgien s'affirme l'héritier du territoire de la République soviétique de Géorgie. Le président nationaliste Zviad Gamsakhourdia avait renoncé aux revendications territoriales en germe dans le discours sur les frontières mythiques : les territoires antérieurement rattachés à la Russie (Sotchi) ne sont plus perçus comme géorgiens. L'ouverture des frontières avec la Turquie a permis de renouveler les contacts avec les populations kartvélophones de Turquie, mais a aussi montré à quel point elles s'étaient différenciées. Dans le Sainguilo (Azerbaïdjan) les processus d'assimilation des populations géorgiennes ont été très puissants.

En revanche, l'État géorgien est confronté à la sécession de deux des entités autonomes créées sous Staline, la république d'Abkhazie, et la région d'Ossétie du sud (dont l'autonomie a été supprimée en 1992) soit 17,9 % du territoire. Le problème abkhaze, tout particulièrement, semble inextricable, et constitue une préoccupation majeure. Même si certains considèrent la consolidation de l'État comme la priorité, quitte à renoncer à l'Abkhazie, pour la majorité des Géorgiens, il est impossible d'envisager leur pays amputé du territoire abkhaze.

Une géopolitique rêvée : la Géorgie comme relais européen

Depuis l'indépendance, et particulièrement depuis le retour d'Edouard Chévardnadzé au pouvoir en 1992, la rhétorique du carrefour reflète la place de la Géorgie telle que la perçoivent les autorités : un rôle de charnière entre l'Orient et l'Occident, entre le Nord et le Sud. Ce discours permet une grande souplesse, car selon les partenaires et la conjoncture, l'accent est mis sur l'axe méridien ou sur l'axe parallèle, sans que ces options ne soient présentées comme incompatibles.

La place du pays dans le Caucase, l'expérience séculaire de cohabitation entre différentes nationalités, l'absence de conflits inter étatiques sont mises en avant comme autant d'atouts dans le cadre de l'intégration caucasienne. Pourtant, mise à part une faible minorité qui voit dans une hypothétique identité caucasienne les racines même de l'identité nationale, l'intégration est perçue comme un impératif lié à la prise en compte des réalités géographiques. Mais la seule proximité culturelle — rêvée, plus que vécue — qui constitue une des clefs de voûte du discours identitaire actuel est l'ancrage dans l'espace européen. Le regain d'intérêt de l'Occident pour la région, lié aux hydrocarbures et aux projets de transport a pour le moment conforté les Géorgiens dans l'assurance de leur « européanité ».

Une identité mise à mal

Les 14 années d'indépendance ont révélé la grande fragilité de la construction identitaire. Alors que, durant la période soviétique, la Géorgie faisait figure d'heureuse exception culturelle et économique, l'explosion des conflits, les affrontements fratricides et l'effondrement de l'État ont mis à mal les fondements symboliques d'identité de l'État, et en ont terni l'image.

La transition a revêtu un caractère particulièrement tragique. Dès 1989, les revendications nationales des minorités montrent que le discours identitaire est concurrencé par de véritables contre-cultures, qui produisent leurs propres discours sur l'histoire, la langue ou la Nation. La société géorgienne s'avérant incapable d'y répondre, cette fracture dégénère en conflits destructeurs, auxquels se sont ajoutées les luttes de pouvoir entre fractions rivales, menaçant le pays de démembrement en 1992-1993.

Dès 1991, la chute de l'économie est particulièrement douloureuse pour une population habituée à une prospérité relative à l'époque soviétique, et qui se trouve du jour au lendemain confrontée à des difficultés matérielles majeures. L'accession à l'indépendance contraint les Géorgiens à un réexamen de ce qu'avait été leur position dans l'URSS, tant en terme de poids politique international (la Géorgie avait fourni à l'Union Soviétique bon nombre de ses « grands hommes »), qu'en termes de redistribution des moyens financiers.

Malgré la relative stabilisation politique depuis 1995, la restauration de l'image de la Géorgie est loin d'être achevée. Alors que la crise économique contraint un nombre croissant de Géorgiens à l'exil, des questions importantes sont laissées en suspens. Si l'existence de l'État indépendant semble aujourd'hui assurée, les bases sur lesquelles il se construit demeurent fragiles. L'impression persiste que les leçons de la débâcle des premières années de l'indépendance n'ont pas toutes été tirées et les pires réflexes nationalistes sont prêts à resurgir à la moindre occasion.

Alors que la souveraineté de l'État sur les territoires sécessionnistes n'est pas rétablie, d'autres velléités centrifuges (Djavakhétie, Adjarie) menacent la stabilité. Jusqu'à l'arrivée de M. Saakachvili, les autorités semblaient plus compter sur une modification de la donne géopolitique que sur des actions concrètes mais le nouveau pouvoir a engagé une épreuve de force avec Aslan Abachidze, le président adjare contraint de s'enfuir en mai 2004. L'intégration des minorités, en particulier des Meskhètes, géorgiens turcophones chassés sous Staline, n'est pas à l'ordre du jour. Les politiques menées dans le domaine scolaire ou linguistique sont embryonnaires et confuses, les rares fonds spécifiques alloués disparaissent dans des poches privées, et la législation toujours incomplète, faute de consensus voire même de débat sur les modes d'intégration possible au nouvel État.

Alors que les inégalités socio-économiques s'accroissent, l'hétérogénéité grandissante de la population constitue une menace supplémentaire pour la nécessaire constitution d'une nationalité géorgienne fédératrice.

Une démocratie naissante sous l'emprise des clans

L'État menacé

Dans les premières années de l'indépendance, on assiste à un effondrement de l'État menacé de désintégration : l'Abkhazie et l'Ossétie échappent au contrôle de Tbilissi au terme de conflits armés, la Mingrélie, à l'ouest, est ravagée par une guerre civile opposant les partisans de Z. Gamsakhourdia et ceux d'E. Chévardnadzé. Aslan Abachidzé asseoit son pouvoir sur l'Adjarie tandis que le reste du pays est livré aux milices paramilitaires. À partir de son retour en 1992, E. Chévardnadzé parvient à une reprise en main et une normalisation politique couronnée par les élections présidentielles et législatives de 1995. Toutefois, cette consolidation n'est possible qu'au prix de compromis ambigus : le renforcement de certains clans, le flou des relations entre le centre et les régions.

La Constitution de 1995 laisse en suspens la question de l'organisation administrative et territoriale jusqu'à la résolution du problème abkhaze, si bien que la nature de l'État (fédération, « fédération asymétrique », etc.) n'est pas définie. Si une volonté politique de décentralisation s'affirme, le souvenir du chaos des années Gamsakhourdia et la crainte des régionalismes entravent le transfert des pouvoirs vers les régions et alimentent les tentations de renforcer les autorités centrales. Le président nomme par décret des représentants aux attributions mal définies qui dépendent directement de lui (les *rtsmunebuli*), échelon intermédiaire entre les instances locales, élues ou nommées, et nationales. Dans les faits, ils deviennent souvent des potentats locaux.

L'introduction de cette division administrative supplémentaire (les *mkhare*) alimente la corruption qui paralyse toutes les initiatives. À tous les niveaux, ressorts économiques et pouvoir politique sont concentrés dans les mêmes mains, et les « gens de Tbilissi » sont accusés de se tailler la part du lion sans laisser leur place aux locaux. La corruption explique qu'une grande concentration du pouvoir soit conciliable avec une extrême impuissance de l'État. La faiblesse des rentrées budgétaires hypothèque la capacité de l'État à jouer son rôle dans des secteurs fondamentaux. Les dépenses de santé et de l'éducation se sont effondrées, faisant apparaître une société à deux vitesses et assombrissant les perspectives de développement.

La « révolution des roses » : une démocratisation surprise ?

En truquant les résultats des élections législatives du 2 novembre 2003, E. Chévardnadzé va jusqu'au bout de la logique de clan qu'il avait instauré. L'opposition unie autour de Mikhail Saakachvili le chef du Mouvement national, Nino Bourjanadzé, présidente du Parlement et l'ancien président Zourab Jvania, mobilise alors une opinion publique ulcérée par les pratiques du pouvoir en place. Mais cette « révolution des roses », qui va aboutir à la démission de Chévardnadzé le 23 novembre, est aussi le produit d'une action concertée des ONG américaines (dont la fondation Georges Soros) qui soutiennent l'action du mouvement Kmara (« Ça suffit ») organisé à l'exemple des activistes serbes. Le soutien massif de l'opinion envers le changement tient cependant d'abord à la détérioration de la situation sociale et économique.

Les élections du 4 janvier 2004 ont lieu dans une atmosphère marquée par un immense espoir de changement. Mais les 96,3 % que recueille Saakachvili rappellent les 86 % qu'avait obtenu Z. Gamsakhourdia en 1990, traduisant une attente démesurée envers le nouveau président, symboles des aspirations européennes. La coalition présidentielle remporte sans surprise les élections législatives du 28 mars 2004 mais, tout en étant assuré d'un large soutien financier et logistique de la part des États-Unis et de l'Union européenne, les nouvelles autorités doivent affronter une situation très difficile. De fait, la Géorgie comme État indépendant uni, reste à construire.

Le cheminement tortueux vers l'idéal démocratique

La démocratie à l'occidentale est tout autant perçue en Géorgie comme un idéal identitaire que comme un idéal politique. Devenir un pays démocratique est à leurs yeux une preuve de leur enracinement européen. Cette perception est positive dans la mesure où, à bien des égards, la « greffe » a réussi. La Géorgie est le pays de la CEI dans lequel les nostalgies soviétiques sont les moins développées. Mais elle a importé un modèle plus vite qu'elle ne pouvait l'assimiler, si bien qu'on a souvent l'impression d'une « démocratie Canada dry », où les institutions sont vidées de leur sens. L'intérêt éventuel que chacun peut tirer d'un paquetage à l'européenne encourage d'ailleurs cette tendance : les partis sont ainsi calqués sur les partis européens, car c'est le meilleur moyen d'obtenir une certaine reconnaissance et quelques subsides. Ils ne représentent pourtant que des alliances conjoncturelles sans ciment idéologique et sans programme, chacun puisant au gré de la conjoncture dans la réserve d'idées politiques disponibles.

Comme l'ont encore montré les événements de novembre, c'est le Parlement qui était au cœur du changement. Depuis 1993, il a entamé une refonte de l'appareil législatif, adopté une nouvelle constitution et de nombreuses lois, élaborées avec des experts occidentaux voire copiées sur les législations occidentales. Mais la crise de 2003 va certainement modifier profondément ces équilibres instables. Des amendements constitutionnels votés en février 2004 renforcent le pouvoir du président qui nomme un Premier ministre à la tête d'un véritable exécutif que le Parlement ne peut destituer qu'à la majorité des 3/5. Jugée nécessaire en temps de crise alors que s'intensifie la bataille contre la corruption, ce renforcement du rôle du président est déjà critiqué comme une dérive autoritaire y compris au sein de la coalition au pouvoir.

L'apprentissage des libertés publiques

Les journaux les plus lus sont indépendants, ainsi que de nombreuses chaînes de télévision, même si les spéculations vont bon train sur les groupes politico-financiers qui les soutiennent. L'échec des tentatives de museler les voix impertinentes est une preuve de la vitalité et de la popularité des médias indépendants. Les principales restrictions à l'accès aux médias sont aujourd'hui d'ordre matériel : les journaux coûtent cher et la télévision dépend de la fourniture d'électricité. La différence est saisissante entre l'accès à l'information à Tbilissi et en province, où l'information demeure rare.

Même constat pour les ONG, avec une situation très différentiée suivant les régions, la plupart étant implantées à Tbilissi. Les groupes d'intérêt préfèrent négocier avec le pouvoir en place. Les minorités ethniques par exemple, essaient de faire valoir leurs droits par le biais d'organisations culturelles qui apportent leur soutien au parti du président.

Sur ce plan, les discours et pratiques chauvines de l'époque Gamsakhourdia ont fait place à la prudence : personne ne souhaite réveiller les démons nationalistes, cause première des conflits abkhaze et ossète. La législation adoptée ces dix dernières années se veut protectrice des minorités, et les politiques publiques sont rarement discriminatoires. Dans les faits, les minorités sont pourtant marginalisées par les problèmes économiques, linguistiques, par l'absence de volonté d'intégration induite par une vision ethniciste de la Nation et la fracture entre Géorgiens et non Géorgiens s'accroît dangereusement.

Du « pays de cocagne » au chaos économique

Le miracle trompeur de la stabilisation économique

Pauvre en ressources énergétiques, dotée d'une industrie rattachée pour une bonne partie au complexe militaro-industriel soviétique, privée d'une partie de ses richesses touristiques et agricoles par le séparatisme de l'Abkhazie et des débouchés traditionnels de son agriculture par l'éclatement de l'URSS, la Géorgie n'a véritablement entamé ses réformes de stabilisation qu'en 1995, après la fin des conflits internes qui ont laissé le pays exsangue, en proie à l'hyperinflation.

Cette année-là, elle a pris un tournant décisif en adoptant un programme de stabilisation et de réformes structurelles approuvées par le FMI, qui lui a permis de se voir attribuer un crédit dans le cadre de la FASR (Facilité d'ajustement structurel renforcé). Elle est alors considérée par les institutions financières internationales comme « un bon élève ». En 1995, le PIB connaît pour la première fois une croissance positive même s'il faut tempérer ces indicateurs par l'effet de rattrapage. D'importants progrès sont réalisés dans un premier temps dans la voie de la stabilisation macro-économique, avec l'introduction de la monnaie nationale, le lari, en septembre 1995, puis avec la mise en place d'un système de trésorerie centralisé, la réforme du système bancaire et le début des privatisations. Cependant, à la suite de la crise financière russe et de l'aggravation des dysfonctionnements internes, la Géorgie est frappée dès 1998 par une grave crise budgétaire, les rentrées provenant de l'impôt ne constituant que 9 % du PIB, un des niveaux les plus bas du monde, et ce en dépit de l'entrée en vigueur d'un nouveau code fiscal le 1er janvier 1998. Le lari s'affaiblit et l'inflation repart à la hausse alors que le programme de privatisations, mené dans un climat incertain est freiné. Le résultat des réformes, après un bon départ, est loin d'être concluant.

De fait, le gouvernement géorgien ne parvient pas à honorer ses engagements (réduction du déficit budgétaire, règlement des arriérés de salaires, augmentation de certaines taxes...) à l'égard du FMI qui suspend certains programmes. Les organismes internationaux reprochent surtout au gouvernement son impuissance à lutter contre la corruption, en dépit de la création d'une commission *ad hoc* en juillet 2000. Selon des rapports occidentaux, la Géorgie est le pays le plus corrompu de toute la région : on estime ainsi que les services des impôts reçoivent 15-17 millions de dollars de pots de vin entraînant un manque à gagner pour l'État de plus de 150 millions de dollars ! Avec l'absence de garanties juridiques, c'est là le facteur principal de la méfiance des investisseurs étrangers et de l'exaspération des habitants qui s'est faite sentir aux élections locales de juin 2002 (à Tbilissi, le parti au pouvoir n'a recueilli que 2 % des voix). Fort logiquement, c'est dans ce domaine que le nouveau président a engagé son autorité en faisant arrêter plusieurs personnalités notoirement corrompues.

Évolution des structures de l'économie réelle : les illusions perdues

En 1990, on pensait que l'indépendance allait permettre à ce pays, qui avait l'un des niveaux de vie les plus élevés de l'URSS, de rejoindre rapidement les niveaux occidentaux. La désillusion est d'autant plus grande. On assiste à une chute de la production record liée aux conflits, à la perte du marché russe et à la concurrence des produits turcs. Les espoirs placés sur les anciens secteurs porteurs — tourisme, agriculture, industrie légère — doivent être révisés.

La restructuration de l'économie réelle a commencé tardivement, et si la privatisation des PME était pratiquement achevée fin 1996, celle des grandes entreprises, en particulier de l'industrie lourde, a démarré très lentement sans permettre, faute d'investisseurs, de relancer la métallurgie. Sur le plan foncier, la vente des terres agricoles est autorisée depuis 1996 et les exploitations privées fournissent dorénavant 85 % de la production. Le parlement a fini par adopter en 1998 la loi qui autorise la mise aux enchères des terrains non agricoles, sans en exclure les ressortissants étrangers. Ce sont désormais l'agriculture et les services qui jouent le rôle de moteur de l'économie, la part de l'industrie dans le PIB étant en baisse constante ; seule l'industrie agroalimentaire se maintient, certains produits étant compétitifs sur les marchés de la CEI. Quant au secteur du tourisme, jadis florissant, il est toujours affecté par l'instabilité du pays et le manque d'infrastructures.

Après 1995, l'espoir s'est déplacé vers la fonction de transit avec le lancement de Traceca (la « route de la soie du XXIe siècle ») puis les projets de tubes : l'oléoduc Bakou-Ceyhan et le gazoduc Bakou-Erzurum. Mais si la Géorgie commence à tirer profit de sa situation de « corridor » entre l'Europe et l'Asie centrale, ce secteur fonctionne comme un nouveau mirage. Les bénéfices réels créés (le transit d'hydrocarbures a rapporté 6,3 millions de dollars en 2000) sont loin de pouvoir répondre aux besoins de toute l'économie.

Une économie sous perfusion

La Géorgie applique une politique commerciale ouverte afin de réduire sa dépendance à l'égard de la Russie : elle a refusé d'adhérer à l'union douanière organisée par Moscou et est entrée, en juin 2000 à l'OMC tout en concluant dès 1996 des Accords de partenariat avec l'Union européenne. Elle développe ses relations avec les pays de la région : accord de libre-échange avec les deux autres États du Sud-Caucase, développement des échanges avec les pays riverains de la mer Noire, participation au GUAM. La Russie demeure cependant le premier client avec la Turquie, et bien évidemment son premier fournisseur, en raison des livraisons de gaz, souvent coupées par Itera (une filiale du russe Gazprom), faute de paiement. Le réseau électrique, repris par la compagnie américaine AES qui l'a revendu, en 2003, au géant électrique russe IES, ne parvient pas à améliorer les remboursements et les coupures demeurent toujours la règle quotidienne dans pratiquement tout le pays. Du même coup, une grande partie de l'industrie ne redémarre pas, à l'exception de quelques secteurs exportateurs comme la métallurgie non-ferreuse, quelques entreprises de l'agro-industrie. Or les plans de substitution à l'approvisionnement russe, envisagé, dans le cadre du GUAM, semblent, pour l'instant, peu crédibles.

En dépit de plusieurs accords de rééchelonnement, le poids de la dette demeure préoccupant : il représentait 42,4 % du PIB en 1997, 44,9 en 1998, 60,7 en 1999, 53,5 en 2000. Une grande partie du budget de l'État est totalement dépendant des programmes de financement internationaux. Les coupes claires dans les dépenses publiques exigées par le FMI contribuent à aggraver encore la situation sociale et l'absence d'investissements publics retarde le redémarrage de l'économie.

Un coût social préoccupant, une population aux abois

La dégradation des conditions de vie se poursuit pour le plus grand nombre alors qu'une infime minorité affiche un luxe insolent. Le marché de l'emploi est catastrophique avec pratiquement toutes les grandes entreprises industrielles au chômage technique. L'effondrement de l'État s'est traduit par une accumulation fantastique des arriérés de salaires et de pensions qui, en dépit de leur faiblesse (le salaire des fonctionnaires était de 82 laris soit 41 dollars en 2001), sont versés avec des mois, voire des années de retard. L'inégalité exacerbée entre les élites politiques et économiques et le reste de la population est un facteur principal du mécontentement général qui se traduit dans bien des cas par l'exode hors du pays, le plus souvent en Russie, à la recherche d'emplois rémunérés.

Outre le niveau élevé de la morbidité dans les catégories sociales démunies (retraités, fonctionnaires), les effets psychologiques de la pénurie d'électricité et de chauffage se font fortement sentir sur une population au bord de l'épuisement : cela fait pratiquement dix hivers que les logements sont plongés dans l'obscurité et le froid. Les populations rurales sont un peu mieux loties mais faute d'investissement, d'énergie et de moyens de transports, elles se réfugient souvent dans un système d'autoconsommation qui restreint l'effet économique de ce secteur autrefois porteur.

Sécurité nationale : entre Moscou et Washington ?

Une méfiance renouvelée envers la Russie

La Russie est perçue comme la principale menace directe ou indirecte pour la sécurité de la Géorgie. Les élites politiques géorgiennes sont persuadées que Moscou, pour maintenir sa présence au Caucase, cherche à entraver l'indépendance de la Géorgie qui occupe une place stratégique (côtes de la Mer Noire, siège traditionnel de l'État-major de Transcaucasie, frontières avec la Turquie, accès à l'Arménie, seule voie d'accès au monde extérieur pour la Tchétchénie, etc.). L'insistance des autorités russes, jusqu'en 1999, à maintenir quatre bases militaires sur le territoire géorgien s'inscrivait dans cette logique néo-coloniale. Pour certains, la guerre en Tchétchénie constituerait ainsi la première étape d'une offensive vers le sud, dont la Géorgie serait la seconde victime (le territoire géorgien a été la cible de plusieurs bombardements russes). En outre, la Russie pose problème en raison de son instabilité interne et de son absence de politique caucasienne cohérente. La Géorgie est préoccupée par la fragilité du Caucase du nord, et paradoxalement par la difficulté qu'éprouve Moscou à y maintenir son contrôle.

Une autre menace émanant de la Russie est sa capacité à exercer des pressions sur la situation intérieure. Les problèmes internes sont généralement perçus comme le résultat de l'ingérence russe. Moscou est ainsi accusée d'attiser les séparatistes ethniques, d'avoir militairement soutenu les Abkhazes et d'entraver une résolution de ce conflit. Elle maintient également des foyers de tension (Djavakhétie) et tenterait de porter atteinte à la cohésion nationale en soutenant les forces centrifuges (Adjarie). Enfin, elle interviendrait directement dans le jeu politique intérieur en fomentant des complots contre le président Chévardnadzé, ou en cherchant à le protéger lors de la crise de novembre 2003. L'introduction par Moscou de visas entre les deux pays est perçue comme la volonté d'utiliser la dépendance économique pour peser sur les choix géorgiens. Sur ce plan, le rachat par des Russes en 2003 de la principale compagnie électrique et du réseau de gaz a relancé ces polémiques à la veille des élections.

Au regard du danger russe, les autres menaces sont reléguées au second plan, même si, à la faveur d'une relative stabilisation politique, l'accent est de plus en plus mis sur les menaces liées à la donne interne. On prend conscience que l'ampleur prise par une corruption en passe de devenir le déterminant majeur de la vie politique et économique risque de mettre en cause la légère reprise économique et les progrès sur la voie de la démocratisation.

À l'ouest, toute !

Selon la perception traditionnelle, la Géorgie était l'objet de rivalité entre les trois puissances régionales, la Turquie, l'Iran et la Russie. Cette vision s'est adaptée à la nouvelle donne internationale, et pour se soustraire de l'influence exclusive de la Russie, la Géorgie tente de développer ses liens avec les États-Unis et l'Europe quitte à se rapprocher de la Turquie.

Perçue comme le seul gage de sécurité à long terme, l'alliance avec l'OTAN et les États-Unis s'est vue concrétisée dans le cadre de l'intérêt occidental pour les ressources pétrolières de la mer Caspienne. Se trouvant sur le passage du principal exutoire de ces hydrocarbures, la Géorgie est au cœur du réseau de transport (projets TRACECA et INOGATE, oléoduc Bakou-Ceyhan) et du dispositif sécuritaire (protection des tubes) mis en place par les Américains avec une participation active de leur allié turc à qui l'on a confié la modernisation de plusieurs bases délaissées par les Russes. La Géorgie, membre du Partenariat pour la paix, participe aux opérations de maintien de la paix au Kosovo et se verrait bien officiellement candidate à l'OTAN, en 2005.

Parallèlement, Tbilissi essaye de prendre ses distances par rapport à Moscou. L'adhésion à la CEI à laquelle avait été contrainte la Géorgie après sa défaite en Abkhazie n'a pas amélioré les relations avec la Russie. Le traité d'amitié signé en février 1994 n'a jamais été ratifié par la Douma, les accords régissant la présence militaire sont aujourd'hui obsolètes. Des gardes-frontières géorgiens ont remplacé leurs homologues russes après un accord sur le contrôle des frontières signé en 1998. Au sommet de l'OSCE à Istanbul, en novembre 1999, Russes et Géorgiens se sont mis d'accord sur la fermeture de deux des quatre bases militaires russes (Goudaouta et Vaziani). Le reflux russe est indéniable et se manifeste aussi dans les domaines commerciaux ou culturels en dépit du nombre de Géorgiens travaillant en Russie. La volonté géorgienne de se démarquer de Moscou a conduit à la fois au désengagement de Tbilissi de certaines structures de la CEI (non renouvellement du traité de Sécurité Collective en 1999) et, d'autre part, à la tentative de constituer un groupe alternatif, le GUAM, association informelle, encouragée par les Occidentaux, qui vise à promouvoir la coopération économique, mais aborde de fait également les champs de la sécurité.

La coopération régionale : un vœu pieu qui peine à devenir réalité

La coopération pan-caucasienne, dans laquelle la Géorgie espérait jouer un rôle central, et qui constituait un credo d'E. Chévardnadzé n'est guère avancée. L'initiative « Pour un Caucase pacifique », lancée en 1996 par le président est au point mort, les relations avec Moscou s'étant nettement détériorées. De leur côté, les alliés occidentaux poussent nettement au renforcement d'une coopération sud-caucasienne excluant la Russie. De nombreuses subventions visent à associer Bakou, Erevan et Tbilissi en dépit de l'absence de relations officielles entre l'Arménie et l'Azerbaïdjan. Mais de fait, ce nouvel espace de coopération favorise plutôt l'axe Bakou-Ankara. La fragilité politique intérieure de la Géorgie en fait un point faible qu'il faut contribuer à consolider. en renforçant les relations bilatérales entre Tbilissi et Bakou sous le parrainage attentif de Washington.

En dépit des tensions en Djavakhétie, Tbilissi parvient à maintenir des relations cordiales avec l'Arménie, quitte à fermer les yeux sur les livraisons d'armes à l'Arménie par la Russie à partir de son territoire. Ce grand écart occasionnel est significatif d'une politique qui demeure volatile tant il n'est pas sûr du tout que ce choix principalement sud-caucasien, perçu par tous comme anti-russe, conforte les intérêts à long terme de la Géorgie. Cette politique s'apparente plus à un pari que l'on sait hasardeux, et dont on cherche à limiter les risques en évitant surtout de rompre avec la Russie dont dépend toujours une grande partie des échanges économiques et où travaille une bonne partie des migrants géorgiens. Des brusques retours de balancier n'ont donc rien d'impossible : c'est déjà ce qui s'est produit en 1993 avec l'intégration à la CEI, puis en 1996 avec une réorientation pro-occidentale. Les évolutions récentes, en particulier le développement de la seconde guerre en Tchétchénie et le renforcement de la coopération entre Moscou et Washington dans la lutte contre le terrorisme international n'ont fait que compliquer un peu plus un échiquier déjà enchevêtré.

Une défense sous parapluie américain ?

Les priorités géorgiennes en matière de défense n'ont longtemps pas été clairement identifiées, et la définition d'un concept de sécurité est une préoccupation récente : la création du Conseil national de sécurité date de 1996. Un large consensus a toutefois entouré le rapprochement avec l'OTAN. Officiellement, les directions de la politique de défense restent inchangées depuis le début de la présidence de Saakachvili malgré l'intensification des relations avec l'Occident : il s'agit de conserver un équilibre entre les différents acteurs, en refusant toute logique de bloc. L'exercice est difficile comme le montre le cas de l'Abkhazie où, tout en exigeant le retrait des bases russes, la Géorgie s'est régulièrement prononcée pour le maintien de la force d'interposition de la CEI (en pratique russe), tout en exprimant le vœu que celle-ci soit remplacée par une force internationale de l'ONU. Toutefois, l'arrivée, le 29 avril 2002 à Tbilissi, des 18 premiers militaires américains chargés de former une troupe d'élite de l'armée géorgienne a marqué une nette accélération du rapprochement entre la Géorgie et les États-Unis. Sans doute les objectifs de ce programme *Train and Equip* impliquant le déploiement de 200 militaires américains a-t-il des objectifs bien délimités, mais certains y voient, à Tbilissi, la panacée à tous les problèmes qu'éprouve le pays, en particulier la possibilité de recouvrer le contrôle des régions sécessionnistes.

Pourtant, si Tbilissi disposera à terme d'un corps d'élite formé selon les normes occidentales, ceci est loin de dissiper les tensions qui demeurent vives sur tous les plans. Le reste de l'armée, longtemps suspectée d'être influencée par la Russie est en piteux état. L'esprit de revanche lié au « syndrome abkhaze » demeure vif dans les esprits, associé au souvenir des exactions commises par les milices paramilitaires, en particulier en Géorgie occidentale. Ces questions seront au cœur de l'action politique du nouveau régime, sur fond de fort mécontentement social, et l'on ne peut exclure d'importants troubles intérieurs.

CINQUIÈME PARTIE

LES ÉTATS D'ASIE CENTRALE

Le Kazakhstan
Le Kirghizstan
L'Ouzbékistan
Le Tadjikistan
Le Turkménistan

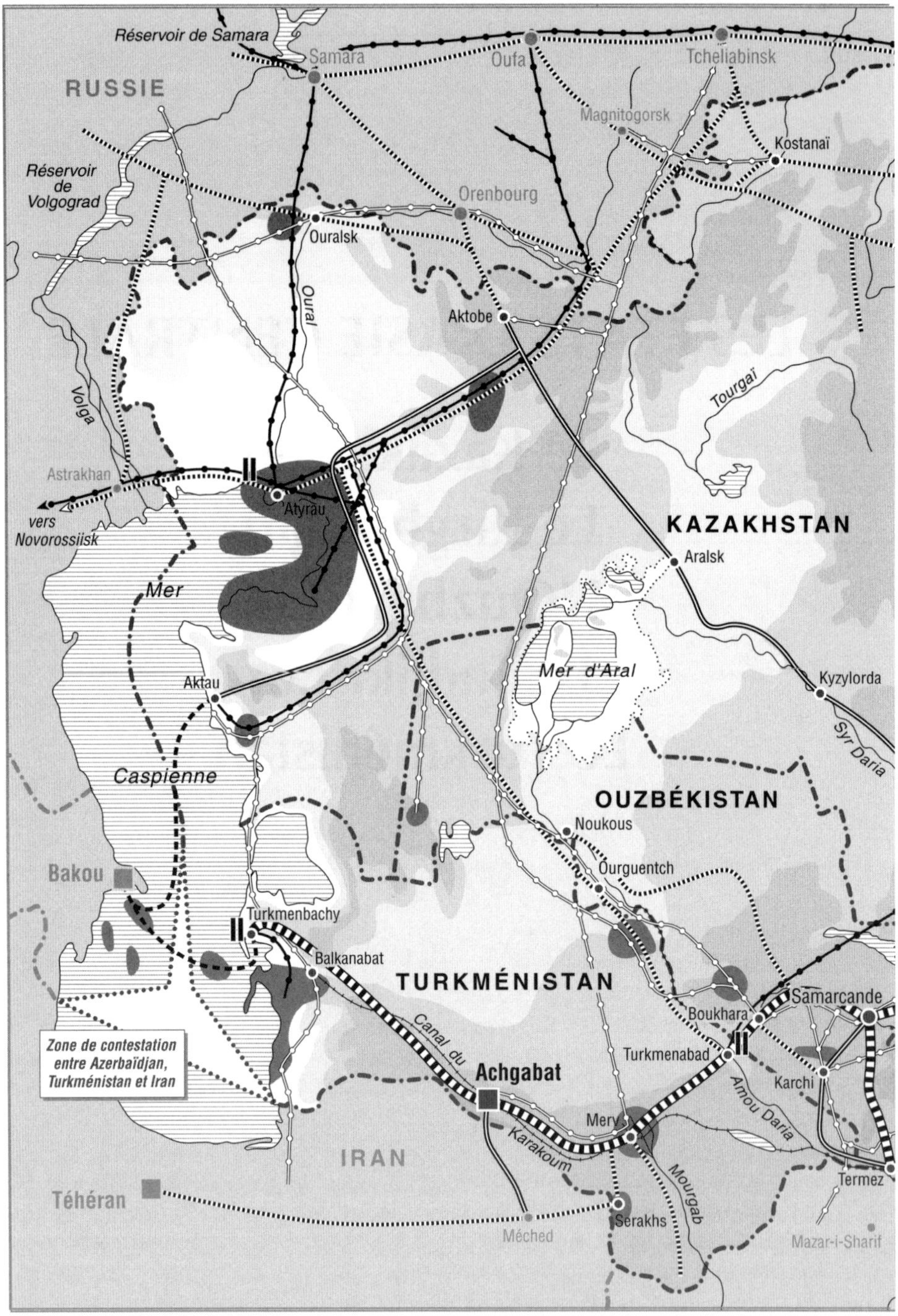
Réservoir de Samara
Samara
Oufa
Tcheliabinsk
RUSSIE
Magnitogorsk
Kostanaï
Réservoir de Volgograd
Orenbourg
Ouralsk
Oural
Aktobe
Volga
Tourgaï
Astrakhan
Atyrau
vers Novorossiisk
KAZAKHSTAN
Aralsk
Mer
Mer d'Aral
Kyzylorda
Aktau
Syr Daria
Caspienne
OUZBÉKISTAN
Noukous
Bakou
Ourguentch
Turkmenbachy
Balkanabat
TURKMÉNISTAN
Samarcande
Boukhara
Zone de contestation entre Azerbaïdjan, Turkménistan et Iran
Canal du
Turkmenabad
Achgabat
Karchi
Amou Daria
Karakoum
Mery
IRAN
Mourgab
Termez
Téhéran
Serakhs
Méched
Mazar-i-Sharif

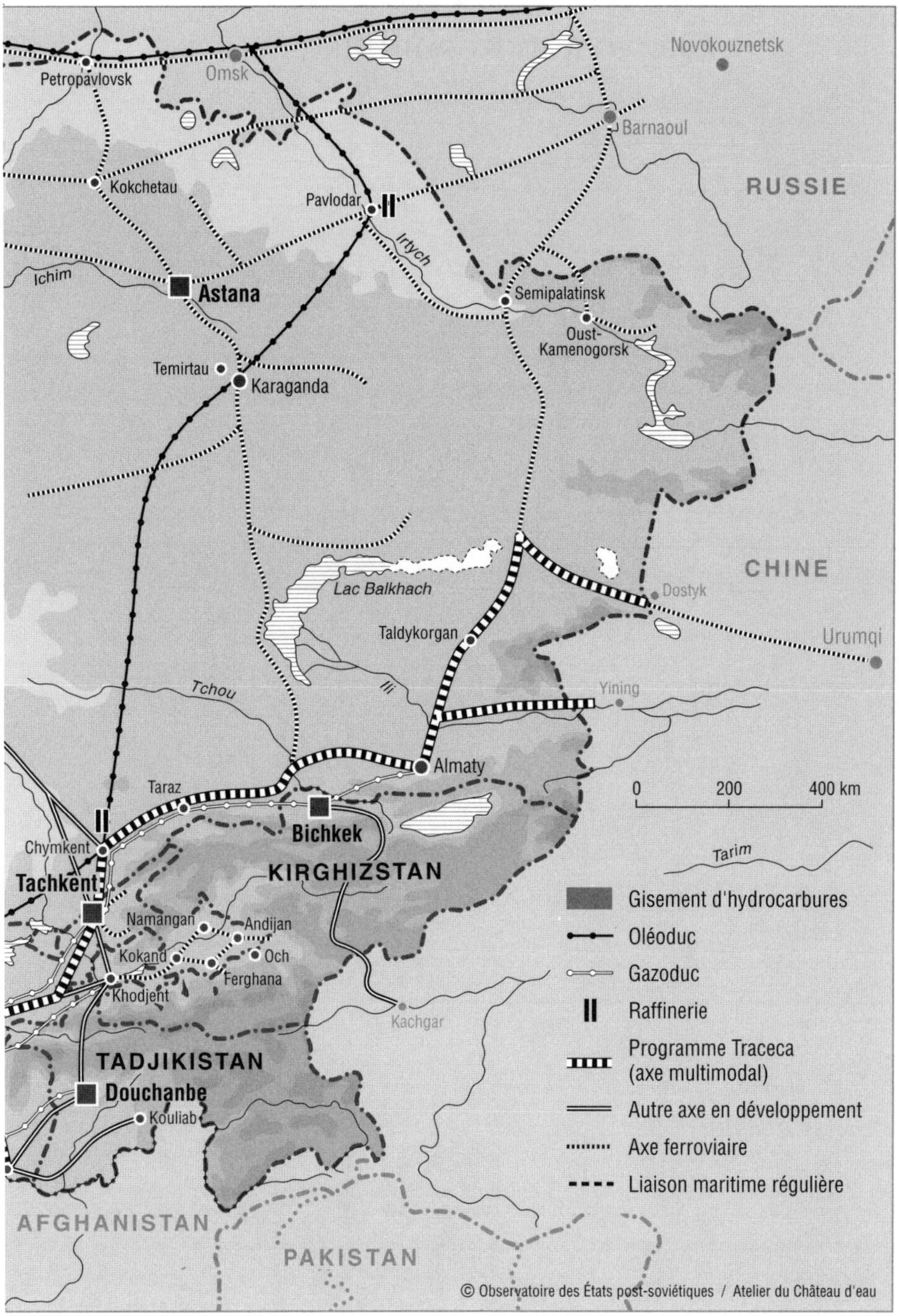
Petropavlovsk
Omsk
Novokouznetsk
Barnaoul
RUSSIE
Kokchetau
Pavlodar
Irtych
Ichim
Astana
Semipalatinsk
Oust-Kamenogorsk
Temirtau
Karaganda
CHINE
Lac Balkhach
Dostyk
Taldykorgan
Urumqi
Tchou
Ili
Yining
Almaty
Taraz
Bichkek
Chymkent
Tachkent
KIRGHIZSTAN
0
200
400 km
Tarim
Namangan
Andijan
Kokand
Och
Ferghana
Khodjent
Kachgar
TADJIKISTAN
Douchanbe
Kouliab
AFGHANISTAN
PAKISTAN
Gisement d'hydrocarbures
Oléoduc
Gazoduc
Raffinerie
Programme Traceca (axe multimodal)
Autre axe en développement
Axe ferroviaire
Liaison maritime régulière
© Observatoire des États post-soviétiques / Atelier du Château d'eau

LE KAZAKHSTAN

Qazaqstan Respublikasy

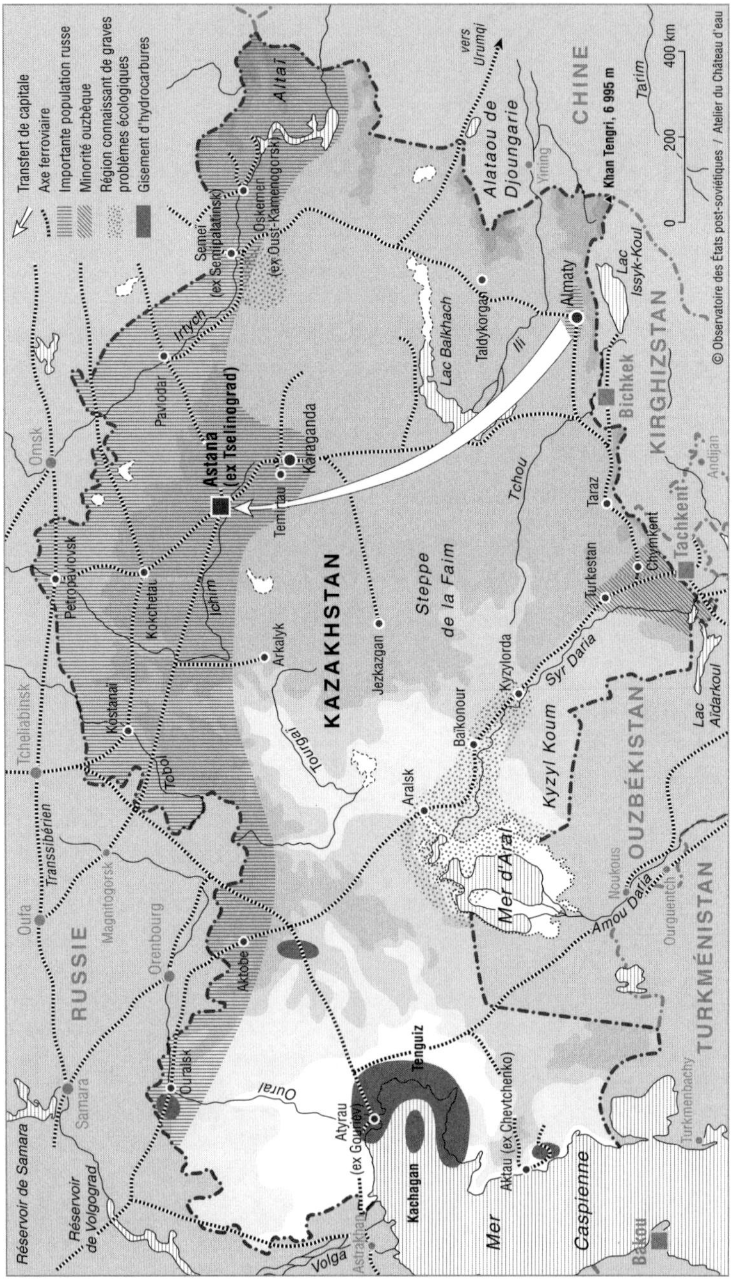

Chiffres clés

Territoire

Superficie : 2 717 300 km²
(cinq fois la France)
Capitale : Astana (anciennement Akmolinsk puis Tselinograd, 282 000 hab.)
Principales villes :
- Almaty (1 153 000 hab.)
- Karaganda (397 000 hab.)
- Chimkent (327 000 hab.)
- Taraz (299 000 hab.)
- Pavlodar (299 000 hab.)
- Öskemen (282 000 hab.)
- Semeï (245 000 hab.)

Divisions administratives : 14 régions (*oblys*) et trois villes à statut spécial (Astana, Almaty, Baïkonour/Bayqongyr).

Population

13 894 000 en 2004
Dernier recensement : 1999
Densité : 5,1 habitants/km²
Population urbaine : 55,8 %
Population rurale 44,2 %
Espérance de vie à la naissance (1999) :
65 ans (hommes, 59 ans ; femmes, 70 ans)

Données démographiques (pour mille habitants)

	1991	1995	2000
Accroissement naturel	13,4	6,8	4,6
Natalité	21,6	17,5	14,7
Mortalité	8,2	10,7	10,1
Mortalité infantile	27,4	27,3	19,6

Composition ethnique (1999)

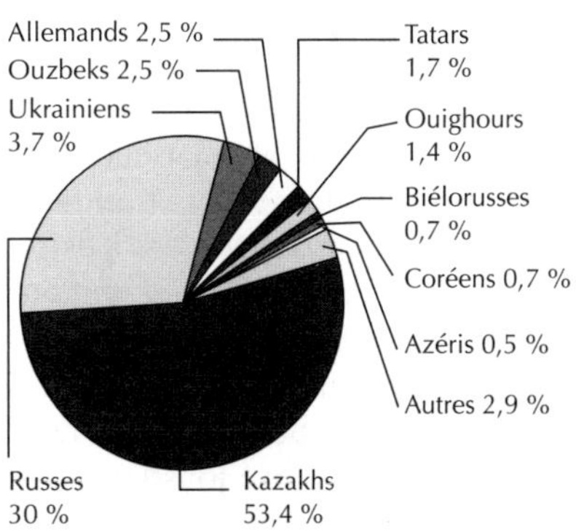

Économie

PIB par habitant en parité de pouvoir d'achat

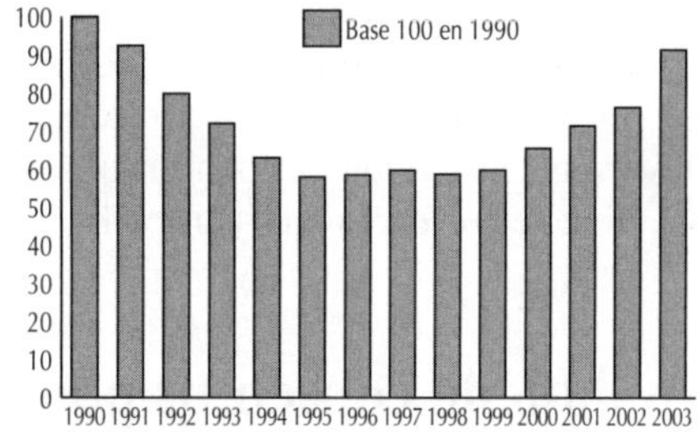

Principales composantes du PIB en 2002 :
- industrie et batiment 35,4 %
- commerce et transport 23,5 %
- agriculture 7,9 %

IDH (2000) : 0,750 (79e rang mondial)
Monnaie : tengué (adopté en 1993)
Dette extérieure (2001) : 4 milliards de dollars

Relations extérieures

Adhésion aux organisations internationales :
- CEI,
- Organisation de la coopération de Shanghaï,
- Organisation de la coopération centre-asiatique,
- OCE,
- Partenariat pour la paix de l'OTAN,
- Organisation de la conférence islamique.

Principaux partenaires commerciaux en 2003 :
- export : Russie, 15,2 % ; Chine, 12,8 % ; Italie 7,9 %, Ukraine 3,5 %.
- importation : Russie, 39,3 % ; Allemagne, 8,9 % ; États-Unis, 5,6 %, Chine 6,0 %.

Importations totales en 2003 :
8 327 millions de dollars.
dont :
- machines, équipements, 26,2 %
- produits de consommation, 7,3 %
- matériel de transport, 12,2 %
- produits alimentaires, 4,6 %

Exportations totales en 2003 :
12 901 millions de dollars.
dont :
- hydrocarbures, 54,4 %
- laminés, 7,4 %
- cuivre, 4,8 %
- nickel, 4,1 %

Indépendant depuis le 16 décembre 1991, le Kazakhstan occupe une place particulière dans l'espace centre-asiatique : c'est le plus vaste, le plus occidentalisé des cinq États d'Asie centrale, celui dont population russe est la plus importante (plus de 37 % en 1989, 30 % en 1999), la part des Kazakhs étant passée de 40,1 % à 53,4 %. Frontalier de la Russie et de la Chine, il lui faut construire une nouvelle identité étatique permettant d'associer une population hétérogène à un territoire où cohabitent deux grandes confessions religieuses, l'islam et le christianisme (majoritairement orthodoxe et catholique), ainsi que plus d'une centaine de minorités locales ou exogènes. Une telle configuration démographique, territoriale et ethnoculturelle influe fortement sur la mise en place par ce pays de sa souveraineté étatique et économique. Mais celle-ci peut s'appuyer sur un atout essentiel, ses réserves en hydrocarbures.

Un difficile consensus pour construire son identité étatique

Depuis l'indépendance, la république du Kazakhstan a institué une différenciation entre citoyenneté « kazakhstanaise » et nationalité propre à chaque groupe, ce qui permet d'éviter la confusion entre l'État multiethnique devant assurer l'égalité de tous les citoyens et la nation éponyme kazakhe « constitutive de l'État », d'après la Constitution. Dans la pratique, la population a du mal à s'identifier à la catégorie « kazakhstanaise » qui ne réussit pas à combler le vide laissé par la disparition de l'identité soviétique. D'ailleurs, le pouvoir, fidèle à la pratique soviétique, encourage, depuis l'indépendance, la formation d'associations culturelles représentant différents groupes ethniques. Outre le kazakh, langue d'État et le russe, officiellement « langue de communication interculturelle », l'éducation est possible dans 14 langues, là où les minorités sont concentrées (allemand, ouïgour, polonais, tatar, coréen, turc, kurde...). Certaines d'entre elles bénéficient de journaux et de chaînes de télévision qui diffusent des programmes dans leur langue. Dans cette configuration, la communauté coréenne est particulièrement bien intégrée, notamment dans le nouveau contexte économique.

L'eurasisme, un discours national et supranational

Le président N. Nazarbaev a opté pour une idéologie dite « eurasiste » ou eurasiatique qui vise à concilier les apports culturels européens et asiatiques représentés sur le territoire du Kazakhstan et à imposer une image de carrefour des civilisations russe, turco-mongole et chinoise, en se démarquant des positions panturques et panslaves. Ce choix stratégique permet de rassurer les minorités slaves, de préserver les relations avec l'ensemble de la CEI, et avec la Russie en particulier. Il atténue le caractère turcique et/ou musulman du pays tout en l'ouvrant sur un troisième espace, celui de l'Asie-Pacifique, économiquement attractif. Pour diffuser ce modèle, l'État kazakhstanais mobilise tous les moyens nécessaires (presse, institutions académiques) et suscite de nouveaux forums : Union régionale eurasienne, Assemblée des peuples).

La question religieuse

La constitution kazakhe s'affirme laïque et ne fait aucune référence à l'islam. Les pratiques religieuses sont en effet modérées et présentent des formes mystiques et syncrétiques liées au substrat chamanique sur lequel elles se sont constituées. Considérant l'islam comme partie intégrante de l'identité kazakhe et de sa réaffirmation, les instances gouvernementales lui confèrent aujourd'hui un rôle de morale sociale officielle, au détriment des autres confessions. Plus de 1 440 mosquées et 20 *medresséhs* ont été ouvertes en une décennie. Avec 200 églises enregistrées, l'Orthodoxie bénéficie elle aussi d'un statut officiel en tant que religion nationale de la principale minorité du pays. Des modifications à la loi religieuse, restreignant les activités des autres courants religieux (protestants, baptistes, témoins de Jehovah, etc.), sont intervenues en 2000, sous la pression conjuguée des autorités musulmanes et orthodoxes.

Gérer l'acculturation : les quêtes de l'identité kazakhe

Parallèlement à la démarche de construction d'une identité eurasienne, on observe de la part du pouvoir une volonté de redéfinir l'identité du peuple kazakh en tant que nation éponyme. Celle-ci s'illustre par la réinterprétation de divers héritages historiques (scythe, kiptchak, mongol de Gengis-Khan), la mise en avant d'une culture nomade et d'une culture urbaine sédentaire. La référence au nomadisme, au mode de vie et aux valeurs qui y sont associées doit jouer un rôle fédérateur et commémoratif pour la population kazakhe qui se traduit par la réappropriation des symboles et par une tendance à la folklorisation du passé dans les milieux urbains. Le réapprentissage de la langue kazakhe, promue langue nationale est un élément fort de ce processus, mais il est complexe à mettre en œuvre car le russe demeure la première langue et le manque de professeurs formés pour réintroduire massivement le kazakh se fait sentir. Les populations russophones sont réticentes à l'apprentissage obligatoire du kazakh. Quant aux Kazakhs, nombreux sont ceux qui ne maîtrisent plus leur langue, notamment en milieu urbain. Une loi votée en 1997, complétée par le décret du 7 février 2001 vise à renforcer les moyens pour développer le kazakh d'ici 2010, bien que la tâche risque de se compliquer avec le récent projet de passer à l'alphabet latin pour la même échéance.

Kazakhisation et crise démographique

Si on a pu craindre, dans les premières années de l'indépendance, une implosion du territoire du Kazakhstan, celle-ci a été prévenue par une politique de centralisation autoritaire et par le transfert stratégique de la capitale d'Almaty à Astana. Cela permet au pouvoir de mieux contrôler les régions du nord, majoritairement peuplées de Russes dont certains mouvements cosaques proposaient le rattachement aux régions limitrophes de Russie. Ces troubles n'ont plus cours depuis que Moscou a clairement fait savoir son absence de revendications territoriales sur cette région. La politique de répression sévère du gouvernement a aussi contribué à réduire l'agitation séparatiste. Elle s'est doublée au printemps 1997 d'un redécoupage administratif qui visait à modifier l'équilibre démographique des *oblast* en faveur des Kazakhs. La « reconquête » du nord participe d'une stratégie d'affaiblissement de l'ancienne capitale, symbole de la domination russe et siège de l'actuelle opposition démocratique : Almaty s'est vue dépossédé en 2001 de son statut de centre d'*oblast* au profit de Taldykourgan. Les frontières méridionales s'avèrent, quant à elles, moins problématiques. Les derniers points litigieux qui subsistaient avec l'Ouzbékistan viennent d'être réglés par le traité frontalier de septembre 2002.

Le Kazakhstan reste néanmoins marqué par deux lignes de fracture, l'une géographique, nord-sud, l'autre socio-démographique entre Russes et Kazakhs. En effet, même si les Kazakhs sont désormais majoritaires dans la république, 53,4 % au recensement de 1999, ils demeurent inégalement répartis. Le départ par vagues successives des populations européennes (environ 1,5 million) n'a pas enrayé ce déséquilibre. L'hétérogénéité de l'espace kazakhstanais est renforcée par la croissance démographique des régions du sud, majoritairement kazakhes et par des phénomènes de dépeuplement dans les *oblast* du Nord, et ce, malgré une politique d'aide au retour des Kazakhs de l'étranger qui favorise l'installation de ces derniers dans les régions les plus slavisées. La diminution globale de la population qui est passée de 16,1 à 14,9 millions d'habitants entre 1989 et 1999, pose des problèmes économiques et sociaux importants. Les villes industrielles de création soviétique sont sinistrées à la suite de la crise du système soviétique et du désengagement de l'État. Ceci induit une tendance nouvelle à la désurbanisation. Le milieu rural est aussi affecté par le départ des populations européennes (Allemands, Ukrainiens, Polonais) auparavant très investies dans le secteur agricole et aujourd'hui privées de l'accès au foncier, la privatisation privilégiant les Kazakhs.

Consolidation de l'État : un bilan mitigé

À la différence de plusieurs autres républiques postsoviétiques, le Kazakhstan ne connaît pas de mouvements ou de régions séparatistes, en dépit de l'insatisfaction des Russes. Mécontents de leur élimination progressive des postes élevés de l'administration, ils se mobilisent désormais aux côtés des Kazakhs pour défendre leurs droits sociaux, profondément atteints par la crise économique. Ils exigent au mieux, plus de décentralisation et une autonomie culturelle minimale avec la réhabilitation du russe comme seconde langue d'État.

Le pouvoir semble ainsi avoir réussi à garantir la paix civile. La situation reste cependant difficile : les tensions interethniques, minimisées par le pouvoir, n'en sont pas moins réelles. La politique de kazakhisation des structures de l'État se poursuit et le pouvoir reste centralisé et de plus en plus concentré entre les mains du président. De ce fait, la population, auparavant patiente et favorable se retourne contre lui. Quoique moins sensible ici, la menace — tant intérieure qu'extérieure — de l'extrémisme dit wahabbite, permet de limiter les libertés publiques et de renforcer la présence policière dans le pays.

La présidentialisation du système politique

Une structure d'État dominée par le clientélisme

Après avoir doté le régime, en janvier 1993, de toutes les apparences formelles de la démocratie représentative, avec une Constitution inspirée du modèle français, le président a renforcé la fonction présidentielle en 1995 par référendum, réduisant le nombre des députés du parlement bicaméral à 77 députés, élus au suffrage universel, en majorité kazakhs pour le Majlis et à 39 sièges pour le Sénat, dont 7 nommés par le président et 32 par les représentants des 20 régions administratives. Ce pouvoir présidentiel fort fut le moyen choisi pour stabiliser le pays en supportant les tensions liées à la modernisation, à la structure démographique et territoriale. Le népotisme et le clientélisme nuisent au développement d'un patriotisme national et renforcent les inégalités et la corruption. Le facteur de distinction fondé sur l'appartenance clanique (la société kazakhe est divisée en trois Hordes, les Jouz), actualisé en cas de besoin, demeure pertinent. Minimisant les pouvoirs du parlement, l'appareil présidentiel participe à une opération de privatisation de l'État. Un monopole quasi-familial s'exerce dans tous les domaines clés du pays (police, contrôle des mass médias, du budget, des douanes, politiques publiques, leviers économiques, investissements étrangers). Il n'y a pas d'indépendance de la justice et les élections sont contrôlées. La Cour constitutionnelle est choisie afin de réduire toute possibilité de critique, la séparation des pouvoirs n'est pas clairement définie. Les gouverneurs régionaux (*akim*) sont nommés et démis par le président.

Partis et médias : vers une restriction accrue des libertés politiques

À l'image du président, la majorité des députés et sénateurs ne sont pas explicitement rattachés à un parti. Les partis, peu représentatifs et instrumentalisés, ne pèsent pas réellement sur l'organisation du système politique et du pouvoir. Pourtant, leur fonctionnement a été remis en question par un oukase présidentiel au mois de juillet 2002. Celui-ci a révisé les conditions de création des partis en imposant à chaque formation des effectifs de 50 000 membres et des représentations régionales, réduisant ainsi le paysage politique à trois partis : Ak Jol (parti libéral) ; une coalition réunissant l'OTAN (parti directement gouvernemental), le Parti civil et le Parti agraire — trois anciens partis pro-présidentiels — ; et enfin le Parti communiste. Le 19 janvier 2003, date à laquelle le décret prend effet, les petits partis nationalistes et d'opposition sont voués à disparaître.

Parmi eux, on compte le Parti national républicain du Kazakhstan (RNPK), principale formation d'opposition démocratique dirigée par l'ex-Premier Ministre A. Kajegueldine, exilé à Londres depuis son éviction aux précédentes élections présidentielles. Le RNPK qui recrute principalement chez les élites intellectuelles, ne bénéficie pas d'une base financière solide, ni du soutien populaire. La crise de novembre 2001, tentative manquée de renversement du président organisée par certains membres du gouvernement (M. Abliazov, G. Jakianov), a bouleversé le champ politique, en montrant que la contestation la plus efficace pouvait provenir des sphères du pouvoir. Cette crise a ainsi profité au RNPK qui a attiré dans ses rangs les riches démissionnaires de l'équipe de Nazarbaev, regroupés au sein de l'association « le Choix démocratique du Kazakhstan (DVK) ».

Forte de la médiatisation de cet événement, l'opposition poursuit des campagnes de sensibilisation auprès des instances et des gouvernements européens et tente d'être davantage relayée au plan international. Pourtant les réseaux d'A. Kajegueldine, conjugués à ceux du DVK, leur expérience politique aux côtés de N. Nazarbaev, leurs liens transnationaux et financiers, le soutien des investisseurs étrangers, ne constituent pas une réelle menace pour le régime actuel qui s'est assuré des parades en réformant les partis et en neutralisant les personnalités de son entourage les plus impliquées.

Par ailleurs, le rôle des médias dans la couverture de la vie politique est de plus en plus limité. Le Kazakhstan ne conserve qu'une façade de sa réputation de pluralité médiatique. La diversité des journaux est certes maintenue mais ces derniers ont été acquis entre 1996 et 1999 par le couple D. Nazarbaeva / R. Aliev, respectivement fille et gendre du président, qui contrôle également la quasi-totalité du paysage audiovisuel (groupe Khabar). De plus, l'État et ses réseaux directs sont les propriétaires des principaux moyens de diffusion radiophoniques et télématiques.

En définitive, s'il existe bien un combat politique entre une opposition démocratique et le clan présidentiel ainsi que des rivalités au sein du pouvoir en place, ces luttes restent confinées à une sphère réservée et à certains groupes d'influence. La population reste écartée du jeu politique, ce à quoi elle s'est résignée en ne s'impliquant plus dans le débat public.

Le « Léopard des neiges » de l'Asie centrale, mythe et réalité

Dans la division soviétique du travail, il avait été assigné au Kazakhstan le rôle de fournisseur de matières premières et de produits agricoles en échange de biens d'équipement, de machines et de produits pétroliers raffinés. Mais ce commerce était déséquilibré : le Kazakhstan possédait l'un des plus gros déficits inter-républicains à la fin des années quatre-vingt.

Le Kazakhstan est resté prisonnier de ce schéma de production soviétique. Malgré des discours grandiloquents sur la stratégie économique du « léopard des neiges » censé symboliser la réussite du nouvel État, il y perdure une « politique de gains à court terme avec un coût élevé à long terme ».

L'incertaine libéralisation de l'économie kazakhe

En 1997, le président Nazarbaev prononçait un discours à la nation intitulé « prospérité, sécurité, et toujours plus de bien-être pour tous les Kazakhstanais », devenu par la suite, la stratégie « Kazakhstan 2030 ». L'un des exemples choisis était l'amélioration par dix des conditions de vie en Malaisie en moins de vingt ans. Nazarbaev pensait que cet objectif n'était pas irréaliste pour son pays à l'horizon 2030. Mais en prenant comme base de calcul le revenu par habitant, la croissance moyenne annuelle devrait être de près de 8 % jusqu'en 2030 pour réaliser ce vœu ! Dans un article vantant cette stratégie, le chiffre de 4,5 milliards de tonnes de réserves récupérables de pétrole était avancé, deux fois plus que l'estimation haute retenue par les Américains en 2000 (2,4 milliards de tonnes et 1,4 pour l'estimation basse).

Comme presque tous les pays de la région, le Kazakhstan a voulu définir son propre modèle de développement, notamment par le biais de la stratégie « Kazakhstan 2030 ». Pourtant, c'est un modèle commun à de nombreux pays en transition qui a été adopté : privatisation des petites et moyennes entreprises (de 1993 à 1997), libéralisation des prix (achevée en 1995), ouverture du commerce extérieur, tentative de favoriser l'investissement étranger et introduction d'une monnaie nationale, le tengué, en novembre 1993, puis libéralisation de ce marché pour atteindre la pleine convertibilité en juillet 1996. Le Kazakhstan a mis en œuvre, en 1994-1995 (comme la Russie et l'Ukraine), un programme de stabilisation fondé sur la restriction de l'offre de monnaie. L'inflation a été effectivement maîtrisée à partir de 1996. La croissance a repris la même année mais elle est restée faible jusqu'en 2000 après une ultime chute en 1998 faisant suite à la crise russe. En revanche, l'année 2000 a été exceptionnelle, avec une croissance de près de 10 % impulsée par la croissance des exportations d'hydrocarbures.

Le pouvoir kazakhstanais n'a eu de cesse depuis l'indépendance de mettre en avant son choix de libéralisation économique. Pourtant plus qu'un choix, c'est la structure de l'économie kazakhe qui nécessitait, dans une large mesure, une telle orientation. L'industrie extractive était la principale industrie du pays en 1989 (65 % de la production industrielle). Le Kazakhstan était alors l'un des dix premiers producteurs mondiaux de plomb, zinc, cuivre, chrome notamment. Aussi, à l'indépendance, était-il crucial pour l'économie kazakhstanaise que l'investissement étranger prenne le relais des capitaux russes pour compenser la faiblesse de l'investissement domestique. C'est ainsi que des combinats métallurgiques importants ont été vendus à des entreprises étrangères dès le milieu des années quatre-vingt-dix. Le Kazakhstan n'avait pas les moyens d'entreprendre une politique semi-autarcique comme l'Ouzbékistan.

Pourtant, le système économique antérieur perdure par le biais de plusieurs phénomènes : la corruption reste omniprésente (le Kazakhstan était classé, en 2002, 88e sur 102 d'après Transparency International), l'inefficacité énergétique[13] reste à un taux record dans le monde et des pénuries subsistent. Certes, le Kazakhstan est beaucoup moins mis en cause que l'Ouzbékistan pour le climat des affaires. Pourtant, d'après une étude de la Banque Mondiale auprès d'une centaine d'entreprises opérant dans vingt pays, il apparaît qu'il lui est moins favorable si on compare, par exemple, les indices composites de « capture de l'État ».

13. Cet indice, calculé par la Banque mondiale, indique la valeur de la production pour la consommation d'un kilo équivalent pétrole.

Les industries extractives et les céréales, rescapées de la chute de la production

Entre 1989 et 1999, le Kazakhstan a enregistré une chute de près de 40 % de sa production. Mais ce chiffre recouvre de grandes inégalités. L'agriculture a reculé de 30 % sur la période 1991-1999, tandis que, dans le même temps, la production industrielle était divisée par deux. Certaines branches industrielles telles que l'industrie légère ont été laminées. L'élevage a connu le même déclin avec une chute du cheptel de 40 % entre 1995 et 1999. Dans ce contexte, seule la production céréalière (notamment de blé et d'orge) a pu être maintenue à un niveau important, le Kazakhstan entrant dans le club des six plus grands exportateurs mondiaux.

Mais le secteur qui a le mieux profité de cette période est l'industrie extractive. Les industries minières et métallurgiques comptent désormais pour près de 80 % de la production industrielle. L'industrie représente désormais plus du tiers du PIB. La production pétrolière a dépassé son niveau de l'indépendance dès 1999. Ces industries ont bénéficié de près de 60 % des investissements en capital en 1999. De même, l'investissement direct étranger concerne quasiment exclusivement ce secteur (85 % du total de l'IDE en 1999). Le Kazakhstan peut ainsi se targuer d'avoir attiré près de 7 milliards de dollars (deuxième pays de la CEI derrière la Russie et près de 80 % de l'IDE en Asie centrale), essentiellement grâce à l'abondance de ses ressources minières et en hydrocarbures. Le paradoxe réside dans le fait que, dans le même temps, le Kazakhstan est confronté à des pénuries chroniques de produits raffinés puisque seulement 20 % du pétrole produit est transformé au Kazakhstan (contre 60 % pour la Russie).

Indépendance et accroissement de la vulnérabilité

Cette dépendance du secteur extractif rend l'économie kazakhstanaise plus vulnérable aujourd'hui qu'avant l'indépendance : 80 % des exportations kazakhstanaises sont constituées de matières premières ou de produits intensifs en matières premières. Pour cause de croissance déséquilibrée, cette dépendance ne peut qu'augmenter vis-à-vis des prix du pétrole. Celui-ci représente plus de la moitié des recettes à l'exportation et 40 % des recettes budgétaires. Ces chiffres devraient encore croître, d'où l'importance de la gestion de la rente pétrolière sous peine de voir apparaître, à terme, les symptômes de la « maladie hollandaise ».

La question pétrolière est d'autant plus capitale que le Kazakhstan reste dépendant de la Russie pour la majorité de ses approvisionnements et de ses exportations. La position de son voisin du Nord reste incontournable, renforcée par la mise en service à l'automne 2001 de l'oléoduc Caspien (CPC) qui rejoint le port de Novorossiisk, tandis que les autres options n'entreront pas en service avant 2004-2005 au plus tôt.

Entre paupérisation et inégalités

En 1989, le Kazakhstan était le pays d'Asie centrale où la pauvreté était la plus faible (5 % de la population). Les premières années de l'indépendance ont été catastrophiques puisque ce ratio est passé à 50 % dès 1993-1994. Il s'est désormais stabilisé autour de 40 %. Le salaire moyen mensuel est supérieur à 100 dollars, ce qui est le plus élevé au sein des pays de la CEI, mais reste inférieur aux niveaux de 1991. L'inégalité est forte puisque les salaires dans l'industrie (hors pétrole) sont bien inférieurs à ceux pratiqués dans le secteur des hydrocarbures, provoquant ainsi un flux de main d'œuvre. Les autorités locales se déchargent d'ailleurs de plus en plus de leurs responsabilités sociales sur les entreprises étrangères.

La paupérisation touche essentiellement les zones rurales. La vie est d'autant plus difficile dans les campagnes que ces régions sont confrontées à des pénuries chroniques. En outre, les services publics (notamment de santé et d'éducation) y sont de moins en moins assurés. L'accroissement des inégalités, même s'il fut le moins élevé parmi tous les pays d'Asie centrale (hormis en Ouzbékistan), est resté très fort durant la dernière décennie.

La vocation à devenir le « pont entre Orient et Occident »

L'intégration régionale privilégiée

Le Kazakhstan, dernier pays à accepter l'indépendance, a défendu dès le début l'idée que la sécurité de chacun était liée à une défense collective des États de la CEI. Il fut le dernier à créer sa propre armée et le premier à demander la dénucléarisation de son territoire et à se remettre sous la protection de la Russie sur ce point. Soucieux de jouir de sa souveraineté comme les autres États de la zone, il n'avait pas forcément les moyens de celle-ci. Aussi, s'est-il attaché à la construire, tout en sécurisant les alliances lui permettant d'y parvenir. À la différence de l'Ouzbékistan, il prône, depuis 1991, une stratégie d'accords multilatéraux parallèlement à une politique de maintien, voire de renforcement des liens avec les autres pays de la CEI. Sa proposition, dès 1994, de remplacer la CEI par une Union eurasienne, sur le modèle d'une zone de libre échange comme l'Union européenne, n'aboutira qu'en l'an 2000, avec la transformation de l'Union douanière associant Russie, Biélorussie, Kazakhstan, Kirghizstan et Tadjikistan en une Communauté Économique Eurasienne. L'image d'un Kazakhstan « pont entre Orient et Occident » s'oppose aux discours du président ouzbek sur le « Grand Turkestan » et révèle deux stratégies régionales différentes, la première ouverte sur la Russie, la seconde l'excluant de facto.

La réaffirmation d'une volonté de garder des liens forts avec la Russie est liée à sa politique de défense : la protection de la Russie face à la Chine est d'autant plus rassurante qu'en 1991, le Kazakhstan, s'affirmant comme zone dénucléarisée, n'était pas en mesure de protéger sa frontière commune avec la Chine. Des accords politiques et militaires nombreux furent signés entre le Kazakhstan et la Russie entre 1991 et 1995 pour assurer leur protection mutuelle, notamment à travers un système intégré de défense aérienne, de gardes frontières ainsi que de forces navales dans la mer Caspienne (1998). La Russie s'engageait à former des cadres militaires kazakhs en remplacement de l'encadrement exclusivement slave de l'armée kazakhstanaise à l'indépendance. Moscou fournit enfin du matériel militaire à Astana. L'utilisation par la Russie d'anciens sites soviétiques, dont celui de Baïkonour, confirme l'étroitesse des liens russo-kazakhstanais dans le domaine militaire. L'armée kazakhstanaise demeure cependant modeste face à celle de l'Ouzbékistan. Les relations avec l'Ouzbékistan restent assez difficiles même si les deux gouvernements sont à l'origine de la Communauté économique centre-asiatique en janvier 1994 et ont signé un accord de délimitation des zones frontalières contestées en septembre 2002.

La décennie écoulée réaffirme l'aspiration de leadership du Kazakhstan dans le cadre d'une intégration régionale renforcée au sein de la CEI, s'appuyant sur l'histoire commune existant entre républiques d'ex-URSS. Sa volonté de coopérer et de faire face en commun, par exemple, à la lutte contre le terrorisme s'est illustrée par le soutien à la mise en place d'une force régionale d'action rapide sous l'égide du Conseil de sécurité collective réunissant le Kazakhstan, le Kirghizstan, le Tadjikistan et la Russie dans le cadre du Traité de sécurité collective de la CEI. Néanmoins, la volonté de N. Nazarbaev s'est heurtée à celle du président russe, V. Poutine, ce dernier se posant en chef de cette Union.

Le Kazakhstan entretient des relations paradoxales avec la Russie : il est conscient de la nécessité de collaborer avec son grand voisin tout en essayant de traiter dans une instance multilatérale avec lui pour ne pas ressentir trop durement sa puissance. C'est ainsi, que le Kazakhstan a proposé la création d'une « OPEP centre-asiatique » en novembre 2001 pour diluer l'influence de Moscou dans une instance régionale, notamment dans le domaine gazier.

À la recherche d'une coopération avec toutes les grandes puissances

Le Kazakhstan essaie de concilier de bonnes relations avec la Russie, mais également avec les États-Unis et la Chine. La fin de la présence des fusées nucléaires sur le territoire kazakhstanais fut un geste fort envers les Occidentaux. Le Kazakhstan signa le partenariat pour la paix avec l'OTAN en 1995. La coopération avec les États-Unis est de plus en plus importante, surtout depuis les événements du 11 septembre 2001. Dès le 22 septembre, le Kazakhstan autorisait le survol de son espace aérien par l'aviation américaine. Le 10 juillet 2002, un accord était signé autorisant les Américains à utiliser la base aérienne d'Almaty « en cas d'urgence ». Lors du passage de D. Rumsfeld au Kazakhstan, il avait déjà été accordé à l'aviation américaine le droit de se ravitailler sur les bases aériennes d'Almaty, Chymkent et Lougovaïa. En décembre 2001, une déclaration de partenariat énergétique avait été signée entre le Kazakhstan et les États-Unis.

Pourtant, malgré ce dernier texte, les Kazakhstanais signaient, le 5 juin 2002 à Moscou, une série d'accords pour le transit à long terme via le territoire russe de 45 millions de tonnes de pétrole par an. C'est dire qu'aujourd'hui, et encore pour plusieurs années, la Russie conserve le quasi-monopole du transit du pétrole kazakhstanais.

Par ailleurs, la signature du traité de Shanghai en 1996, dans le cadre du groupe des cinq de Shanghaï, inaugura une période nouvelle marquée par le choix du Kazakhstan d'un modèle de sécurité asiatique, maintenant un équilibre entre ses partenaires principaux. Le Kazakhstan est parvenu à obtenir, au bout d'une décennie d'efforts diplomatiques, la création d'un système de sécurité et de coopération politique et militaire en Asie par la convocation de la Conférence sur l'interaction et les mesures de confiance en Asie (CIMCA). La première Conférence qui s'est tenue à Astana en novembre 2001 a rassemblé quinze États membres et onze pays observateurs. Engagé sur la voie de la dénucléarisation, le Kazakhstan a tout naturellement signé le traité de dénucléarisation élaboré par les cinq pays d'Asie centrale en octobre 2002. Le Kazakhstan entretient également de bonnes relations avec l'Inde et a invité des entreprises indiennes à faire partie de consortiums pour plusieurs champs pétrolifères.

Malgré le veto américain, le Kazakhstan envisage désormais officiellement d'exporter, à partir de 2005-2006, une partie de son pétrole brut produit à Kachagan via l'Iran. Même si les deux pays défendent une ligne opposée sur le statut de la mer Caspienne, ils collaborent déjà ensemble dans le cadre d'accords de swap[14].

À propos du statut de la mer Caspienne, le Kazakhstan a réglé cette question (pour le sous-sol) avec la Russie dès le 6 juillet 1998, par un accord sur la délimitation des fonds sous marins. Un protocole russo-kazakhstanais a été signé, le 13 mai 2002, scellant définitivement le sort des trois gisements d'hydrocarbures en litige : Kourmangazy, Khvalinskoe et Tsentralnoe qui seront exploités en commun. L'accord signé avec Bakou en novembre 2001, confirme le principe de délimitation de la mer Caspienne en secteurs nationaux. Cet exemple montre, une fois encore, le bénéfice mutuel de coopérer avec la Russie pour une pleine intégration du Kazakhstan sur les marchés internationaux et plus généralement la scène internationale.

14. Le Kazakhstan exporte, via la mer Caspienne, du pétrole qui est consommé dans la partie nord de l'Iran. De son côté, l'Iran exporte une partie de son pétrole produit au Sud pour le compte du Kazakhstan.

LE KIRGHIZSTAN

Kyrgyz Respublikasy

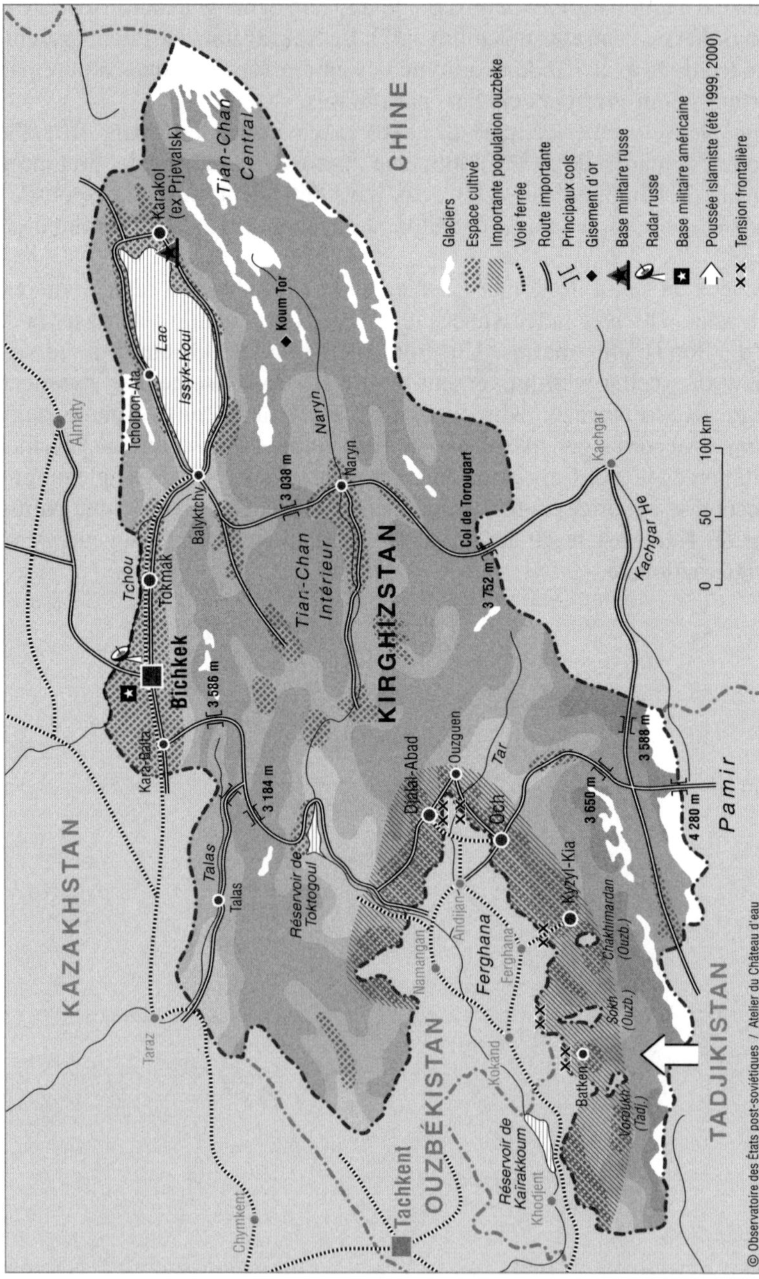

Chiffres clés

Territoire

Superficie : 198 500 (deux fois le Portugal)
Capitale : Bichkek (841 000 hab.)
Principales villes :
- Och (230 000 hab.),
- Djalal-Abad (78 000 hab.)

Divisions administratives : 7 régions (*oblasty*) et une ville à statut spécial (Bichkek).

Population

5 321 000 habitants au 1er janvier 2004
Dernier recensement : 1999
Densité : 26,8 habitants/km²
Population rurale : 65,2 %
Population urbaine : 34,8 %
Espérance de vie à la naissance (1999) :
67 ans (hommes, 63 ans ; femmes, 71 ans)

Données démographiques (pour mille habitants)

	1991	1995	2000
Accroissement naturel	21,6	17,6	12,8
Natalité	28,5	25,6	19,7
Mortalité	6,9	8,0	6,9
Mortalité infantile	29,7	28,1	22,6

Composition ethnique (1999)

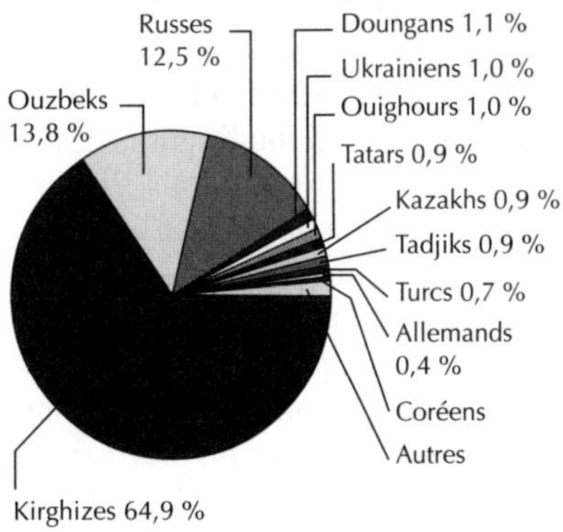

Économie

PIB par habitant en parité de pouvoir d'achat

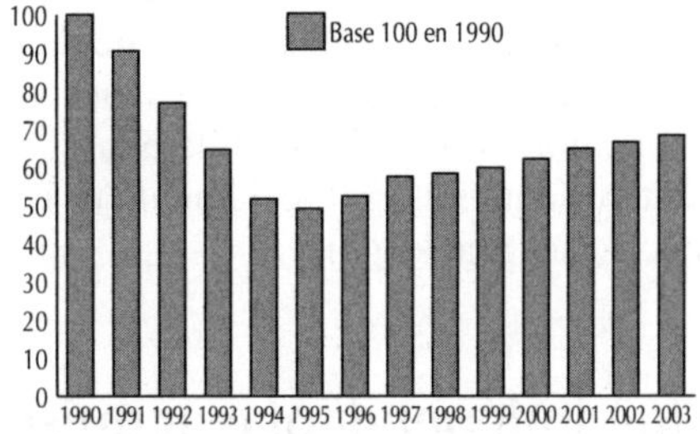

Principales composantes du PIB en 2002 :
- agriculture et forêts 37,9 %
- industrie 27,3 %
- services 34,8 %

IDH (2000) : 0,712 (102e rang mondial)
Monnaie : som
Dette extérieure : 1,8 milliards de dollars

Relations extérieures

Adhésion aux organisations internationales :
- CEI, OCE, OMC,
- Organisation de la coopération de Shanghaï,
- Organisation de la coopération centre-asiatique,
- Partenariat pour la paix de l'OTAN,
- Organisation de la conférence islamique.

Principaux partenaires commerciaux en 2002 :
- export : Suisse, 20,3 % ; Russie, 16,4 % ; Chine, 8,4% ; Kazakhstan, 7,5 %, États-Unis, 7,4 %.
- import : Russie, 19,9 % ; Ouzbékistan, 10,2 % ; Kazakhstan, 21,1 % ; États-Unis, 8,1 % ; Chine, 10,1 %.

Exportations totales en 2002 :
498 millions de dollars.
dont : – or et métaux précieux, 33,8 %
– textile, 12,2 %
– produits minéraux, 12,8 %
– machines et équipements, 5,5 %
– tabac et produits alimentaires, 6,2 %

Importations totales en 2002 :
552 millions de dollars.
dont : _ produits minéraux, 28 %
– machines et équipements, 15,2 %
– produits chimiques, 13,3 %
– produits alimentaires, 8,1 %

Pour cette petite république d'Asie centrale qui compte près de cinq millions d'habitants, la sortie du modèle soviétique s'avère problématique. Si elle constituait un espace intégré dans l'ancienne union, son émancipation à l'égard de l'ancien centre est particulièrement difficile. Sa localisation et ses faibles ressources ont amené ce pays montagneux — 90 % du territoire se situent à une altitude supérieure à 1500 mètres — à multiplier les partenariats avec les organisations internationales et les États occidentaux.

Dans un premier temps, la République Kirghize[15] a été décrite par les observateurs comme un îlot démocratique dans un environnement centre-asiatique autoritaire. Beaucoup de réformes ont été menées dans cet État où 64 % de la population vit sous le seuil de pauvreté. En quoi ont-elles transformé la société ? Cette orientation pro-occidentale et libérale a-t-elle permis de consolider l'existence d'un État kirghize ?

Une indépendance acquise sans mouvement national

Les premières traces historiques écrites concernant des Kirghizes datent de leur contact avec l'empire ouïghour en 840. Cette population de pasteurs nomades venue du Haut Iénisséi (Mongolie occidentale) fait partie des vastes confédérations tribales turques ou turcisées qui ont émigré vers le Sud Ouest de la Mongolie à partir du VIe siècle. Une grande partie des Kirghizes se sont dirigés vers le Tian Chan et s'y sont finalement installés. Il ne faut cependant pas établir une continuité historique trop rapide entre l'histoire de cette migration et l'existence contemporaine d'un État-nation kirghize faisant suite à l'effondrement de l'URSS.

Des territoires découpés par des puissances extérieures

Avant de devenir une République fédérée de l'URSS, cette région des contreforts du Tian Chan a successivement été sous la suzeraineté des Chinois (1750-1820), pour faire ensuite brièvement partie du Khanat de Kokand (1820-1864). Le traité sino-russe de Tchougountchouk fixe la frontière orientale entre ces deux grandes puissances et cette région montagneuse peuplée tombe sous l'influence russe qui se traduira militairement en 1876 par l'annexion du Khanat.

L'intégration dans l'empire tsariste puis finalement dans l'Union soviétique va transformer le destin de sa population. Les administrateurs allogènes chargés d'organiser le contrôle des populations d'Asie centrale décrivent alors les différentes populations autochtones afin d'établir un pouvoir colonial s'appuyant sur des découpages administratifs. Les Kirghizes sont appelés dans un premier temps Kara-Kirghizes (Kirghizes noirs) afin de les différencier des Kirghizes-Kazakhs (nom donné aux Kazakhs par l'administration coloniale). Le découpage politico-administratif de l'URSS s'inscrit dans la politique des nationalités érigée par

15. On emploiera simultanément pour nommer ce pays la dénomination officielle « République kirghize » mais aussi le terme couramment usité « Kirghizstan ».

Staline. Sa conception de la nation est alors transposée à la réalité de l'Asie centrale. Les Kirghizes obtiennent une région autonome en 1924, puis le statut de République Fédérée en 1936. D'autres foyers de population kirghizes subsistent dans les Républiques voisines.

En 1991, c'est l'effondrement de l'URSS qui engendre la transformation de cette entité soviétique en un État indépendant, sans qu'il y ait eu de mouvement populaire national souhaitant s'émanciper de la tutelle moscovite. Les élites soviéto-kirghizes en place doivent alors assumer les transformations politiques tout en construisant un discours national pour légitimer la nouvelle configuration. Cependant, contrairement aux autres Républiques d'Asie centrale, ce n'est pas le premier secrétaire du parti communiste (A. Masaliev) qui va assurer cette transition. Lors des élections de 1990, un candidat de compromis Askar Akaev, président de l'Académie des sciences, est désigné pour assumer la nouvelle fonction de président de la République. Il déclare l'indépendance du pays en août 1991, avant d'en être élu président le 27 octobre 1991, dans un contexte relativement tendu après les affrontements qui ont touché le sud du pays dans la région d'Och en 1989.

L'identité d'une société en mutation

Bien que faisant partie de la Nomenklatura, A. Akaev, figure originale dans le contexte postsoviétique, va être le principal initiateur d'un nouveau discours idéologique. L'imaginaire national kirghize se construit autour de l'épopée de Manas qui devient le mythe fondateur de l'État-nation kirghize. Cette épopée, choisie parmi d'autres, avait déjà été utilisée par le pouvoir soviétique pour élaborer l'histoire nationale kirghize. Les valeurs privilégiées pour définir la « kirghizité » font systématiquement référence à la culture nomade en milieu montagneux, même si de nos jours, ce mode de vie est devenu marginal. Il faut souligner que contrairement au discours idéologique des États voisins, le pouvoir ne se fonde pas sur un discours de l'autochtonie des Kirghizes pour légitimer la construction d'un État-nation. L'identité kirghize est aussi présentée comme inséparable d'une appartenance au monde musulman sunnite, même s'il y a une volonté de s'inscrire dans une pratique religieuse modérée et non politisée. Les croyances et les pratiques religieuses de la population kirghize restent d'ailleurs fortement marquées par un syncrétisme associant islam et chamanisme.

Le discours national s'inscrit dans une société kirghize multiculturelle composée certes des Kirghizes (58 % au recensement de 1989), mais aussi des Russes (20 %), des Ouzbeks (14 %), des Allemands. Depuis, la population a connu des transformations démographiques importantes. L'émigration massive de la population dite européenne (Russes, Allemands, Ukrainiens), la vitalité démographique des Ouzbeks et des Kirghizes ont modifié la composition nationale du pays. D'après le recensement de 1999, la population russe ne représente plus que 12,5 % contre 64,9 % pour les Kirghizes. On ne peut toutefois pas imputer ces changements uniquement au discours nationaliste. Le ralentissement de l'activité industrielle, l'effondrement du système éducatif, de santé ou encore la paupérisation de la population sont autant de facteurs qui poussent ces populations à quitter la région. Dans le même temps, la population rurale se renforce.

Le discours politique national a d'ailleurs tendance à s'atténuer. Il n'apparaît plus comme une priorité ce qui se traduit notamment par des changements dans la politique linguistique. Le statut du russe comme langue officielle, l'une des principales revendications du parti des Russes du Kirghizstan (Soglasie), est octroyé en novembre 2001.

Les limites d'un « modèle démocratique » centre-asiatique

Le rôle que doit jouer l'État, douze ans après l'indépendance, reste un sujet de polémique dans la classe politique kirghize. En effet, l'observation des premières années de l'indépendance a montré combien ce pays demeure hésitant sur les stratégies de construction et de développement de l'État. Néanmoins, dès 1991, l'équipe dirigée par Askar Akaev s'engage à promouvoir les principes démocratiques. Le Kirghizstan apparaît alors aux yeux des Occidentaux comme l'un des alliés de confiance dans la région.

A. Akaev décide de changer la Constitution en 1993 pour, selon ses propres termes, renforcer le pouvoir exécutif afin d'assurer des réformes radicales. Le système politique se veut présidentiel. Le président a désormais le pouvoir de nommer et révoquer les ministres, les gouverneurs régionaux, le Premier Ministre avec une consultation du parlement, le secrétaire national (poste le plus important dans la hiérarchie du pouvoir). Il est également chef des Armées, peut déclarer l'état d'urgence et dissoudre l'Assemblée.

La rémanence du localisme dans la politique kirghize

D'un point de vue politique, le système était profondément marqué par le jeu qui opposait les factions régionales du nord et du sud du pays pour le leadership au sein de la République. Même s'il existe effectivement une barrière géographique entre ces deux parties du pays, il s'agit avant tout de représentations politiques permettant d'organiser des réseaux de solidarité. Le Nord, région du président, est plus urbanisé, davantage russifié tandis que le Sud où vit plus de la moitié de la population, est plus rural et islamisé. Ce clivage se retrouve autant dans les représentations sociales que dans la vie politique où ces deux factions s'affrontent pour la distribution des pouvoirs. Même si de nombreux partis ont été créés depuis l'indépendance, ils ne représentent guère de forces sociales constituées et les factions régionales structurent davantage la vie politique.

Les nostalgiques de l'époque soviétique, représentés au parlement par le très influent PC kirghize, regrettent le désengagement de l'État dans les sphères du social et de l'éducation, et se retrouvent à l'unisson pour critiquer un gouvernement discrédité par de sérieux scandales de corruption. Le premier signe de ce désengagement se caractérise par le manque et une distribution inégalitaire de ressources financières entre les régions. Les notables locaux renforcent ainsi leur position sociale, profitant des réformes des pouvoirs locaux. Il ne s'agit en rien d'une décentralisation, mais d'un nouveau type de rapport de pouvoir renforçant l'État au niveau local. À la nouvelle répartition des tâches s'ajoute une privatisation sauvage et incontrôlée des structures de l'État dans les régions. Les notables s'approprient souvent les anciennes ressources publiques et jouent un rôle majeur dans l'organisation des divers trafics transfrontaliers (drogues, armes). L'organisation administrative territoriale évolue vers un système de type vertical caractérisé par des liens d'allégeance envers l'autorité centrale.

Un présidentialisme accru, de plus en plus contesté

En 1995, la réélection d'Akaev marque la fin d'une période de transformations radicales dans tous les domaines et de libéralisation accentuée de la société. Sans doute, la vie politique est-elle marquée depuis cette date par une certaine vitalité du parlement (Jogorku Kenech) qui n'hésite pas à s'opposer aux décisions du président, même si ces manifestations restent souvent sans effet. Mais la dégradation générale de la situation politique, l'apparition de mouvements contestataires et de partis d'opposition particulièrement critiques à l'égard du gouvernement, n'ont fait que confirmer les doutes de l'équipe en place quant au bien fondé d'une orientation vers un « système pseudo libéral ». L'administration présidentielle a procédé à une véritable reprise en main et concentre désormais, dans les mains de quelques fidèles du président, les principaux leviers du pouvoir. Ce tournant s'accompagne de restrictions importantes des libertés publiques et individuelles.

Les principales nominations de hauts fonctionnaires sont étroitement contrôlées par le président (procureur général, magistrats, ministres) et tiennent souvent compte des origines sociales et politiques des candidats, résumées dans l'appartenance à un réseau de solidarité à l'intérieur d'une faction régionale. Malgré une réforme du système judiciaire initiée en 1999 (budget indépendant, formation des juges, nouveau Code civil), le système reste dominé par la pratique soviétique qui se caractérise par une forte dépendance de la justice au pouvoir politique.

Depuis le dernier cycle d'élections, commencé en 1999 par les scrutins locaux, l'opposition est muselée, la liberté d'expression réduite. Certaines figures politiques n'ont pu se présenter aux élections (F. Koulov et E. Aliev du parti Ar Namys, D. Housseinov du Parti populaire) pour des raisons édictées par le pouvoir exécutif. De nombreuses arrestations et violences de la part des forces de polices sont dénoncées par les partis d'opposition et les ONG locales. Le « parti du pouvoir » n'obtient la victoire aux élections législatives (mars 2000) qu'au prix de nombreuses irrégularités.

Le président est de plus en plus discrédité aux yeux de la population notamment après les événements survenus en 2002 dans le district d'Aksou (région de Djalal-Abad). Les 17-18 mars, la police tue cinq manifestants qui protestaient contre la détention du député Azimbek Beknazarov, accusé d'abus de pouvoir et de corruption, alors qu'il était l'un des plus fervents opposants à Akaev. À la suite de ce scandale, le Premier ministre est limogé mais la population continue à se mobiliser et organise des marches de protestation contre le procès. Le 29 juin, le tribunal régional abandonnera les charges contre Beknazarov au motif qu'elles étaient politiques.

Depuis lors, une scission a eu lieu au sein de l'opposition : une partie, emmenée par Beknazarov, milite pour la démission d'Akaev alors que d'autres soutiennent de larges réformes constitutionnelles. À cet effet, un Conseil constitutionnel a été créé, en septembre 2002, avec pour mission de faire des propositions d'amendement constitutionnel. En dépit du récent référendum constitutionnel (février 2003), la situation reste délétère avec un cortège d'assassinats politiques et de pressions jusque dans l'entourage du président Akaev.

Un champ de libertés de plus en plus restreint

Dans ce contexte, la liberté de la presse est de plus en plus réduite. Aux difficultés rencontrées par les journalistes à effectuer un travail indépendant de toute pression s'est ajoutée une véritable campagne d'épuration des éléments jugés « réactionnaires ou d'opposition » au sein des principaux médias. En 2000, trois journaux ont été fermés par les autorités (*Kapitalism, Litsa et Res Publica*) et la pression s'est accrue sur toute la profession (imprimeries, réseaux de distribution). Les conditions de création et d'enregistrement des journaux facilitent un contrôle étroit de la presse.

En matière de liberté religieuse, un conseil national aux affaires religieuses a été créé en 1996. Les communautés religieuses doivent être enregistrées par le conseil afin de pouvoir exercer leurs activités. *De facto*, les procédures cherchent à exercer une surveillance des nombreuses organisations islamiques et chrétiennes ayant des activités de prosélytisme. La plupart des communautés traditionnellement implantées au Kirghizstan ont néanmoins la possibilité de pratiquer leur culte sans discrimination. Le contexte local, ainsi que le vaste mouvement régional de lutte contre l'islamisme radical conduira certainement Bichkek à renforcer ce contrôle et à coopérer avec ses voisins dans cette direction. Cependant, même si le mouvement islamiste, Hizb-ut-Tahrîr (le parti de la libération) gagne en audience dans le sud du pays, l'islam reste peu politisé au Kirghizstan.

Les multiples dépendances de l'économie kirghize

En Asie centrale, la République kirghize était la plus intégrée commercialement aux autres Républiques soviétiques puisqu'elle réalisait 96 % de son commerce avec ses partenaires de l'URSS. N'ayant pas tissé de liens économiques avec l'extérieur, on pouvait s'attendre à une sortie du système soviétique parsemée d'écueils pour le Kirghizstan devenu indépendant. Ceci semblait renforcé par le manque de ressources de ce pays montagneux.

Seulement 7 % de son territoire est constitué de terres arables. Il possède des réserves très faibles en hydrocarbures (en 2001, il importait 96 % de sa consommation de gaz, 90 % de celle de pétrole et 67 % de celle de charbon). La principale ressource, outre le mercure (troisième producteur mondial à la fin des années 1990), reste l'or avec le gisement de Koumtor (qui est l'un des dix plus grands au monde, mais dont les coûts d'exploitation sont élevés). Mais pour de nombreux Kirghizes, l'eau est considérée comme la plus grande richesse de la nation.

Douze ans après l'indépendance, le passage d'une économie collective à une économie plus libérale s'est avéré très difficile et fort coûteux pour la population.

Le Kirghizstan libéral ou le « marketing des réformes »

Avec des slogans comme « la Suisse de l'Asie centrale » et une libéralisation rapide de son économie (en comparaison avec ses voisins centre-asiatiques), le Kirghizstan est vite devenu le bon élève de la classe pour les bailleurs de fonds. Il est vrai que la privatisation des petites et moyennes entreprises fut achevée dès 1993. L'introduction de la monnaie nationale, le som, est intervenue dès mai 1993 et sa convertibilité assurée dès mars 1995. L'inflation a été maîtrisée la même année et la croissance a repris à partir de 1996. Le Kirghizstan eut même le privilège d'être le premier pays de la CEI à être admis à l'OMC, en décembre 1998. Encensé, le Kirghizstan a bénéficié massivement de l'aide internationale. Il fut le premier pays, en Asie centrale, à bénéficier d'un prêt de transformation systémique du FMI en 1993. Il est également devenu, en 1999, le pays pilote de la CEI pour le Cadre de développement global (CDF en anglais) de la Banque mondiale. Par habitant, le Kirghizstan est ainsi devenu, très vite, le pays centre-asiatique le plus soutenu financièrement.

Aujourd'hui, les institutions internationales jettent un regard plus contrasté sur les transformations réelles de la société kirghize. De nombreuses réformes en profondeur ont été retardées. La privatisation des monopoles (toujours pas achevée) a été entreprise début 1997. Plus préoccupant encore sont les balbutiements de la gouvernance d'entreprise et les difficultés du secteur privé pour émerger face à l'administration. Enfin, la restructuration des entreprises est très lente. En 1999, parmi les 526 moyennes et grandes entreprises du pays, près du quart avouaient n'avoir plus aucune activité sans pour autant déposer leur bilan.

Le Kirghizstan, conscient de la nécessité impérative de trouver des financements extérieurs, a joué, à raison, la carte de l'ouverture pour attirer des capitaux en provenance de la communauté internationale tout en se gardant de s'attaquer aux fondements de son système économique.

Le cataclysme de la décennie pour l'économie réelle

En dix ans, la production a chuté de plus de 30 %. C'est la chute de la production industrielle qui a été la plus spectaculaire avec une baisse de plus de 50 % du fait notamment des problèmes d'approvisionnement (en matières premières et en énergie) et de débouchés. Des filières telles que l'industrie légère, par exemple, ont quasiment disparu. La production agricole a mieux résisté : après une baisse de 30 % en 1995 (par rapport à 1991), elle a retrouvé son niveau de l'indépendance en 1999. Pourtant, ces chiffres masquent quelque peu la réalité. D'une agriculture industrielle on est passé à une agriculture essentiellement vivrière où la terre est privée grâce notamment aux nouvelles dispositions du Code rural de juin 1999. L'agriculture kirghize est de moins en moins mécanisée et dépend de manière croissante des conditions climatiques. Le fleuron de l'agriculture kirghize, ses cheptels, a été décimé à cause de l'appauvrissement des populations rurales et du manque de débouchés faisant suite à l'implosion de l'URSS : les ovins et caprins sont passés de 9,5 millions de têtes en 1991 à 4 millions en 1998.

Le commerce kirghize s'apparente de plus en plus à celui d'un pays en voie développement. En 2002, l'or représentait un tiers des exportations tandis que Bichkek importait principalement des machines et de l'énergie. D'après le Centre du commerce international, seules 10 % des exportations kirghizes sont des biens intensifs en technologie ou en capital humain. En douze années, seule l'industrie aurifère s'est renforcée. Le Kirghizstan produit annuellement une vingtaine de tonnes d'or.

Le Kirghizstan : une émancipation impossible ?

À l'époque soviétique, la Kirghizie vivait grâce aux subsides des autres Républiques (notamment de la part de la Russie). Les transferts annuels (sous forme d'investissements, de transferts budgétaires ou de subventions indirectes) correspondaient environ à 15 % du revenu national produit.

Depuis l'indépendance, la balance courante est sans cesse déséquilibrée ce qui est à l'origine pour les deux tiers de l'explosion de la dette d'après les estimations du FMI. Ce déséquilibre est dû pour plus de la moitié aux importations d'énergie (premier poste à l'importation). Fin 2002, la dette totale représentait près de 115 % du PIB. À court terme, le service de la dette grèvera de plus en plus la marge de manœuvre des autorités du pays. Avec 20 % du budget national, c'est le deuxième poste budgétaire. Mais la préoccupation concerne surtout le long terme, puisque cette dépendance sera de plus en plus une arme aux mains de pays comme la Russie. Ainsi, à la veille d'un nouveau rééchelonnement de la dette en octobre 2000, la Russie a préféré acquérir quatre combinats métallurgiques importants dont celui d'Orlovka pour les métaux rares et celui de Khaidarkan pour le mercure. En outre, l'investissement direct étranger est resté très faible : 400 millions de dollars entre 1994 et 1999 et, fait encore plus inquiétant, il stagne depuis 1999.

Aujourd'hui, les dépendances du Kirghizstan sont multiples. La principale est énergétique vis-à-vis de l'Ouzbékistan et du Kazakhstan. La pénurie est telle, que les autorités kirghizes ont reconnu officiellement, en décembre 2001, siphonner une partie du gazoduc qui relie l'Ouzbékistan au Kazakhstan en passant par son territoire. L'Ouzbékistan coupe régulièrement les livraisons de gaz au Kirghizstan au motif que Bichkek accumule des arriérés de paiement. Bichkek menace de répliquer en augmentant les lâchers d'eau pour produire de l'énergie hydroélectrique. La dépendance vis-à-vis de la Russie persiste pour le tissu économique. Enfin, une nouvelle dépendance est née envers les bailleurs de fonds occidentaux notamment pour les infrastructures et les investissements en capital fixe.

Le pouvoir économique ne peut donc que gérer les affaires courantes. Seule une gestion à court terme est mise en œuvre, aggravée par un manque fréquent de notion de service public parmi les hauts fonctionnaires.

Une confiance fragilisée par la paupérisation

À la fin de l'URSS, on considère qu'il y avait 30 à 35 % de pauvres au Kirghizstan. Ce chiffre est passé à plus de 50 % en quelques années. Mais il cache une grande inégalité : la pauvreté touche plus les zones rurales (2/3 contre 1/3 pour les zones urbaines) et les régions du Sud (90 % de pauvreté dans la région de Naryn et 70 % dans la région d'Och). Quant au salaire réel, il a été divisé par deux depuis l'indépendance. Il était, fin 2002, de 33 dollars par mois. Du fait de cette baisse et des arriérés de paiement, le salaire ne constitue plus la principale source de revenus des ménages du pays qui survivent surtout en faisant des « petits boulots » plus ou moins légaux ou en exploitant un petit lopin de terre. L'économie informelle est ainsi galopante et autorisée, source de nombreux trafics.

Le Kirghizstan détient aussi le triste record du plus fort accroissement des inégalités en Asie centrale dans les premières années de la transition : elles ont crû deux fois et demi plus vite que les pays occidentaux les plus inégalitaires (le Royaume-Uni des années 80 par exemple). On constate un manque de confiance envers le système économique, symbolisé par la dollarisation de l'économie et la défiance de la population vis-à-vis du système bancaire : 80 % de l'offre de monnaie se trouverait en dehors des banques, dont un quart « sous le matelas ».

La difficile définition d'une politique extérieure crédible

Un Kirghizstan faible face à des risques multiples

La République Kirghize fait figure de « petit poucet » face aux deux géants russe et chinois qui l'entourent. Dans l'imaginaire populaire, la peur du voisin est un élément important. Mis à part ces deux puissants voisins, l'Ouzbékistan avec sa prétention à s'imposer comme leader régional inquiète également Bichkek. Par ailleurs, le Kirghizstan doit faire face aux mouvements transnationaux comme le trafic de drogue ou la déstabilisation par des islamistes radicaux. La guerre civile au Tadjikistan, la situation en Afghanistan ont entraîné la présence dans la région de nombreux militaires, mais aussi de mouvements qui souhaitent transformer les anciennes Républiques soviétiques en nouveau sanctuaire de la Djihad. Le Kirghizstan a ainsi été confronté à des incursions de rebelles islamistes au cours des étés 1999 et 2000. C'est d'ailleurs à la suite des premiers combats, en 1999, que Bichkek a décidé de créer la nouvelle région administrative de Batken pour renforcer son contrôle dans le sud du pays. Un autre mouvement, Hizb-ut-Tahrîr, avec une implantation populaire grandissante, est présent dans le Sud du pays, notamment dans la région de Djalal-Abad. Ce mouvement souhaite la création d'un califat d'Asie centrale mais récuse la violence pour y parvenir.

Le Kirghizstan doit non seulement faire face à des défis internes mais aussi externes. Il est confronté à des contentieux économiques, politiques et même frontaliers avec tous ses voisins. Cela s'est notamment traduit par un renforcement des contrôles entre les anciennes Républiques soviétiques (Kazakhstan, Ouzbékistan, Tadjikistan). Ces problèmes sont dus à la fois à des litiges sur le tracé des frontières, mais aussi à l'incohérence de ce nouvel espace politique depuis l'effondrement de l'URSS.

La République Kirghize a une frontière commune sur son flanc Sud-Ouest avec l'Ouzbékistan, partageant notamment la vallée de Ferghana. La complexité du découpage soviétique a conduit à la création de trois enclaves en territoire kirghize : Vouroukh (tadjike), Sokh et Chakhimardan (ouzbèkes). La polémique est réapparue lorsqu'en avril 2001, la presse kirghize a rendu public l'existence d'un mémorandum secret signé le 26 février entre les Premiers ministres kirghize et ouzbek à propos de l'enclave de Sokh. Cet accord prévoyait un échange de terre pour aménager un corridor territorial reliant l'Ouzbékistan à l'enclave. Les habitants de la région se sont élevés contre ces négociations soulignant que cet accord aurait *de facto* coupé la région de Batken en deux. Au-delà du problème des enclaves ouzbèkes, on constate qu'il est de plus en plus difficile de circuler entre les deux Républiques surtout depuis l'incursion militaire du Mouvement islamiste d'Ouzbékistan (MIO) au cours de l'été 1999. Alors que les Ouzbeks minaient un secteur de la frontière, les autorités kirghizes restructuraient le transport routier pour éviter de traverser le territoire ouzbek.

Au Nord, la République Kirghize a une longue frontière avec le Kazakhstan, avec lequel Bichkek entretient des relations de premier plan. Un accord sur le tracé frontalier consisterait en un échange de territoires entre les deux États. Le Kirghizstan se verrait attribuer des terres arables contre la cession d'une carrière dans la région de Talas. Le parlement s'oppose pour le moment à cet accord pensant que cette carrière serait aurifère. En outre la rétrocession d'un territoire dans la région de Tokmak risque de couper la route principale entre Bichkek et l'Est du pays.

Mais l'enjeu frontalier qui divise le plus la classe politique kirghize demeure celui avec la Chine qui a donné lieu à la signature de deux accords le 4 juillet 1996 et le 26 août 1999. Ces accords, signés par A. Akaev, prévoient la cession à la Chine de 125 000 hectares dans la région montagneuse de Naryn. Le Kirghizstan bénéficierait en échange d'une assistance militaire et d'un développement de nouveaux réseaux routiers par les Chinois. Certains députés (notamment A. Beknazarov) se sont opposés au président l'accusant de brader les intérêts nationaux et ont demandé le 14 juin 2001 la révision de l'accord de 1999. La Chine, selon eux, aurait la possibilité de maîtriser des ressources en eau capitale pour l'avenir de la région. Cette question ne semble toujours pas réglée, mais dans les faits, la partie orientale de la région de Naryn est aujourd'hui sous contrôle militaire étroit et pratiquement impossible d'accès.

Une stratégie de coopération tous azimuts

Face à ces multiples défis et avec un budget militaire limité à 50 millions de dollars pour une armée ne comptant que 50 000 hommes, le Kirghizstan ne peut défendre seul son intégrité et sa sécurité. Son enclavement géographique et ses fragilités l'ont amené à multiplier les coopérations avec le maximum d'acteurs régionaux ou internationaux dans un cadre bilatéral ou multilatéral sans donner le sentiment d'avoir une stratégie bien définie.

Même si le Kirghizstan n'a pas de frontière commune avec la Fédération de Russie, il a toujours manifesté un attachement étroit à Moscou. Cela s'est traduit notamment par la signature par Bichkek de tous les textes importants adoptés au sein de la CEI comme, par exemple, le pacte de sécurité collective. Il a rejoint la force de réaction rapide qui siège à Bichkek (mai 2001). Il fait également partie de la Communauté économique eurasiatique après avoir rejoint l'Union douanière peu de temps après sa création. Il est également membre fondateur du groupe des cinq de Shanghaï. Il joue également la carte des pays musulmans comme membre de l'Organisation de coopération économique (depuis 1992) et de l'Organisation de la coopération islamique.

Bichkek est aussi membre d'organisations à vocation plus atlantique comme l'OSCE ou le Partenariat pour la paix de l'OTAN. Les coopérations bilatérales sont également nombreuses notamment avec les États-Unis ou la Turquie. Les attentats du 11 septembre 2001 ont renforcé le sentiment de vulnérabilité et conduit à l'accélération de cette ouverture occidentale. Près de 2000 militaires américains stationnaient, fin 2002, sur le territoire kirghize. La France, et d'autres pays européens, ont également utilisé l'aéroport de Bichkek pour mener des opérations en Afghanistan. Ces stationnements sont aussi une manne financière inespérée puisque Washington verserait annuellement près de 300 millions de dollars à Bichkek pour la présence de ses soldats sur son sol. Cependant, des inquiétudes montent dans la population qui ne voit pas forcément d'un bon œil la présence de soldats américains. Ces appréhensions sont relayées par une partie des membres du parlement sous la houlette du chef du parti communiste, Ichkak Masaliev.

À l'heure d'un premier bilan après douze ans d'indépendance, le Kirghizstan se trouve dans une situation difficile. Sa localisation, son milieu géographique, son faible tissu économique et industriel, en faisaient au moment de l'indépendance un pays fragile. Il apparaît que le potentiel pour créer un État souverain dans tous les domaines est toujours aussi faible dans le contexte régional d'instabilité. La dégradation de la situation fait redouter un risque de morcellement encore plus important à l'avenir face aux pressions économiques, politiques et stratégiques. Contrairement à la perception occidentale de cette région, ce n'est ni la question ouzbèke, ni la question religieuse qui déstabilisent le plus ce pays mais bien la crise économique et sociale, conséquence de la politique économique choisie. L'eau, principale richesse du pays, sera-t-elle, dans l'avenir, un atout suffisant pour que le Kirghizstan tire son épingle du jeu d'un contexte régional défavorable ?

L'OUZBÉKISTAN

Uzbekiston Respublikasi

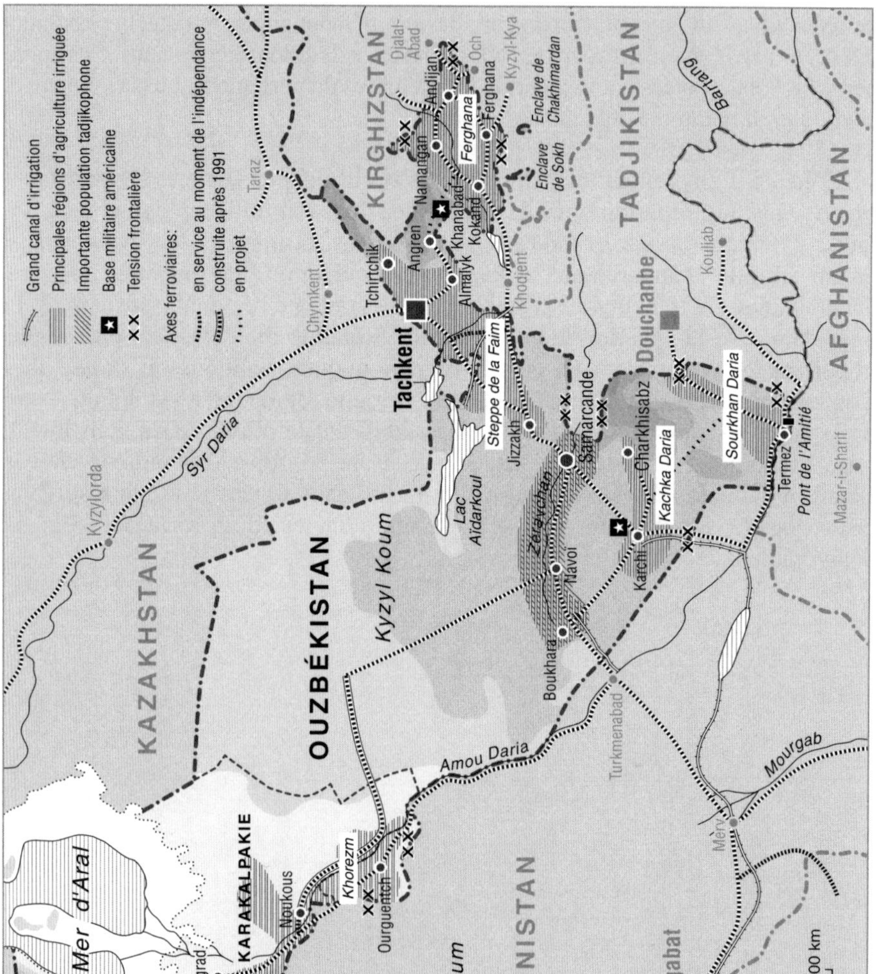

Chiffres clés

Territoire

Superficie : 447 400 km²
(l'équivalent de la Suède)
Capitale : Tachkent (2,15 millions d'hab.)
Principales villes :
- Namangan (422 000 hab.)
- Samarcande (373 000 hab.)
- Andijan (348 000 hab.)
- Boukhara (268 000 hab.)
- Noukous 254 000 (hab.)
- Karchi (220 000 hab.)

Divisions administratives : 12 régions (*viloyat*), une république autonome (Karakalpakstan) et une ville à statut spécial (Tachkent).

Population

24 900 000 habitants en 2001
Dernier recensement : 1989
Densité : 55,6 habitants/km²
Population urbaine 37,34 %
Population rurale 62,6 %
Espérance de vie à la naissance (1999) :
70 ans (hommes, 68 ans ; femmes, 73 ans)

Données démographiques (pour mille habitants)

	1991	1995	2000
Accroissement naturel	28,3	23,4	17
Natalité	34,5	29,8	22,3
Mortalité	6,2	6,4	5,3
Mortalité infantile	35,5	26,0	20,2

Composition ethnique (1996, est.)

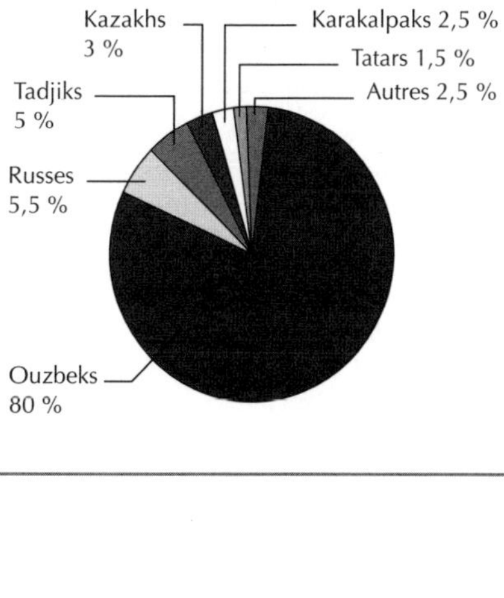

Économie

PIB par habitant en parité de pouvoir d'achat

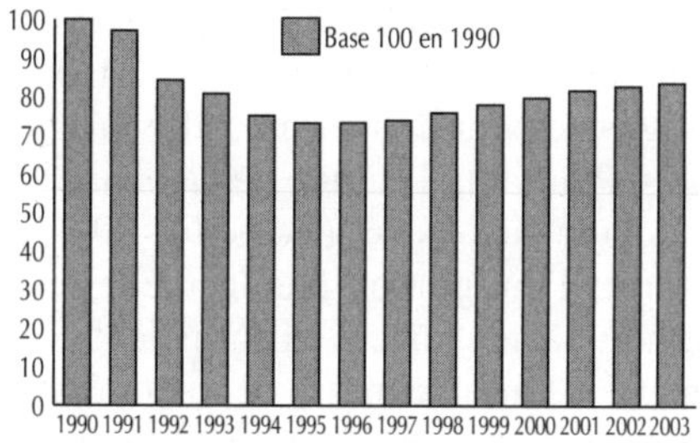

Principale composantes du PIB en 2001 :
- services 42,3 % ;
- agriculture et forêts 34,9 % ;
- industrie 15,8 %.

IDH (2000) : 0,727 (95e rang mondial).
Monnaie : soum.
Dette extérieure (2001) : 11,8 milliards de dollars.

Relations extérieures

Adhésion aux organisations internationales :
- CEI,
- GUAM (adhésion suspendue),
- OCE,
- Organisation de la coopération de Shanghaï,
- Organisation de la coopération centre-asiatique,
- Partenariat pour la paix de l'OTAN,
- Organisation de la conférence islamique.

Principaux partenaires commerciaux en 2000 :
- export : Russie, 16,7 % ; Suisse, 8,3 % ; Grande-Bretagne, 7,2 % ; Ukraine, 4,7 % ; Corée du Sud, 3,3 % ; Kazakhstan, 3,1 %.
- import : Russie, 15,8 % ; Corée du Sud, 9,8 % ; États-Unis, 8,7 % ; Allemagne, 8,6 % ; Kazakhstan, 7,3 % ; Ukraine, 6,1 %.

Importations totales en 2001 :
2 500 millions de dollars.
dont : – machines et équipements, 35,4 %
– produits chimiques, 13,6 %
– produits alimentaires, 12,3 %

Exportations totales en 2001 :
2 800 millions de dollars.
dont : – coton, 27,4 %
– energie, 10,4 %
– métaux, 6,6 %
– machines et équipements, 3,4 %

Une identité plurielle pour une consolidation singulière

Vers une identité étatique rémanente

Tout en héritant des trois États historiques de Boukhara, Khiva et Kokand, l'Ouzbékistan, indépendant depuis le 31 août 1991, se perçoit comme une puissance régionale dont le territoire coïnciderait implicitement avec celui de l'Empire de Tamerlan dont il a fait abusivement son ancêtre fondateur.

Avec une population de 24,7 millions d'habitants en l'an 2000, il est officiellement en quête d'une identité ouzbékistanaise basée sur la concorde ethnique et religieuse pour donner un cadre juridique égalitaire à toutes les communautés du pays. Pourtant, il cultive *de facto* une « préférence ethnique » centrée sur la nation éponyme ouzbèke qui constitue 80 % de la population. Ce pays ne parvient pas à enrayer l'émigration intellectuelle et technique des souches européennes et des communautés juives qui formaient pourtant environ 10 % de la population totale en 1989. Par la jeunesse de sa population (plus de 60% ayant moins de 18 ans), la structure fortement centralisée du pouvoir dans un contexte d'isolement, voire la difficulté du gouvernement à entreprendre de véritables réformes, l'Ouzbékistan se trouve sur de nombreuses lignes de fracture.

La hantise d'un séisme social

Outre les contraintes géologiques qui l'exposent à des menaces sismiques, l'Ouzbékistan se complaît dans un discours alternant entre l'espoir d'une embellie économique qui tarde à se manifester et la menace d'une déstabilisation islamiste qui, depuis l'éclatement de la guerre civile au Tadjikistan en 1992, lui a servi à cautionner sa politique intérieure et extérieure. Conforté par les attentats de 1999 et de l'été 2000 à Tachkent et dans la région de Batken (Kirghizstan), puis dans le Sourkhan-Daria, le pouvoir ouzbek n'a pu empêcher (certains avancent même qu'il les auraient favorisés) le développement d'une psychose sociale dont les effets sont multiples. Cette atmosphère a accéléré le départ des urbains russophones (et de nombreux étrangers) ; elle a semé le doute au sein des élites ouzbèkes elles-mêmes, dont la participation politique demeure fragile. Ces élites, issues du moule soviétique, sont aux prises avec un dilemme inextricable : ne pas perdre leur rente de situation en préservant un système que l'on peut globalement qualifier de « népotisme-agraire »[16] ou promouvoir les réformes structurelles indispensables pour répondre aux exigences des institutions financières internationales. Or, ces dernières montrent des signes de lassitude depuis quelques années.

La fermeture des frontières et leur minage en de nombreux points accentuent l'image de forteresse contre l'islamisme et le fondamentalisme que développe le pouvoir ouzbek dans ses relations avec ses voisins proches et éloignés. Il se dit investi d'une mission de sauvegarde régionale, ce que confirme son attitude pendant la campagne militaire suivant les événements du 11 septembre 2001. La

16. Ce système repose sur une structure pyramidale du pouvoir tout en s'appuyant sur de fortes solidarités régionales.

stratégie adoptée jusqu'alors par le pouvoir ouzbek pour lutter contre l'extrémisme islamiste s'est durcie au fil des années et a eu de nombreuses répercussions d'ampleur nationale et régionale : une radicalisation perceptible d'une frange croissante de la population, notamment parmi la jeunesse ; un durcissement du dialogue avec les États voisins, en particulier avec le Tadjikistan et le Kirghizstan ; des difficultés de communication croissantes entre ces Républiques centre-asiatiques liées à l'instauration d'un régime de visas.

Un véritable modèle ouzbek de transition ?

Douze ans après la disparition de l'URSS, l'Ouzbékistan a traversé à sa manière plusieurs périodes de réajustement dues à la dislocation du système économique, politique et socioculturel soviétique. S'il présente des résultats positifs d'un point de vue économique, il subit durement les effets de la disparition de l'espace soviétique dans les domaines éducatifs, sanitaires et culturels.

Aux difficultés qu'il rencontre à s'insérer dans une économie mondiale qu'il perçoit comme uniformisée, l'Ouzbékistan répond par la promotion d'un modèle qu'il veut spécifique, d'une stratégie à plusieurs facettes que certains intellectuels locaux ont pourtant décrit comme reflétant « une URSS en réduction ». Ainsi, pour se démarquer du modèle occidental, « individualiste, peu adapté à la société communautaire », il a développé un discours sur sa spécificité orientale, son « exception culturelle » en magnifiant le rôle de la communauté de quartier, la *mahalla*. De même, résiste-t-il aux pressions internationales pour préserver ses propres politiques financière, étrangère et sociale, toutes trois assorties de promesses reconduites et d'alliances contradictoires qui semblent ainsi constituer une véritable vision politique *de facto* isolationniste.

Transition politique : du régime soviétique au régime ouzbek

Un régime hérité des traditions soviétique et centre-asiatique du pouvoir autocratique

Le rôle de l'État n'a jamais vraiment fait l'objet d'un débat populaire ni de réelles réformes de fond. Le régime d'Islam Karimov, en place depuis l'indépendance, a imposé une dictature personnelle, héritée des traditions soviétique et centre-asiatique du pouvoir centralisé. Les dix premières années d'indépendance de l'Ouzbékistan ont été marquées par l'établissement d'un régime fort axé sur une stratégie de développement économique ne laissant place à aucune réforme démocratique des institutions. L'absence de réformes de fond ou réellement mises en œuvre ainsi que l'absence de contre-pouvoir incarné, soit par la société civile, soit par une alternative politique, pose aujourd'hui la délicate question du futur de cet État dans une Asie centrale en pleine transformation. Marginalisant des pans entiers de la société, ce régime n'a pas facilité la formation de nouvelles élites politiques, si bien qu'à l'instar de plusieurs autres États de la CEI, l'enjeu de la succession du président en place se pose de façon délicate.

La formation d'un régime présidentiel fort

La Constitution de 1992 a institué un régime de type présidentiel fort. Le président est élu pour 5 ans au suffrage universel et ne peut exercer que deux mandats consécutifs. Le parlement (Olyi Majlis) est composé de 250 députés. Un double référendum, le 27 janvier 2002, a établi un nouveau parlement bicaméral et prolongé le mandat présidentiel à 7 ans. Comme la plupart des dirigeants d'Asie centrale, le président ouzbek, Islam Karimov est un ancien apparatchik du système communiste. Bien que la Constitution en vigueur limite les mandats présidentiels à deux consécutifs, l'actuel président dirige cette République depuis 1989 et restera vraisemblablement au pouvoir au moins jusqu'en 2007. Ancien premier secrétaire du PC ouzbek à l'époque de l'URSS, I. Karimov est confirmé dans ses fonctions de président après l'indépendance. Son mandat a été prorogé en 1997 par référendum et le parlement a considéré qu'il se présentait en janvier 2000 pour son second mandat et non son troisième. Il est plébiscité (98 %) face à un candidat factice (A. Jalalov) qui déclarait ouvertement le jour des élections voter lui-même pour le président en place… Comme au Turkménistan, l'OSCE s'était refusée à observer des élections n'offrant aucun choix politique alternatif. Il existe, en Ouzbékistan, cinq partis politiques tous créés avec l'accord des autorités, si ce n'est par les autorités elles-mêmes. Ces partis politiques pro-gouvernementaux soutiennent tous le président et n'offrent aucune alternative politique réelle.

Malgré de nombreuses réformes « cosmétiques » des institutions, le président conserve un pouvoir absolu. La séparation des pouvoirs adoptée par les textes constitutionnels n'est pas respectée. Le président nomme les juges et les douze gouverneurs de régions (*hokims*). Le régime ouzbek, ancré dans une longue tradition administrative fonctionne sur une logique pyramidale. La toute puissante administration présidentielle contrôle les administrations locales et régionales. Elle est en charge du gouvernement du pays, le parlement se contentant d'approuver formellement et de légaliser les décrets et les lois préparés par cette même administration.

Afin de consolider ce puissant pouvoir, I. Karimov a rétabli l'institution traditionnelle du conseil des sages (*aksakals*). Chargés d'assurer la cohésion sociale jusqu'au niveau local, les *aksakals* s'assurent de la « bonne moralité » des dirigeants locaux et servent de relais à la propagande édictée par le régime. Le président fait l'objet d'un important culte de la personnalité diffusé à travers le pays. Les options politiques du régime suivent la « théorie officielle du développement progressif » : dans ce cadre, le développement démocratique et la participation des individus à la vie politique du pays n'intervient que dans une société économiquement stable. Cette théorie est le principal fondement de la propagande gouvernementale et la justification du culte de la personnalité autour d'Islam Karimov.

La réponse du régime à la montée de l'islamisme

S'appuyant sur les risques de contagion de la guerre civile qui sévissait au Tadjikistan après l'indépendance, I.Karimov a, dès 1992, interdit la création de partis politiques sur la base de critères religieux ou ethniques. Ainsi, les partis d'opposition d'obédience religieuse, relativement populaires au lendemain de l'indépendance, comme Erk, Birlik et le Parti de la renaissance islamique, seront bannis entre 1991 et 1993. La lutte constante contre les partis d'opposition religieuse conduit de nombreux Ouzbeks à fuir le pays au début des années 1990. Parmi eux, les commandants T. Youldachev et Dj. Namangani rejoindront le front tadjik et grâce à certains soutiens extérieurs formeront le Mouvement Islamiste d'Ouzbékistan. Ce mouvement, ainsi que les fondateurs du parti Hizb-ut-Tahrîr (parti de la libération), ont comme objectif de rétablir le califat et le respect strict de la Shari'a dans la vallée de la Ferghana. Afin d'éviter la propagation d'idées extrémistes sur le territoire, le président Karimov construit la nouvelle identité nationale sur les principes de laïcité. Cette politique répressive, qui remplit les prisons de jeunes Ouzbeks potentiellement sous l'emprise de mouvements islamiques, conduit le gouvernement à instituer un régime très autoritaire dans le pays.

Les résultats de cette politique sont ambigus. Des réseaux affiliés à ces mouvements demeurent très actifs, surtout dans les zones frontalières avec le Tadjikistan et le Kirghizstan, constituant en secret des réseaux de militants, principalement recrutés chez les jeunes. Devenue la seule alternative d'opposition au régime en place et répondant pour certains à un désir de renforcer leur identité musulmane, la doctrine fondamentaliste trouverait un public attentif parmi les populations souvent désœuvrées et affaiblies par une situation économique difficile. Il est difficile de mesurer l'ampleur de ce phénomène qui échappe apparemment au contrôle du régime mais cet élément sera déterminant pour l'avenir et la cohésion du pays.

De graves atteintes aux libertés fondamentales

Les organisations de protection des droits de l'homme considèrent le régime ouzbek actuel comme l'un des plus irrespectueux des droits fondamentaux. La politique nationale à l'égard des religions est fortement critiquée. S'appuyant sur les principes de la lutte anti-terroriste, l'Ouzbékistan justifie son attitude radicale à toute forme d'opposition. Les partis religieux ont été les seuls mouvements d'opposition politique à Karimov. En 1991, Mohammed Solikh (du parti Erk) rassemblait 12 % des voix au cours des premières élections présidentielles. Accusé d'avoir voulu fomenter un coup d'État en 1995 et d'avoir été l'initiateur des attentats qui visaient à assassiner le président en février 1999 à Tachkent, il a dû fuir en exil et depuis son départ, ses trois frères sont emprisonnés. D'une manière générale, tous ceux suspectés d'avoir soutenu ce parti ont été victimes de répression. Les instances administratives du pays ainsi que les différents organes de police chargés de la sécurité d'État sont associés à cette traque créant un rude climat de répression. La peine de mort est toujours en vigueur et régulièrement appliquée : treize personnes furent exécutées en 2000 selon les données officielles. La torture est couramment pratiquée dans les geôles ouzbèkes, et de nombreux prisonniers disparaissent, officiellement victimes de maladies, sans possibilité de vérification par des autorités indépendantes. Les pratiques du service de la sécurité d'État sont tristement réputées puisque, depuis 2000, au moins quinze personnes sont mortes suite à des tortures. Pour détention de matériel de propagande religieuse, les tribunaux ouzbeks condamnent à des peines allant jusqu'à 20 ans de prison. En 2000, les autorités ouzbèkes ont organisé des procès collectifs, condamnant des dizaines de personnes à des longues peines d'incarcération en suivant une procédure judiciaire peu scrupuleuse et souvent en l'absence de droit à la défense. De nombreux procès ont lieu à huis clos, l'accès de ces audiences étant généralement refusé aux observateurs internationaux. On estime à plus de 8 000 le nombre de prisonniers politiques détenus en Ouzbékistan pour activités anti-constitutionnelles, crime contre l'État ou sympathie avec des mouvements religieux. L'institution religieuse a été *de facto* « nationalisée » et demeure sous un étroit contrôle de l'autorité centrale, surveillance relayée dans les régions par les représentants locaux du pouvoir exécutif.

Les activités des médias sont étroitement contrôlées notamment grâce à la censure (l'usage de la censure préalable est une règle). De nombreuses pressions sont exercées sur les journalistes tentés d'émettre des avis critiques du régime et sur leurs familles. Certains sont emprisonnés pour avoir dénoncé des scandales de corruption (11 ans pour Chadi Mardiev) ou accusé de participation à des activités contre l'État (8 ans de prison pour Youssouf Rouzimouradov, rédacteur en chef d'Erk). Ainsi, l'autocensure est une règle chez les journalistes.

La liberté d'association n'existe pas et les tentatives de manifestations sont durement réprimées comme par exemple les manifestations de femmes et mères de détenus politiques en 2000.

L'économie au service de la stabilité sociale

À l'indépendance, l'Ouzbékistan se singularisait économiquement de ses voisins : c'était un pays majoritairement agricole, peu industrialisé (l'industrie agroalimentaire comptait pour plus des deux tiers dans la production industrielle totale), où la pauvreté était déjà présente (près du quart de la population en 1989) et peu ouvert (les exportations représentaient moins de 30 % du PIB. Ce contexte a favorisé l'adoption d'une politique très prudente d'ouverture et de renforcement de l'autosuffisance.

Une politique prudente de réformes pour maintenir la stabilité sociale

La prudence vis-à-vis des réformes s'explique par l'obsession de la stabilité, notamment sociale, de la part des gouvernants. Il est vrai qu'au regard de l'expérience de ses voisins, une politique plus radicale d'ouverture de son économie aurait entraîné une baisse drastique du revenu moyen de la population ouzbèke. En outre, les conditions initiales (pays majoritairement agraire et peu ouvert) permettaient à un moindre coût de retenir cette stratégie.

La politique économique ouzbèke s'est articulée autour de deux axes depuis l'indépendance. Le premier concerne le démantèlement très progressif du système économique planifié. La première période, 1992-1994, est même marquée, dans un premier temps, par un refus de l'éclatement du système. En effet, l'Ouzbékistan participe activement aux réunions visant à sauvegarder la zone rouble sous d'autres formes. De nombreux prix restent fixés administrativement et seule la privatisation des habitations est entreprise véritablement. Une première page est tournée lorsque l'Ouzbékistan est contraint de sortir de la zone rouble en novembre 1993. Confronté à un risque d'hyper-inflation, il abandonne la « politique graduelle des réformes » pour mener un programme de stabilisation fondé sur la restriction de l'offre de monnaie à partir de 1994. La monnaie nationale, le soum, est créée en juillet 1994. Un programme est adopté avec le FMI en octobre 1995. L'Ouzbékistan est toujours considéré comme mauvais élève de la classe, mais est encouragé dans ses efforts. 1996 marque la rupture avec les institutions de Bretton Woods car à l'automne, le marché des changes est repris en main : le principe de convertibilité des comptes courants, qui avait été promis, est abandonné. Le programme du FMI est suspendu. Plus qu'une stratégie délibérée, les autorités ouzbèkes semblaient s'inquiéter des tensions croissantes sur la balance des paiements. Le départ symbolique du représentant du FMI en avril 2001 et les problèmes croissants de déséquilibre de la balance des paiements ont contraint les autorités à ouvrir quelques brèches dans le système. Un programme de privatisation à plus grande échelle de grandes entreprises a ainsi été adopté. Les deux taux de change étatiques « le taux de change officiel » et le « taux commercial » ont été unifiés à partir de novembre 2001 et depuis juin 2001, les petites et moyennes entreprises sont autorisées à garder leurs recettes en devises.

Le second axe vise au renforcement de l'autosuffisance par une politique de substitution aux importations. Mais elle a impliqué des coûts élevés qui expliquent les problèmes actuels de financement du pays. Par le biais de la surévaluation du taux de change officiel, un mécanisme d'incitation à l'importation a été mis en place au détriment des exportations. En effet, le taux de change du soum ayant été fortement surévalué dans la dernière décennie, les importateurs ont pu importer des biens à des prix inférieurs à ceux qu'ils auraient été avec un taux de change d'équilibre. En revanche, les exportateurs sont handicapés par ce niveau de taux de change qui renchérit le prix de leur production à l'exportation. Le FMI a ainsi calculé que le transfert des exportateurs vers les importateurs était équivalent à 16 % du PIB.

Les trois piliers de ce système sont la distorsion des prix, la ponction sur le secteur agricole (notamment sur celui du coton) et le mécanisme de redistribution au profit de secteurs classés comme stratégiques par le régime. Ainsi le coton est acheté aux producteurs à un prix inférieur aux prix mondiaux et le profit engrangé par l'État ouzbek permet l'investissement industriel. En 1996, le prix d'achat imposé à tous les producteurs était inférieur de 30 % aux prix mondiaux. Ce système permet sans doute l'emploi d'une majorité de la population, mais au détriment de la liberté d'entreprendre.

Une politique de gains à court terme

L'Ouzbékistan a connu en dix ans une chute peu importante de sa production : la plus faible enregistrée parmi les pays de la CEI. En 1999, la production n'avait régressé que de 5 % par rapport à 1991. La production industrielle est même supérieure à son niveau de l'indépendance depuis 1996. Les deux principales réussites ouzbèkes ont été d'atteindre les objectifs d'autosuffisance en matière de céréales et en hydrocarbures. L'Ouzbékistan a ainsi le privilège d'avoir vu sa production pétrolière multipliée par trois en huit ans.

Mais à long terme, la question de la possibilité de pérenniser la politique actuelle se pose. En effet, pour subsister, le système dépend complètement des recettes à l'exportation (principalement du coton et de l'or). Toute chute des prix à l'exportation (par exemple une baisse des prix du coton de plus de 30 % en 2001) ampute le budget de plusieurs centaines de millions de dollars et augmente ainsi la pénurie de devises. Or, ces dernières sont indispensables pour l'investissement dans les branches industrielles aidées. La solution consiste alors à faire un peu plus pression sur les entreprises étrangères ou bien à demander un effort supplémentaire aux producteurs de coton en accroissant encore la marge entre prix d'achat et prix mondiaux. La pression sur les entreprises étrangères est difficile dans la mesure où leur présence demeure très faible. En effet, malgré les discours officiels, l'Ouzbékistan a attiré moins d'un milliard de dollars d'investissement direct étranger depuis 1991, soit moins de 10 % du total d'IDE investi en Asie centrale. On peut présumer que la présence étrangère ne se développera pas vraiment tant que l'obstacle de la non-convertibilité monétaire ne sera pas levé. La solution consiste alors à demander un effort supplémentaire au monde agricole mais ceci a des limites d'autant que l'agriculture devient de plus en plus le parent pauvre du régime. Les secteurs prioritaires tels que hydrocarbures, chimie, métallurgie et télécommunications bénéficient ainsi de la grande majorité des investissements. Et faute de capitaux investis, les rendements pour la culture du coton sont régulièrement décroissants depuis 1991.

Or, la majorité des branches aidées souffrent et souffriront de plus en plus de problèmes de compétitivité. Comme dans le système soviétique, une déconnexion croissante vis-à-vis des marchés mondiaux provoque inéluctablement un coût et une inefficacité croissante à terme. En 1998, l'industrie contribuait pour moitié à la dette. Les entreprises industrielles ont été, à elles seules, déficitaires cette même année de plus de 200 millions de dollars tandis que les entreprises agricoles et agroalimentaires dégageaient un bénéfice de plus de 450 millions de dollars. Le régime subventionne donc les grandes unités pour maintenir une certaine paix sociale en limitant les licenciements.

La suite des événements du 11 septembre pourrait permettre aux Ouzbeks d'assouplir leur position vis-à-vis de la convertibilité du soum en échange d'une aide américaine. Conscients du coût de la politique de substitution aux importations, le pouvoir ouzbek s'oriente d'ailleurs de plus en plus vers un développement des petites et moyennes et entreprises.

Une érosion des revenus corrigée par des aides publiques importantes

Entre 1996 et juin 2001, le salaire moyen n'a pas baissé, restant proche, au taux de change officiel, de 40 dollars. En réalité, le pouvoir d'achat a considérablement décru puisque les prix ont été multipliés en moyenne par quatre sur la même période. De plus, le salaire dans l'agriculture est, en moyenne, inférieur de plus de moitié par rapport à la moyenne nationale et quatre fois plus faible que dans l'industrie. Suivant l'héritage soviétique, le gouvernement a octroyé des lopins de terre aux agriculteurs pour leur assurer des revenus complémentaires.

Mais le grand mérite du régime ouzbek est d'avoir maintenu un filet social décentralisé pour les plus démunis, notamment par le canal de la *mahalla*. Contrairement à tous les autres pays d'Asie centrale, la notion de service public reste présente en Ouzbékistan, notamment dans le domaine de l'éducation et de la santé qui sont encore fournis gratuitement à une majorité de la population. Aussi, l'inégalité, même si elle a crû depuis l'indépendance, n'a pas atteint les sommets rencontrés dans la région, car la classe aisée reste extrêmement réduite. Mais la nouvelle taxe sur les importations (septembre 2002) a dressé les commerçants du bazar contre le pouvoir, le fragilisant un peu plus.

La politique étrangère au service de la stabilité interne

L'Ouzbékistan, entre sécurité nationale et risque politique

Quelques années ont suffi à l'Ouzbékistan pour prendre, à sa manière, la mesure des contraintes économiques et sécuritaires qui se présentaient à lui après l'indépendance. Ayant commencé par identifier les menaces qui pesaient sur sa sécurité nationale comme uniquement fonction de paramètres extérieurs, il a alerté l'ONU sur les conséquences régionales de la guerre civile au Tadjikistan (1992-1997). Depuis et notamment après les attentats de Tachkent de 1999, il n'a cessé de marteler ce discours sécuritaire sur l'extrémisme islamiste et ses réseaux extérieurs, notamment ceux basés en Afghanistan et au Pakistan. Son discours a cependant évolué pour admettre que le risque politique se trouvait également à l'intérieur du pays, à travers les attentes des jeunes générations de chômeurs, des ruraux et des classes moyennes, toutes fortement appauvries. Les événements du 11 septembre 2001, lui ont octroyé un répit grâce à la manne financière qui accompagne l'aide au déploiement américain sur le territoire ouzbek. Ces événements ont en outre légitimé, pour un temps, la politique répressive frontale qui est celle choisie par le pouvoir ouzbek pour assurer sa pérennité.

Une prudence vis-à-vis de la coopération interétatique

L'Ouzbékistan s'est affilié à de nombreuses organisations internationales qui paraissent parfois peu compatibles. Ainsi, il est membre de l'OSCE mais aussi de l'Organisation de coopération économique, de l'Organisation de la coopération islamique et du Partenariat pour la paix de l'OTAN. Il fait également partie d'organisations comme le GUAM (adhésion suspendue) ou la Coopération centre-asiatique. En fait, l'Ouzbékistan a progressivement boudé la coopération inter-étatique, à l'exception des structures comme l'Organisation de coopération de Shanghaï. Tachkent privilégie les relations bilatérales qui sont, selon lui, les seules qui donnent de véritables résultats. L'Ouzbékistan veut démontrer qu'il possède une vision politique et qu'il est capable de combiner une image de « cavalier seul » jouant sur ses propres spécificités à celle d'un partenaire incontournable pour la sécurité de toute la zone.

En Asie centrale, le pays tente d'imposer une domination régionale en exploitant notamment les faiblesses de ses voisins. Il a ainsi fermé et miné la frontière avec le Tadjikistan, plongeant le nord de ce pays dans un enclavement saisonnier préjudiciable. Cette attitude se manifeste également par des velléités expansionnistes sur ses frontières communes avec le Kazakhstan (jusqu'à la signature du traité frontalier de 2002) ou le Kirghizstan. Dans le Ferghana, l'Ouzbékistan souhaiterait assurer la continuité de son territoire en obtenant de Bichkek l'établissement de corridors avec les enclaves de Sokh et de Chakhimardan (voir fiche kirghize).

Même si certains de ses partenaires musulmans, tel l'Iran, lui reprochent ses excellentes relations avec Israël ou les États-Unis, l'Ouzbékistan est arrivé à imposer son mode relationnel spécifique y compris à la Chine et au Japon, et également aux États européens. Mais, s'il était sans doute le pays le plus stable politiquement de la région, il s'enfonce chaque année un peu plus dans un schéma de fragilisation.

L'absence de choix entre Russie et États-Unis, gage de sécurité ?

Depuis son indépendance, l'Ouzbékistan tente d'affirmer sa souveraineté nationale. Ses relations ambivalentes avec la Fédération de Russie en sont une des preuves tangibles. Il n'a pas renouvelé son adhésion au Pacte de sécurité collective de la CEI, au grand émoi de la Russie, tout en rejoignant, par son entremise, l'Organisation de coopération de Shanghaï en juin 2001. S'il a signé de fructueux accords bilatéraux avec les États-Unis qui ont assuré à ces derniers une base logistique inespérée pour leurs actions contre le régime des talibans fin 2001, il n'en demeure pas moins soucieux de préserver un équilibre géostratégique qui ne se ferait pas au détriment de la Russie ni de la Chine.

Le rôle stratégique de l'Ouzbékistan, qui a conduit les États-Unis à renouer militairement et politiquement avec le gouvernement de Tachkent, semble ouvrir de nouvelles perspectives. La première décennie d'existence du jeune État ouzbek, caractérisée par une politique isolationniste, semble céder la place à son retour sur la scène internationale, fort de son nouveau rôle d'allié des occidentaux dans la lutte contre le terrorisme. Les conséquences internes de ces changements sont encore difficiles à mesurer. Qu'adviendra-t-il des relations privilégiées entre Moscou et Tachkent si la présence militaire américaine perdure ? La pression américaine pourra-t-elle contribuer à un réchauffement des relations avec le Tadjikistan voisin ? Il semblerait, en tout état de cause, que l'opportunité d'introduire quelques changements politiques et structurels (convertibilité du soum, circulation de l'information, ouverture progressive du pays, réformes économiques et sociales) ne sera vraisemblablement pas négligée par les dirigeants. Mais la nature des concessions, dans le domaine politique en particulier, que les dirigeants ouzbeks seraient prêts à faire pour maintenir ce nouveau rôle régional et développer leurs relations avec les États Unis demeure une inconnue.

LE TADJIKISTAN

Djumhurii Todjikiston

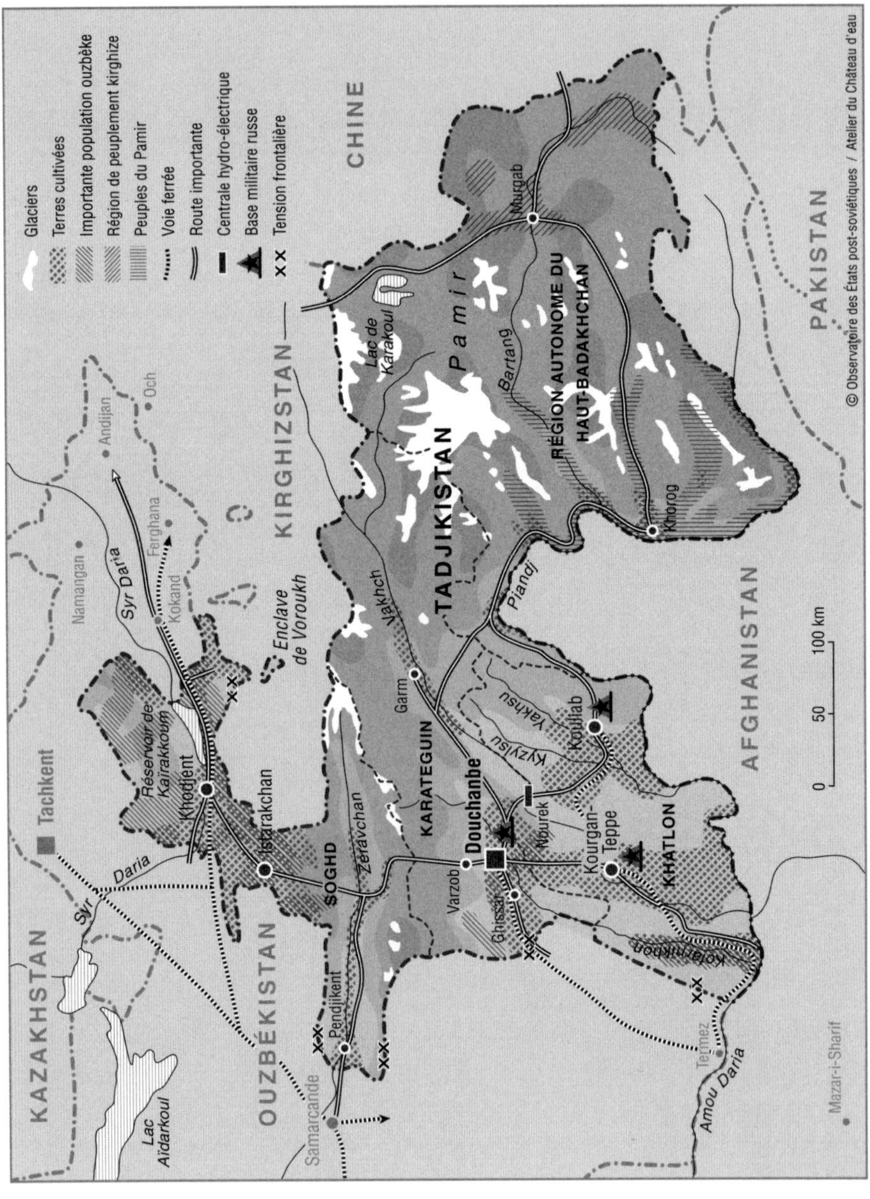

Chiffres clés

Territoire

Superficie : 143 000 km2
(l'équivalent de la Grèce)
Capitale : Douchanbé (829 000 hab.)
Principales villes :
- Khodjent (ex-Léninabad, 148 000 hab.)
- Kouliab (74 000 hab.)

Divisions administratives : 2 régions (*viloyat*) Khatlon et Soghd, une région capitale, et la région autonome du Haut-Badakhchan.

Population

6 540 000 habitants en 2004
Dernier recensement : 2000
Densité : 45,7 habitants/km2
Population urbaine : 26,8 %
Population rurale : 73,2 %
Espérance de vie à la naissance (1999) : 68 ans (hommes, 66 ans ; femmes, 71 ans)

Données démographiques (pour mille habitants)

	1991	1995	2000
Accroissement naturel	32,8	22,7	14,4
Natalité	38,9	28,6	18,6
Mortalité	6,1	5,9	4,2
Mortalité infantile	40,6	30,9	19,4

Composition ethnique (2000)

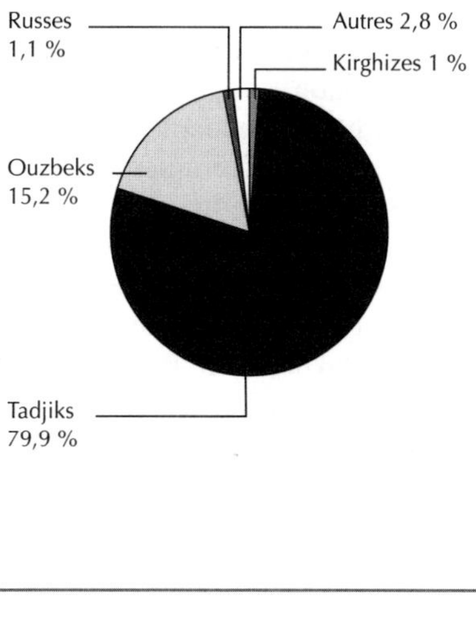

Économie

PIB par habitant en parité de pouvoir d'achat

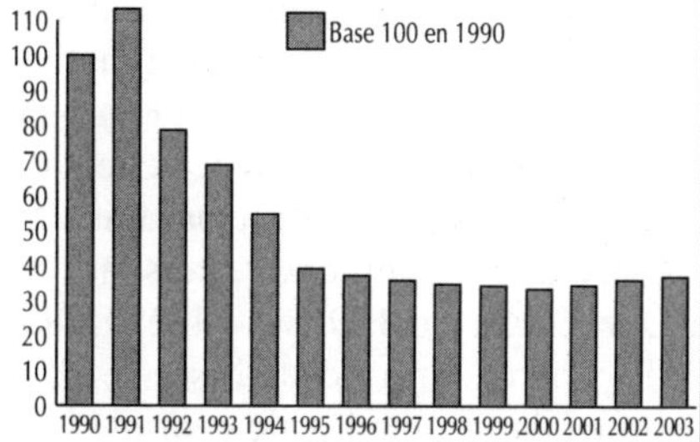

Principales composantes du PIB en 2001 :
- industrie et bâtiment 29,4 %
- agriculture 29,4 %
- services 41,3 %

IDH (2000) : 0,067 (112e rang mondial)
Monnaie : somoni
Dette extérieure (2001) : 1,23 milliards de dollars

Relations extérieures

Adhésion aux organisations internationales :
- CEI,
- OCE,
- Organisation de la conférence islamique,
- Partenariat pour la paix de l'OTAN,
- Organisation de la coopération de Shanghaï,
- Organisation de la coopération centre-asiatique.

Principaux partenaires commerciaux en 2001 :
- export : Union européenne, 47 % ; Russie, 15 % ; Ouzbékistan, 21 %.
- import : Ouzbékistan, 30 % ; Russie, 17 % ; Union européenne, 11 %.

Importations totales en 2002 :
823 millions de dollars.
dont : - électricité, 12,2 %
- alumine 24,7 %
- hydrocarbures, 9,7 %

Exportations totales en 2002 :
699 millions de dollars.
dont : - aluminium, 61 %
- électricité, 12,1 %
- coton, 10,9 %

En 1992, un an après l'accession à l'indépendance, le Tadjikistan, pays le plus pauvre de la CEI, sombre dans une sanglante guerre civile qui fera officiellement 60 000 morts. En dépit d'un climat de terreur dû aux rivalités entre les factions régionalistes, les négociations s'engagent dès 1994 entre les deux parties en conflit, à savoir le régime d'Emomali Rahmonov soutenu par la Russie et l'Opposition islamique unifiée (OIU), réunie autour d'un mouvement fondamentaliste et nationaliste le Parti de la renaissance islamique (PRI). Associant l'ONU, l'OSCE, l'Organisation de la conférence islamique, la Russie, l'Iran et d'autres États de la CEI, elles débouchent sur la signature à Moscou, le 27 juin 1997, d'un Accord général prévoyant le retour à la paix. Mais celle-ci demeure menacée par les divisions politiques, par la loi des chefs de guerre qui s'accompagne d'une recrudescence des réseaux de crime organisé. C'est dans ce contexte de crise aiguë que des organisations islamiques transnationales, telles que le Mouvement islamique d'Ouzbékistan (MIO), — allié à Oussama Ben Laden — et le Hizb at-Tahrîr (HT), cherchent à déstabiliser le pays et, par là même, à renverser l'équilibre régional dans toute l'Asie centrale.

Un pays en quête d'identité nationale

Une identité floue

Le problème de l'identité est au cœur du dilemme qui se pose au Tadjikistan. Depuis la guerre civile, on observe l'affirmation de fortes identités régionalistes au détriment d'un sentiment national extrêmement faible. La violence qui déchire le Tadjikistan résulte aussi bien de l'effondrement du système soviétique que des recompositions inachevées qu'il a généré.

La soviétisation des Tadjiks a contribué à les couper non seulement de leurs anciennes racines littéraires et culturelles qu'ils partagent avec les mondes persans d'Afghanistan, d'Iran ou d'Inde mais aussi et surtout avec leurs « frères » Ouzbeks auxquels une longue imbrication historique et géographique les attachait. Alors que la mosaïque qu'ils composent, tant urbaine que rurale excluait toute partition simple, la politique soviétique des nationalités, en cherchant à les séparer artificiellement mais incomplètement dans deux républiques distinctes, a contribué à les diviser, les poussant à la confrontation.

L'émergence des Tadjiks en tant que groupe ethnique moderne est le résultat de la politique soviétique des nationalités qui visait à « fabriquer des nations ». Rattachée depuis le XVIe siècle au Khanat de Boukhara, cette partie du Turkestan russe devient, en 1924, République socialiste soviétique autonome à l'intérieur de l'Ouzbékistan avant d'accéder, en 1929, au statut de république fédérée. Mais la démarcation des frontières divise les Tadjiks en excluant les foyers historiques comme Boukhara ou Samarcande, rattachés à l'Ouzbékistan. Elle s'accompagne d'autres transferts de territoires comme l'inclusion de la région de Leninabad (aujourd'hui Khodjent) ce qui, tout en élargissant l'accès à l'eau et aux terres arables (il s'agit d'une partie de la plaine du Ferghana), accentue encore la mosaïque ethnique car cette région, récemment rebaptisée Soghd, est majoritairement peuplée d'Ouzbeks. Plusieurs autres groupes ethniques non-tadjiks, comme les peuples du Pamir, furent également intégrés au pays.

Alors que les Tadjiks sont majoritairement de religion musulmane appartenant à l'islam sunnite et parlant la langue tadjike, variante du persan, le territoire actuel du Tadjikistan est loin d'être homogène, composé aussi de populations non persanophones, non sunnites et non musulmanes. Dans le Tadjikistan indépendant, dont la population est estimée à 6 127 000 habitants selon le recensement de 2000, les Tadjiks forment le groupe ethnique le plus important (79,9 %), les Ouzbeks venant en deuxième position (15,2 %) et les Russes ne représentant plus que 1,1 % contre 7,6 % en 1989. On trouve également des Kirghizes, des Turkmènes, des Arabes et des Tsiganes. La République autonome du Haut-Badakhchan, située dans les montagnes du Pamir, comprend divers peuples parlant des langues de tradition orale qui, bien qu'elles appartiennent à la branche orientale de la famille iranienne, sont distinctes du tadjik standard, élaboré comme langue officielle dans les années 1920 sur la base du dialecte de Boukhara. Ces peuples (Chougnis, Rouchanis, Vakhanis, Bartangs, Yazgoulems) professent l'islam chiite ismaélien. En ce qui concerne les populations chrétiennes, comme les Russes ou les Ukrainiens qui s'étaient installés dans les villes pendant la colonisation russo-soviétique, elles ne sont pas directement concernées par le conflit tadjik mais ont connu un très fort exode vers la Russie. Entre 1989 et 2000, 437 000 personnes, toutes origines ethniques confondues, ont émigré.

Une construction nationale minée par les conflits

Alors que le caractère contemporain du Tadjikistan demeure profondément marqué par l'héritage soviétique tant sur le plan ethnique que politique, l'indépendance a accentué la faiblesse de l'État tadjik.

Le pouvoir des factions régionalistes

Les conditions du retour à la paix visaient à homogénéiser le pouvoir des différentes factions régionalistes autour d'un gouvernement de coalition. Celles-ci sont dominées par des élites politiques locales dont les intérêts ne correspondent pas forcément à ceux de l'État. Cette situation s'explique par l'organisation des anciennes structures étatiques du pays où, à l'époque soviétique, les divers secteurs d'activités étaient distribués à différents groupes régionaux. Ainsi, les gens de Leninabad, au nord, tenaient le pouvoir politique, ceux de Kouliab, au sud, l'armée et les organes de sécurité, ceux de Garm le commerce et l'économie clandestine, etc. Au lieu de s'estomper, ces identités régionalistes se sont d'autant plus maintenues que les déséquilibres économiques régionaux nourrissent les rancœurs. La scène politique est constituée de sept factions rivales : le clan du président Rahmonov, issu de Kouliab, qui a eu accès aux commandes de l'État pour la première fois en 1992 ; le nord représenté par la faction de Soghd, région la plus riche qui a dirigé le pays de 1947 à 1992 ; la faction de Kourgan-Teppe, au sud ; le groupe de Garm, à l'est de Douchanbe ; la faction de Hissar, à l'ouest de Douchanbe ; le groupe de la capitale, Douchanbe et celui des Badakhchanis.

Un État fragile, des frontières mal contrôlées

L'État tadjik ne parvient pas à ramener une unité nationale, ni même à incarner l'autorité. Le président Rahmonov ne se maintient au pouvoir qu'avec l'appui de

Moscou. Il se heurte à une double opposition, tant à l'intérieur qu'en exil. En effet, depuis 1993, la plupart des opposants ont dû quitter le pays pour échapper à la répression : les opposants de l'aile démocratique ont fui vers la Russie, les islamistes en Afghanistan où ils se sont radicalisés.

L'État tadjik n'arrive pas à contrôler ses frontières, ni à y assurer la sécurité, au sud, avec l'Afghanistan (1 206 km), au nord-ouest avec son grand rival l'Ouzbékistan (1 161 km) et à l'est avec le Kirghizistan (870 km). Conformément à un accord de 1992 signé à Tachkent, la frontière tadjiko-afghane, qui a été renforcée depuis le 11 septembre 2001, est gardée par les troupes de la CEI. Ceci n'évite pas des incursions fréquentes de groupes islamistes et de trafiquants d'armes ou de drogue, d'autant qu'une partie des militaires russes, censée empêcher ces infiltrations, ferme les yeux ou est impliqué dans ces trafics.

Durant les étés 1999 et 2000, les infiltrations de combattants islamistes du MIO dans les territoires ouzbek et kirghiz à partir de l'Afghanistan et du Tadjikistan ont aggravé les relations déjà tendues entre Tachkent et Douchanbe. Le président de l'Ouzbékistan, Islam Karimov, a accusé l'État tadjik d'avoir soutenu les « rebelles islamistes » en les laissant franchir la frontière. En août 1999, le bombardement par l'aviation ouzbèque de ces combattants sur le territoire tadjik a suscité l'indignation de Douchanbe qui y a vu une violation de son intégrité territoriale et une preuve supplémentaire des visées hégémoniques de l'Ouzbékistan. Pour empêcher le passage de ces islamistes sur le sol ouzbek, Tachkent a fait miner cette frontière en novembre 2000, provoquant la mort de frontaliers. La même année, des unités militaires ont été déployées de chaque côté et la moindre provocation risque de déclencher un affrontement.

Plus au nord, la Kirghizie a également reproché à Douchanbe de ne pas contrôler les régions montagneuses de son territoire où ont transité les islamistes venus d'Afghanistan.

Un président contesté

Le président tadjik Emomali Rahmonov, qui est arrivé au pouvoir en novembre 1992 à la suite d'un coup d'État, est devenu la bête noire de puissants chefs de régions, notamment celle de Soghd. Cette faction du nord a tenté à plusieurs reprises de le renverser. Elle est peu favorable à l'actuelle distribution du pouvoir qui comprend pourtant six soghdiens, dont le Premier ministre Akil Akilov. Exclue du jeu politique après avoir été supplantée par les Kouliabis avec lesquels elle s'était pourtant allié en 1992, elle essaie de récupérer le pouvoir qui lui a échappé. Elle est représentée par Abdoumalik Abdoulajanov, ex-Premier ministre incarnant une « troisième force ». Exilé à Moscou, il a créé le Mouvement de la renaissance nationale et voulait participer aux négociations intertadjikes pour être réintégré dans le jeu politique. Sa marginalisation l'a sans doute conduit à soutenir les tentatives de coups d'État du colonel Mahmoud Khoudaberdiev, natif, lui aussi, de la région du nord. En novembre 1998, puis durant l'été 2001, ce colonel a essayé de prendre le pouvoir en lançant des attaques depuis l'Ouzbékistan. L'armée du Tadjikistan a maîtrisé ces révoltes qui ont fait de nombreuses victimes. Ceci a poussé le chef d'État tadjik à rechercher un soutien chez ses ennemis d'hier, les islamistes tadjiks et leurs anciens compagnons d'armes, les hommes du MIO dirigé par Djouma Namanganî qui serait mort à Koundouz, lors de la riposte américaine en novembre 2001 en Afghanistan.

La difficile consolidation du pouvoir présidentiel

Alors que les pays voisins sont entrés dans un processus de consolidation dès l'accession à l'indépendance, le Tadjikistan n'a connu cette évolution qu'à partir de 1997. Un semblant d'identité nationale et l'intégrité territoriale ont été préservés malgré une situation alarmante. Le chef d'État tente dans divers domaine de renforcer les symboles de l'unité, en célébrant le « jour d'unité nationale » (le 27 juin) comme fête nationale, en cherchant à revaloriser la langue tadjike, promue langue d'État dès 1989, mais toujours concurrencée par le russe encore largement utilisé, tant au quotidien que dans les divers organes de l'État.

Le président tadjik cherche à incarner une figure nationale, notamment depuis sa réélection à la tête de l'État le 6 novembre 1999. Cet ancien chef de kolkhoze, né en 1957, a toujours été favorable à la normalisation. Le 26 septembre 1999, il a été l'initiateur d'un référendum pour l'adoption d'une nouvelle Constitution qui renforce le rôle du président.

L'introduction, le 30 octobre 2000, d'une nouvelle monnaie, le somoni qui a remplacé le rouble tadjik va dans le sens de cette consolidation identitaire, même si le niveau d'inflation fragilise encore la monnaie nationale.

Vers la normalisation ?

Un régime autoritaire malgré une pluralité d'acteurs

En mai 2000, le bureau onusien pour la construction de la paix au Tadjikistan (UNTOP) a succédé à la mission d'observation de l'ONU (UNMOT) mise sur pied dès 1994. Les pourparlers, engagés alors, avaient abouti un an plus tard à la signature d'un « protocole sur les principes fondamentaux d'établissement de la paix et d'un accord national au Tadjikistan ». Après de longues négociations sous l'égide de l'ONU, de la Russie et de l'Iran, les deux parties se sont entendues en 1997 sur les conditions du rétablissement de la paix. Elles prévoyaient le désarmement des combattants de l'OIU (Opposition islamique unifiée) et leur réintégration dans les forces armées nationales ; la légalisation du PRI (Parti de la renaissance islamique) ; un quota de 30 % de représentation pour l'OIU dans les organes du pouvoir exécutif ; la création enfin d'une Commission de réconciliation nationale (CRN) destinée à obtenir un consensus entre les deux camps pour élaborer des nouvelles lois institutionnelles.

Réorganisation du système politique

La réorganisation du système politique, loin d'avoir marqué une réelle rupture avec la période soviétique, a plutôt permis au président de renforcer son pouvoir. Le 30 juin 1999, le parlement tadjik (Majlis-i Oli) a amendé la Constitution votée en 1994. Mais la CRN ne représentait que les intérêts des deux parties en conflit, les autres mouvements politiques et la population n'ayant pas été consultés. Quant au monopole de la décision politique, il a toujours été détenu par le camp du président.

Cette réforme prévoit la création d'un parlement à deux assemblées, la prolongation du mandat présidentiel de 5 à 7 ans et la levée de l'interdiction des partis d'opposition ouvrant la voie au multipartisme. Spécificité tadjike, un amendement constitutionnel autorise explicitement la formation de partis politiques « à caractère démocratique, religieux, ou athéiste », venant ainsi légaliser en août 1999 l'activité du PRI et celle des trois autres forces d'opposition (le Parti démocratique, Raztokhez et Lali Badakhchan) pourtant jugés responsables des troubles en 1993. Le parlement tadjik est composé de 96 membres dont 33 pour l'Assemblée nationale (Majlis-i Melli) et 63 pour l'Assemblée locale (Majlis-i Namojandagon). Les trois quarts des parlementaires sont élus pour 5 ans au suffrage indirect par les députés issus des assemblées locales de chacune des unités administratives nationales, de Douchanbe et de la RA du Haut-Badakhchan, seule pourvue d'un statut spécifique. Le quart restant est nommé directement par le président.

Des élections falsifiées

Pour la première fois depuis sa création, le Tadjikistan a connu des élections législatives sur la base d'un multipartisme en 2000. Elles ont été naturellement remportées par le parti du président, le PDP qui a recueilli 64,51 % des suffrages, le PRI arrivant en troisième position (7,48 %), juste après le Parti Communiste (20,63 %). Le PDP a remporté la majorité absolue dans les deux assemblées. Mais, tout comme les présidentielles de 1999, ces législatives ont été largement falsifiées, le président ayant pris soin de museler l'opposition et les médias.

Des structures politiques proches de l'ancien système soviétique

Les institutions politiques telles qu'elles ont été définies par la CRN sont plus centralisées qu'autrefois. On constate une concentration du pouvoir politique au sein de l'exécutif aux dépens du législatif et du judiciaire. L'Assemblée nationale est dominée par des membres qui remplissent également des fonctions officielles au sein du pouvoir exécutif en tant que responsables des administrations locales (*hukumat*). Les membres du parlement ainsi que le personnel judiciaire des différentes Cours, à l'exception des juges, dépendent presque tous de l'exécutif. Le président est à la fois le chef de l'État et le chef du gouvernement : il peut nommer ou faire révoquer le Premier ministre et son cabinet. De fait, l'administration présidentielle duplique de nombreuses fonctions gouvernementales, ce qui rappelle les doubles fonctions dirigeantes (*dvoevlastie*) de l'époque soviétique.

Libertés publiques et État de droit

La notion même de libertés publiques reste fragile dans le pays qui sort à peine de la guerre civile. À Khodjent, le journal *Ettifak* critique le régime mais la presse indépendante et contestataire est plutôt le fait de l'opposition en exil. Le journal *Charâq-i rûz* de Dodojon Atovulloyev dénonce régulièrement les irrégularités du régime. Suite à un mandat d'arrêt de la Cour suprême tadjike pour « offense au président et incitation à la violence », cet opposant a été arrêté à Moscou en juillet

2001 puis libéré grâce à l'intervention du chef de la diplomatie allemande Joschka Fischer et du président Jacques Chirac.

Selon Amnesty International, en dépit de l'amnistie de prisonniers (19 000 à la veille de l'anniversaire des dix ans d'indépendance dont d'anciens combattants du PRI), des mauvais traitements ont été infligés aux détenus et aux anciens rebelles de l'OIU qui ont accepté la réintégration. La brutalité a aussi frappé les Afghans réfugiés au Tadjikistan que le pouvoir juge responsables des troubles islamistes. Douchanbe a violé la Convention internationale de 1951 relative aux réfugiés : conformément à un décret présidentiel, le régime a obligé ces Afghans à quitter certaines villes du pays pour « assurer la sécurité et l'ordre public dans la République du Tadjikistan ».

L'insécurité demeure préoccupante, tant du fait des forces gouvernementales, que des partisans des anciens commandants de l'OIU, qui multiplient les actes de violence. L'Accord général est une source permanente de contentieux et l'on assiste à de multiples attentats, attaques organisées d'un camp contre l'autre avec diverses mesures de rétorsion ou de vengeance. Cette insécurité n'épargne pas les étrangers, souvent pris pour cible de ces actions dans le cadre de revendications inter-fractions. D'autres enlèvements (ingénieurs, géologues) sont aussi liés aux péripéties de la redistribution des cartes économiques.

La difficile consolidation socioéconomique

Le processus de transition vers une économie de marché a eu lieu dans des conditions difficiles. Le Tadjikistan qui, déjà, à l'époque de l'Union soviétique était la république la plus sous-développée, a vu son infrastructure économique se disloquer à partir de 1997.

En parité de pouvoir d'achat, le PIB était estimé à 1 milliard de dollars en 2000, soit 154 dollars par habitant, et la dette extérieure à 915 millions de dollars. Officiellement, le nombre de chômeurs était de 44 000 en août 2001, mais d'autres estimations évaluent leur part à 33 % des actifs. Le niveau de pauvreté demeure élevé, conséquence du chômage, des réformes économiques et de la sécheresse des dernières années qui a anéanti les revenus agricoles, l'essentiel des revenus de la population. Le salaire moyen était évalué au début 2001 à 8,3 dollars par mois, le plus bas de toute l'Asie centrale. Selon l'ONU, le Tadjikistan occupe le 110e rang parmi les 174 pays les plus pauvres du monde.

Des atouts limités

Le Tadjikistan est riche en ressources minérales (charbon, pierres précieuses et semi-précieuses, cuivre, plomb, or, argent, bismuth etc.) mais leur exploitation est coûteuse et défavorisée par l'enclavement. Il dispose d'importants gisements d'argent estimés à 60 000 tonnes et localisés en partie dans la région de Soghd. En 2000, plus de 2,5 tonnes d'or ont été exploitées par la Zerafshan Gold Company.

S'il parvient à satisfaire 50 % de ses besoins énergétiques grâce à ses ressources hydroélectriques, le Tadjikistan est entièrement dépendant de l'Ouzbékistan, du Kazakhstan et du Turkménistan pour son approvisionnement en combustibles, échangés à l'époque soviétique contre de l'électricité. La centrale de Nourek la plus importante de toute l'Asie centrale, produit plus de 11 milliards de kw/h par an. Une autre centrale, celle de Rogun, est en cours de construction avec la coopération de la Russie. La Suisse et le Japon participent à la construction de mini-centrales dans le Pamir, projets soutenus par la Fondation Aga Khan, laquelle prépare aussi un projet dans les secteurs de la culture et de l'éducation en collaboration avec le ministère de l'Éducation du pays. Mais la crise récente a remis en cause l'équilibre qui reposait sur l'échange de combustibles destinés aux centrales thermiques pour la période hivernale contre de l'électricité. De ce fait, le Tadjikistan prélève plus d'eau des réservoirs, provoquant un déficit pour l'irrigation des piémonts ouzbeks et turkmènes.

Le secteur de l'industrie a été sérieusement affecté par la guerre civile, mais il connaît un rebond depuis 1997, même si la production d'aluminium (282 000 tonnes en 2000 ce qui représente 45 % des exportations) est encore très inférieure à la capacité de production de la fonderie de Toursounzade (500 000 tonnes par an). Créée du temps de l'URSS, cette fonderie, une des plus grandes du monde, n'a pas de matières premières locales : le pays doit importer de l'alumine d'Ukraine, d'Azerbaïdjan et du Kazakhstan. L'aluminium demeure le principal produit d'exportation du pays, 95 % de la production étant exporté.

Les conséquences de la crise du secteur agricole

L'économie tadjike a toujours été dépendante de l'agriculture : près de 67 % de la main d'œuvre y est employée et 75 % de la population est rurale. En comparaison avec la période soviétique, la production annuelle de coton, principal produit agricole, a baissé de 60 % et représentait 313 000 tonnes en 1999. Sur les 840 000 ha de terres arables, un tiers est destiné à la culture du coton, soit 6 % de l'ensemble des terres. Cette faible proportion s'explique par le fait que 93 % du territoire tadjik est constitué de montagnes. La plupart des terres arables se trouvent à la périphérie nord et sud-ouest du pays.

Les systèmes d'irrigation et de distribution d'eau sont en état de délabrement, et trois années de sécheresse ont entraîné une crise majeure du secteur agroalimentaire. En milieu rural, 35 % de la population n'a pas accès à l'eau potable tandis qu'en zone urbaine le système de distribution d'eau s'est détérioré. Les ruptures de canalisation sont fréquentes et l'Asian Bank Developement a accordé une aide de 3,6 millions de dollars pour restaurer l'approvisionnement en eau dans la région de Khatlon.

Troisième poste à l'exportation, la production de coton (335 000 tonnes en 2000), entièrement irriguée est soumise à ces aléas et on reste loin de l'objectif de 600 000 tonnes. En 2000, la production céréalière a chuté pour la troisième année consécutive, avec 236 000 tonnes pour des besoins annuels estimés à 800 000 tonnes. Ceci a incité les autorités à accélérer la réforme de l'agriculture. Depuis 1995, les fermes collectives d'État sont transformées en fermes privées : 55 % des terres arables ont été distribuées à des fermiers et à des ménages ruraux. Cependant, la production de blé est encore très faible et a même entraîné un début de famine en partie compensé par l'aide humanitaire. La sécheresse et la pénurie alimentaire ont aggravé la malnutrition, provoquant un regain de maladies infectieuses (tuberculose, malaria, typhus).

Beaucoup d'entreprises ont également été privatisées conformément aux lois de 1991 et de 1996. La plupart des produits agricoles étaient exportés vers les autres républiques soviétiques, mais depuis 1991 les marchés se sont effondrés. Fruits, tabac, peaux et coton sont de plus en plus utilisés dans le commerce de troc avec la Chine et le Pakistan. La BERD a octroyé des crédits à certains projets dans l'agroalimentaire, une des clefs d'un rebond économique.

L'importance des échanges inter-CEI

La plupart des échanges économiques se font avec les pays de la CEI, la Russie restant un partenaire privilégié dans le cadre de la Communauté économique eurasienne. En 2000, elle a fourni 30 % des revenus du pays à l'exportation et représentait 16 % de ses dépenses d'importation. Outre son aide stratégique, le rôle de la Russie est accru par la présence d'une importante diaspora tadjik qui entretient le commerce et renvoie une partie des revenus au pays. La Suisse est devenu un important marché pour l'exportation du coton, tandis que l'aluminium est exporté vers les Pays-Bas (41 %), la Russie (40 %) et la Turquie (13 %).

Peu d'investisseurs se risquent à intervenir au Tadjikistan en raison de son instabilité politique, de son isolement géographique et de la corruption qui y règne. Depuis 1995, les flux d'investissements directs étrangers sur le sol tadjik demeurent faibles (21 millions de dollars par an en moyenne ; le stock total, en 2001, représentait seulement 1,1 % du total Asie centrale). L'investissement le plus important, soit plus de 50 millions de dollars, est assuré par la Zerafshan Gold Company, une société mixte crée par une compagnie britannique, la Nelson Gold. Certains pays Arabes ont engagé une coopération : la Banque islamique de développement (BID) a accordé un prêt de 9,5 millions de dollars pour la construction d'une route reliant l'est du territoire à la frontière chinoise (Mourgab-Qoulma) ; Saoudiens et Koweitis ont financé la construction d'une route reliant Kouliab à Qalaikhomb. Enfin, si en 1998, l'assistance internationale au Tadjikistan était estimée à plus de 93 millions dollars, elle ne représentait plus que 32 millions en 2000, les principaux donateurs restant l'Union européenne, les États-Unis et le Japon.

Un nœud stratégique sous contrôle extérieur

La localisation géographique du Tadjikistan, pays le plus au sud de la CEI, limitrophe de l'Afghanistan et de la Chine en a fait depuis longtemps un enjeu stratégique vital pour Moscou. En maintenant son influence politique au Tadjikistan, la Russie cherche à confirmer sa présence dans toute l'Asie centrale et à conserver un rôle dans le nouveau « grand jeu » avec les États-Unis. En dépit de la concordance affirmée des intérêts russes et américains dans la lutte contre le « terrorisme international », Moscou et Washington se livrent à une lutte d'influence sévère dans toute la région.

Une sécurité nationale renforcée

La sécurité nationale du Tadjikistan est assurée par la présence militaire de la Russie. Conformément à un accord signé entre Moscou et Douchanbe, en 1992, les troupes de la 201e division russe sont chargées de maintenir l'ordre. Elle comprend environ 11 000 hommes répartis en quatre régiments, deux à Douchanbe et deux autres à une centaine de kilomètres de la frontière afghane. De plus, quelques 5 000 Russes appuient les Tadjiks pour surveiller la frontière tadjiko-afghane. En avril 1999, le mandat des troupes russes a été renouvelé pour une période de dix ans afin de repousser « toute menace ou action d'agression contre le Tadjikistan ». Au delà du Tadjikistan proprement dit, Moscou s'est montrée très active en Afghanistan, contribuant à la résistance du commandant Massoud contre les Talibans ce qui a permis à la Russie d'affirmer son rôle dans la mise en place du nouveau régime à Kaboul.

Coopération régionale et internationale

Si le Tadjikistan a été reconnu sur le plan international, des années de guerre civile l'ont néanmoins empêché de nouer des relations avec des pays situés hors de ses frontières proches. L'Union douanière centre-asiatique à laquelle le Tadjikistan a adhéré en mars 1998 restant minée par ses querelles internes, ce sont les relations intra-CEI qui dominent la politique extérieure du Tadjikistan. En février 1999, le pays a adhéré au Traité d'Union douanière de la CEI, devenu début 2000 la Communauté économique eurasienne présidée par le président kazakh Nursultan Nazarbaev. Mais comme la CEI, le fonctionnement de cette union repose largement sur des relations bilatérales qui se sont multipliées avec la Russie ou le Kazakhstan avec lequel Douchanbe prépare un programme visant à élaborer « une zone nucléaire libre » dans la région.

Le Tadjikistan craint que sa situation fragile ne soit exploitée par des mouvements ethniques et/ou islamistes. Il redoute la constitution d'un « bloc islamique » dans toute l'Asie centrale qui conduirait à remettre en cause les frontières de la région. Il redoute aussi les velléités indépendantistes de certains groupes ethniques dans la vallée de la Ferghana, dans le nord de l'Afghanistan qui comprend aussi des populations ouzbèques et tadjikes, et dans le Xinjiang chinois où les Ouïghours musulmans veulent se détacher de Pékin. Aussi, outre des relations bilatérales avec la Chine pour lutter contre le « séparatisme ethnique », le « fondamentalisme » et le « terrorisme religieux », les dirigeants tadjiks ont rejoint dès 1996 le Groupe de Shanghaï devenu en juin 2001 l'Organisation de coopération de Shanghaï. Ils y affirment leur volonté de renforcer la stabilité régionale en Asie centrale, pivot de leur politique commune de défense.

Stratégies sécuritaires et politique de défense

L'adhésion de l'Ouzbékistan au GUAM et son net rapprochement avec les États-Unis après le 11 septembre 2001 ont encore renforcé le caractère stratégique de l'alliance entre le Tadjikistan et la Russie. Derrière les diverses actions islamistes qui déstabilisent en premier lieu le Tadjikistan, se cache une lutte sans merci pour l'influence politique sur toute l'Asie centrale. Si les États-Unis sont à la recherche d'un allié dans la région, les puissances régionales rivales (Turquie, Iran, Pakistan et Arabie saoudite) cherchent, elles, à contrôler l'Islam centre-asiatique. Le Tadjikistan est devenu le refuge de plusieurs réseaux clandestins et/ou mafieux. Ce sont, écrit Dodojon Atovulloyev, des « petits groupes d'islamistes tadjiks sélectionnés et entraînés, durant leur exil afghan, soit par les services secrets pakistanais, arabes ou iraniens, soit par des organisations politico-financières obscures ». De nombreux militants islamistes d'Ouzbékistan se sont réfugiés au Kirghizstan (régions de Djalal-Abad et d'Och) et au Tadjikistan (région de Tavildara et vallée de Karatéguine, bastions traditionnels du PRI) pour échapper à la politique répressive du président ouzbek. Pendant la guerre civile, le MIO, parti interdit et dont les membres sont estimés à 3 000, a soutenu les combattants de l'OIU engagés dans leur lutte contre Douchanbe. Après la mort de Djouma Namanganî, un autre Ouzbek du Ferghana, Tahir Youldachev, aurait repris la direction du MIO et chercherait à renverser les régimes laïcs d'Asie centrale pour instaurer un État islamique « turkestanais » sur l'ensemble des pays centre-asiatiques. Des anciens du PRI ont rejoint ces organisations clandestines et n'hésitent pas à s'allier avec des chefs de guerre locaux pour lancer des attaques contre le régime de Douchanbe. L'incapacité de l'État tadjik à démanteler les réseaux de crime organisé, à lutter contre le pouvoir des chefs locaux, et à déloger des régions montagneuses difficiles d'accès divers groupes islamiques armés servent de justification à la Russie pour conserver un point d'appui dans la région.

L'ensemble de ces équilibres demeure fragile. Si, officiellement, la Russie entend contenir la poussée de l'islamisme et du terrorisme aux frontières méridionales de la CEI, dans les faits, elle cherche plutôt à contrecarrer l'influence des pays musulmans. Le PRI a bénéficié d'appuis extérieurs : il a été soutenu par des chefs afghans issus de l'Alliance du nord qui, lors de la montée des talibans, a dû établir sa base arrière dans le territoire du Tadjikistan non sans l'accord tacite de Moscou. L'Iran, lui aussi, a apporté son soutien en abritant deux importantes personnalités de l'OIU (Saïd Nouri et Akbar Touradjonzade). L'Iran est pourtant devenu un allié de la Russie en Asie centrale et apparaît comme un contrepoids de premier ordre. Ces deux pays ont soutenu le défunt commandant Massoud et cherchent à minimiser l'influence des États-Unis et de la Turquie dans la région. Moscou et Washington sont bien devenues les deux arbitres du nouveau « grand jeu » qui se dessine sur l'échiquier centre-asiatique. Mais outre leur nouvelle présence militaire, les Américains savent pouvoir compter sur leur puissance économique et multiplient les projets d'infrastructure dans l'acheminement des hydrocarbures et des métaux.

Le Tadjikistan est ainsi pris dans l'engrenage de l'après 11 septembre qui voit un basculement des rapports de force entre la Russie et les États-Unis dans au moins une partie des pays de la région. Il est encore trop tôt pour préjuger les effets de cette évolution. Mais on constate que ce pays demeure réduit à une forme de protectorat international. Le Tadjikistan est donc loin d'être parvenu à construire son indépendance.

LE TURKMÉNISTAN
Tiurkmenostan Respublikasy

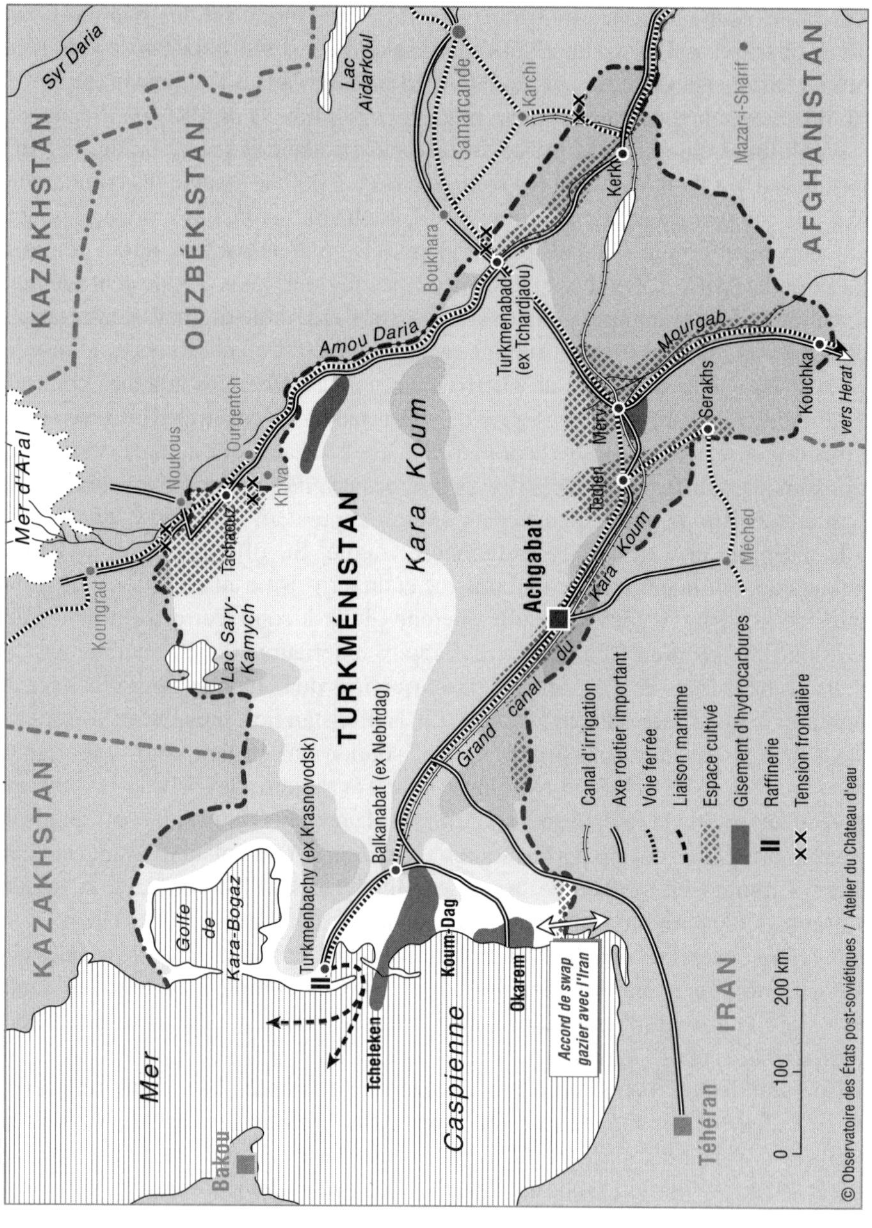

Chiffres clés

Territoire

Superficie : 488 100 km2
(l'équivalent de l'Espagne)
Capitale : Achgabat (744 000 hab.)
Principales villes :
- Turkmenabat (217 000 hab.)
- Dachovouz (163 000 hab.)
- Mary (116 000 hab.)

Divisions administratives : 5 régions (*velayat*) dirigées par une administration (Hakimlik).

Population

5 737 000 habitants début 2004
Dernier recensement : 1995
Densité : 11,7 habitants/km2
Population urbaine : 43,6 %
Population rurale : 56,4 %
Espérance de vie à la naissance (1999) : 67 ans (hommes, 63 ans ; femmes, 70 ans)

Données démographiques (pour mille habitants)

	1991	1995	2000
Accroissement naturel	25,4	21,3	13,1
Natalité	32,4	28,3	18,5
Mortalité	7,0	7,0	5,4
Mortalité infantile	47,0	42,2	25,4

Composition ethnique (1995)

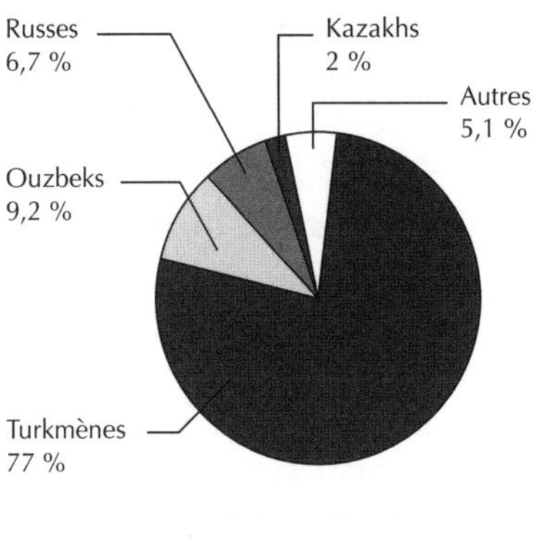

Économie

PIB par habitant en parité de pouvoir d'achat

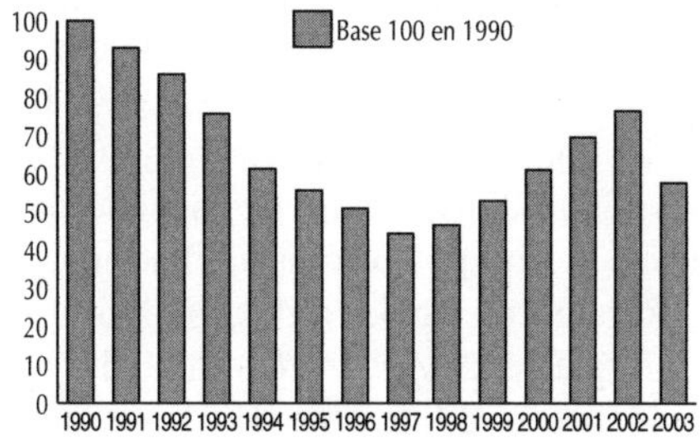

Principales composantes du PIB en 2001 :
- industrie 32 %
- services 31 %
- agriculture et forêts 26 %

IDH (2000) : 0,741 (87e rang mondial)
Monnaie : manat
Dette extérieure (2001) : de 2,3 à 5 milliards de dollars

Relations extérieures

Adhésion aux organisations internationales :
- CEI,
- OCE,
- Organisation de la conférence islamique,
- Partenariat pour la paix de l'OTAN.

Principaux partenaires commerciaux en 2001 :
- export : Ukraine, 46 % ; Iran, 11 % ; Turquie, 5 % ; Italie, 18 % ; Russie, 6 %.
- import : Turquie, 17 % ; Ukraine, 12 % ; Russie, 11 % ; UAE, 8 % ; France, 6 %.

Importations totales (2001) :
2 201 millions de dollars.
dont : – machines et équipements, 45,5 %
– matériaux de construction, 28,8 %
– biens de consommation, 17,3 %

Exportations totales (2001) :
2 526 millions de dollars.
dont : – gaz, 57 %
– pétrole, 26 %
– coton, 3 %
– textile, 2 %

L'identité turkmène après douze ans de pouvoir du Turkmenbachi

L'exception turkmène, facteur d'identité politique

Le Turkménistan est la république d'Asie centrale qui souffre de l'image la plus négative auprès de la communauté internationale. La dérive autoritaire du pouvoir exercé par son président, Saparmourad Niazov, en est une des causes principales. Celui-ci, s'appuyant sur un culte exacerbé de la personnalité s'est fait proclamer président à vie en décembre 1999. Une nouvelle loi propose toutefois la tenue d'élections présidentielles en 2010. Si le président S. Niazov prétend depuis peu descendre d'Alexandre de Macédoine, cela ne l'empêche guère d'asseoir la légitimité de son pouvoir sur un nationalisme turkmène outrancier.

République de 4,6 millions d'habitants (estimation de 2000) où la libéralisation politique de la *perestroïka* fut la plus restreinte, le Turkménistan a accédé à l'indépendance le 27 octobre 1991. Ce même jour, Saparmourad Niazov, ex-premier secrétaire du PC turkmène depuis 1985, est devenu, avec le titre de Turkmenbachi (« père des Turkmènes »), le président d'une république pluriethnique, dont la majorité éponyme constitue 77 % de la population, contre 9 % d'Ouzbeks et 6,7 % de Russes (en 1995). Après avoir été confirmé à son poste en juin 1992, il a empêché le développement d'une opposition structurée mais s'est efforcé de rechercher le consensus social en exaltant de nouvelles valeurs patriotiques fondées sur la « turkménité » linguistique et ethnique, donc transfrontalière et susceptible de toucher près de deux millions de Turkmènes en Iran, en Turquie et en Afghanistan.

Son discours politique, très sensible aux défaites infligées par la colonisation tsariste (multiples célébrations de la bataille de Geok Tepe) s'appuie plus particulièrement sur la prise en compte d'un passé bafoué par le « totalitarisme soviétique », d'où les mesures de rétorsion telles que la fermeture de l'opéra d'Achgabat et de musées abritant des œuvres russes. Le régime impose aux 87 % de musulmans vivant dans le pays un modèle valorisant l'islam traditionnel sunnite exempt de toute « tentation fondamentaliste ». Ayant promu le turkmène langue d'État depuis 1990, il a voté la latinisation de l'alphabet dès octobre 1993 et l'introduit progressivement dans le cursus scolaire.

Entre turkménité et nécessaire conciliation avec la Russie

Avec une population constituée encore de 6,7 % de Russes (techniciens, cadres et militaires), le Turkménistan a cherché à maintenir de bonnes relations avec la Fédération de Russie dont dépend l'essentiel de ses exportations ou de leur transit. Jusqu'en décembre 2001, c'était la seule République ex-soviétique à avoir accepté la double citoyenneté pour les ressortissants russes et, malgré le contexte politique extrêmement fermé, a avoir concédé à la minorité orthodoxe une reconnaissance officielle, à condition de se tenir en dehors de toute politisation et de tout prosélytisme.

La république est divisée en cinq régions, qui correspondent globalement à la localisation des principales tribus turkmènes (Tekke, Yomoud, Ersary, Salor...)

dont la structure a été préservée malgré la construction soviétique, par le biais notamment de l'implantation des kolkhozes et des sovkhozes.

Parmi les facteurs de fragilité, on mentionnera son enclavement et sa dépendance par rapport aux pays situés en amont pour l'approvisionnement en eau, et au Nord, pour l'évacuation des hydrocarbures, ce qui l'a poussé à développer des stratégies spécifiques qui, pour le moment, n'ont guère porté leurs fruits.

Bilan de douze années d'isolationnisme

Le pouvoir cherche à museler les médias à mesure que s'amplifient la crise économique, le mécontentement social latent et l'action d'opposants exilés à Moscou qui pourraient suggérer une alternance. C'est aussi la république d'Asie centrale qui a le plus transformé l'urbanisme de sa capitale par une frénésie de constructions qui tranche avec la paupérisation massive de la société, l'effondrement du système sanitaire et éducatif, la montée des problèmes liés au transit et à l'usage des drogues. Il n'est pas certain que cette attitude de cavalier seul puisse résoudre les problèmes d'enclavement du pays. C'est également le seul pays du bloc de l'Est à avoir catégoriquement refusé tout programme de stabilisation économique du FMI. Aussi, la Russie semble rester maître du jeu, malgré la recrudescence de l'influence américaine dans la région.

Le pays du décideur unique

Une absence de débat sur le consensus national

Le Turkménistan est le pays d'Asie centrale qui demeure le plus fermé à toute évolution. Le système mis en place par l'actuel président s'inscrit dans la tradition soviétique et stalinienne d'autoritarisme. Aucun débat — même à l'heure de l'indépendance — n'a été entamé sur la transition et le rôle de l'État. Déjà, dans les années 1980, alors que le reste de l'Union s'engageait progressivement sur la voie des réformes, le Turkménistan résistait aux changements. La seule branche « progressive » de l'ancien Parti communiste, dirigée par un groupe d'intellectuels qui formera l'association à vocation écologique Agzybirlik (« unité »), sera bannie dès 1990 par Niazov, inquiet du succès populaire de ce mouvement. Depuis cet épisode, le Turkménistan vit sous la férule autoritaire du président qui dirige le pays d'une main de fer sous couvert de « neutralité politique ».

Une omnipotence présidentielle convertie en présidence à vie

La constitution de 1992 institue un régime de type présidentiel attribuant des prérogatives très importantes au chef de l'État. Le parlement (Mejlis) est composé d'une seule chambre de 50 députés élus pour 5 ans. Le pays est également doté d'une assemblée législative suprême appelée Conseil du peuple (Khalk Maslakhaty). Celui-ci n'a pas de pouvoirs bien définis mais est appelé à se prononcer sur les questions constitutionnelles ou politiques. Il est composé de représentants élus, des membres du Mejlis et du président. Le régime turkmène est reconnu comme l'un des plus centralisés et autocratiques de l'espace postsoviétique. Le président dispose de pouvoirs absolus et exerce les fonctions de Premier ministre et de chef d'État. Il nomme et révoque les dignitaires du régime comme les gouverneurs des 5 régions (*velayats*), des 50 districts (*etrap*) et des principales villes du pays. Il contrôle directement l'administration, la banque centrale et le pouvoir judiciaire (il nomme le procureur général et tous les juges). Lors des élections, l'interférence des autorités, en particulier celle de l'administration présidentielle, est omniprésente. Le président nomme lui-même les membres de la commission centrale électorale ; l'administration sous son contrôle joue un rôle essentiel pour la nomination, l'enregistrement des candidats et la tenue du processus électoral. Les organisations internationales ont refusé d'observer les élections parlementaires du 12 décembre 1999 en raison de l'absence totale d'alternative et de débats.

Élu une première fois en décembre 1990, alors qu'il était le seul candidat, S. Niazov est réélu en 1992, après l'indépendance. En 1994, il fait prolonger par référendum la durée de son mandat jusqu'en 2002. En décembre 1999, le Khalk Maslakhaty nomme S. Niazov « président pour une durée illimitée », décision qui rend caduque l'élection présidentielle initialement prévue en 2002. S. Niazov a également été proposé, pour la quatrième année consécutive, au titre de héros national, titre décerné par les députés en remerciement au « fondateur et sage protecteur de l'indépendance et de la neutralité ». S. Niazov préside l'unique parti politique turkmène, le Parti Démocratique du Turkménistan (PDT). Direct héritier du parti communiste soviétique, il en a conservé la structure, le caractère « apolitique » et fortement centralisé et joue toujours un rôle omniprésent dans la vie des citoyens turkmènes. Il est totalement superposé à la structure du régime.

Une dérive progressive du régime

Les pouvoirs illimités du président, l'absence totale d'alternative politique ainsi que l'écrasement systématique de toute tentative de résistance ont contraint une partie des élites à fuir le pays. Aujourd'hui la formation de nouveaux dirigeants ainsi que la préparation de la succession de Niazov, âgé de 52 ans et que l'on dit malade, sont des questions préoccupantes. La plupart des personnalités politiques vivent dans la crainte de décisions discrétionnaires prises par S. Niazov. En juillet 2001, le ministre des Affaires étrangères Batyr Berdiev, en place depuis moins de six mois, a été congédié en raison d'une consommation excessive d'alcool. Son prédécesseur, Boris Chikhmouradov avait perdu son poste en 2000. Poursuivi pour malversations financières (accusation rendue publique après qu'il ait manifesté son opposition au régime « autoritaire et antidémocratique de S. Niazov »), il vivait en exil à Moscou jusqu'en décembre 2002. Plusieurs figures politiques telles que l'ancien vice-Premier Ministre, Khoudaïberdy Orazov, l'ancien ambassadeur du Turkménistan en Turquie, Nourmouhammed Hanamov, et l'ancien ambassadeur aux Émirats Arabes Unis, Pirdjan Kourbanov, ont rejoint Chikhmouradov à Moscou où ce dernier avait formé une coalition d'opposants en exil, « le Mouvement démocratique national du Turkménistan ». Son retour inopiné à Achgabat a ruiné ce projet.

En 2001, les ministres de la Communication, de la Défense et de l'Irrigation ont également été destitués. Ce dernier a été révoqué pour son incapacité à lutter activement contre la sécheresse. Le ministre de la Défense a été remplacé par un général formé à l'institut d'agriculture et d'irrigation et terminant une brillante carrière à l'institut vétérinaire. À l'heure actuelle, la plupart des dignitaires ne sont pas parvenus à rester en poste plus de deux ans. Ces destitutions ont souvent lieu en public lors de sessions humiliantes. Craignant de perdre leur place, les experts n'osent s'opposer aux décisions aléatoires du président. Comme à l'époque soviétique, les rapports et statistiques sont modifiés pour satisfaire à ses exigences, entretenant une culture du secret et de la désinformation. Ainsi, en 2001, année de récoltes particulièrement désastreuses en Ouzbékistan, en Iran et au Tadjikistan, le Turkménistan affichait-il officiellement une récolte record de céréales.

Le pays vit au rythme des décisions arbitraires de Niazov. Un culte de la personnalité inusité s'est développé pendant ces dernières années. La capitale Achgabat est un véritable musée à ciel ouvert de statues à l'effigie du président, image vivante du mythe fondateur du nouvel État turkmène. Tout le pays rivalise pour participer au mieux à la construction de ce culte qui entraîne de fastueuses dépenses et cérémonies à la gloire du « guide de tous les Turkmènes ». Le « leader suprême » a publié, en 2002, un code moral et spirituel à l'attention des citoyens turkmènes, le Roukhnana, dans lequel sont définis les impératifs patriotiques ainsi que la morale nationale. Son enseignement est imposé aux militaires et fonctionnaires du pays.

L'absence de libertés civiles et politiques

Les violations des droits de l'homme au Turkménistan sont régulières. Les libertés civiles et politiques ont été bannies. Il n'existe dans ce pays ni presse ni partis politiques indépendants. Toute opinion critique y est systématiquement sanctionnée par des peines de prison. Deux candidats aux élections parlementaires de 1999, connus pour leur opposition au régime, furent arrêtés à la veille des élections : Nourberdi Nourmamedov est le responsable de la seule formation d'opposition existante dans ce pays, Agzybirlik (Unité), laquelle n'a jamais pu être enregistrée légalement. Le second candidat, le Dr Pirimkouli Tangrykouliev, a été condamné à 8 ans de prison.

La liberté d'association n'existe pas. De nombreux opposants politiques sont détenus dans les prisons turkmènes, le plus souvent sans procès. Le Turkménistan a suspendu la peine de mort mais l'usage de la torture est courant. Les conditions de détention sont particulièrement pénibles et conduisent de nombreux prisonniers à la mort, épuisés par les mauvais traitements de l'administration pénitentiaire (on peut citer, à cet égard, le décès du prisonnier politique Khoshali Garaev en 1999).

La liberté religieuse est également bafouée. Les nouvelles communautés protestantes font l'objet de persécutions, certaines de leurs églises ont mêmes été détruites. De nombreux pratiquants ont subi des pressions policières, pouvant aller jusqu'à l'emprisonnement. Cette répression ne touche pas seulement les églises chrétiennes. Bien que les religions orthodoxes et musulmanes sunnites soient tolérées, le président a ordonné, en juin 2001, la fermeture de la dernière école coranique non contrôlée par les autorités religieuses pro-gouvernementales.

Aucune organisation locale ou internationale n'est autorisée à travailler sur la question des droits de l'homme. En 1999, un observateur de Human Rights Watch, autorisé à se rendre en mission au Turkménistan à la suite de nombreuses pressions du Département d'État américain, s'est fait sommairement expulser du pays après avoir essayé de rencontrer des dissidents.

Le « modèle économique turkmène » : dirigisme et opacité

La division soviétique du travail avait assigné au Turkménistan la livraison de gaz et la république était ainsi devenue la deuxième république productrice de gaz de l'Union bien qu'étant l'une des plus pauvres (avec le Tadjikistan et l'Ouzbékistan). Douze ans plus tard, la pratique économique a peu évolué et le pays compte plus que jamais sur son gaz pour exister économiquement. Mais l'indépendance a apporté des changements inéluctables communs à tous les pays en transition : chute de la production et hausse de la pauvreté.

Un manque de volonté pour réformer le système soviétique

Il est virtuellement impossible de comprendre le système économique turkmène si on le compare au modèle d'économie en transition tel qu'il a été mis en œuvre en Europe centrale ou même dans les pays de la CEI. Les autorités ont ouvertement repoussé le modèle préconisé par les institutions internationales. Il est ainsi difficile de parler de progrès des réformes puisque celles-ci sont restées bien souvent minimales depuis l'indépendance.

Le Turkménistan a connu la stabilisation macro-économique la plus tardive en Asie centrale. La fin de l'hyper inflation date en effet de début 1997, alors que le taux d'inflation approchait encore les 1000 % en 1996.

La politique économique turkmène s'appuie sur un taux de change fixe mais ajustable. La dernière dévaluation du manat date de septembre 1998. Tout comme l'Ouzbékistan voisin, le Turkménistan a décidé de développer une stratégie de substitution des importations articulée autour d'un taux de change fixe surévalué et d'une ponction sur le secteur agricole. Étant donné la fermeture du marché des changes et du commerce extérieur, un marché parallèle de devises s'est installé. En avril 1999, il fallait près de quatre fois plus de manats sur le marché parallèle qu'au marché officiel. Ce système permet ainsi des importations à moindre coût pour les entreprises industrielles, les entreprises de construction ou quelques entreprises travaillant dans l'agroalimentaire. Tout comme en Ouzbékistan, ce système se développe au détriment de l'agriculture et plus particulièrement des petits producteurs.

Selon les calculs du FMI, l'État turkmène achète (au taux de change officiel) le coton et le blé entre 50 et 60 % des prix mondiaux, soit un transfert annuel de l'agriculture au profit du reste de l'économie équivalent à 15 % du PIB. La surévaluation patente du manat a entamé durablement la compétitivité des entreprises turkmènes vis-à-vis de leurs voisins et des autres Républiques de la CEI en général. Pour faire face à des problèmes croissants d'équilibre de la balance courante depuis 1997, le Turkménistan a massivement recours à l'endettement. Ce dernier a sensiblement progressé dans les dernières années pour atteindre 50 % du PIB en 2000. L'investissement direct étranger étant très faible (moins d'un milliard de dollars entre 1994 et 1999, soit moins de 10 % de l'IDE investi en Asie centrale), le Turkménistan est complètement dépendant de ses recettes gazières. L'une de ses originalités est le fait que l'État reste à la tête de 75 % de la production totale.

Enfin, l'opacité n'est pas un vain mot au Turkménistan pour essayer de mieux cerner le modèle de développement suivi. Il est très difficile d'obtenir des statistiques fiables et dans la pratique budgétaire, l'usage abusif de Fonds ne facilite pas la transparence... Pour tous ces éléments, il n'est pas étonnant de constater que le Turkménistan est considéré par la BERD comme le mauvais élève de la classe, parmi tous les pays bénéficiaires de son assistance financière.

Une baisse généralisée de la production

Le Turkménistan a connu une baisse de plus de 40 % de la production entre 1989 et 1999. La reprise de la croissance a été la plus tardive parmi les pays de la CEI puisqu'elle ne date que de 1998. Le plus frappant reste la volatilité du PIB turkmène. De 1992 à 1998, les chutes ont en effet été spectaculaires. Depuis 1999 cependant, la croissance est supérieure à 15 %. Ces phénomènes sont notamment dûs à la diminution importante de la production hors hydrocarbures dans les premières années de la décennie 90 et, désormais, aux fluctuations des exportations de gaz.

La production cotonnière, qui était l'un des fleurons de l'agriculture turkmène, a diminuée de plus de moitié entre 1991 et 1998. Seule la production de céréales s'est maintenue mais, globalement, la production agricole a très considérablement décliné. L'industrie a suivi le même chemin, notamment l'industrie légère ou agro-alimentaire. Seule la production gazière progresse depuis 1999, après une chute sans précédent : en 1992, le Turkménistan produisait plus de 50 milliards de mètres cubes de gaz (contre plus de 80 milliards en 1990). En 1998, la production est tombée à 12 milliards avant de remonter à 20 milliards en 1999 et 47 milliards en 2001.

Enfin, la place tenue par le secteur de la construction est assurément la spécificité du Turkménistan. En 1998, il représentait plus du quart du PNB. De source gouvernementale, fin 1998, près de 150 grands chantiers étaient en cours pour un montant total estimé à plus de 3,6 milliards de dollars. Le gouvernement soutient massivement ce secteur de l'économie en recourant à l'endettement extérieur. Ainsi, près de la moitié des 3,6 milliards de dollars sera financée par des prêts étrangers.

Une économie essentiellement gazière

Très rapidement après l'indépendance, l'économie turkmène est devenue largement dépendante des exportations d'hydrocarbures. En deux ans, de 1990 à 1992, les exportations de gaz sont passées de 30 à 65 % du total des exportations.

Aujourd'hui, elles représentent 80 % des exportations totales. Le Turkménistan se veut le Koweït de l'Asie centrale. De la monarchie pétrolière, il n'a retenu que la dépendance vis-à-vis des hydrocarbures. Avec la surévaluation persistante du manat et le développement d'une croissance déséquilibrée, le Turkménistan pourrait être le premier État à être enferré durablement sur la voie de la « maladie hollandaise ».

Ceci est d'autant plus crucial pour l'économie turkmène que l'exportation des hydrocarbures est problématique. La Russie reste en effet incontournable : en 2000, moins de 10 % des exportations de gaz turkmène étaient acheminés autrement que par la Russie, à savoir par l'Iran. Mais la capacité du gazoduc Korpedje-Kourt-Koui, qui assure l'accord de Swap avec l'Iran, est limitée à 7 milliards de mètres cubes annuels. Tout dépend ainsi du bon vouloir russe de laisser transiter le gaz turkmène. Ainsi, en 1997, le PNB turkmène a chuté de 25 % suite à la suspension des exportations de gaz turkmène lié au différend entre Gazprom et Achgabat sur le montant des droits pour l'utilisation du gazoduc russe. Cette situation devrait perdurer encore de nombreuses années, les solutions alternatives (gazoduc transcaspien, ou tube Turkménistan-Afghanistan-Pakistan) restant encore très hypothétiques. L'état de dépendance vis-à-vis des exportations de gaz est tel que les Turkmènes sont contraints de vendre à des pays de la CEI bien souvent insolvables. C'est ainsi qu'en 1999, le pays possédait plus de 1,3 milliard de dollars de créances vis-à-vis des ex-pays de l'URSS, dont plus de 650 millions auprès de l'Ukraine, près de 400 millions auprès de la Géorgie et plus de 50 millions auprès de l'Azerbaïdjan.

Un pays pauvre où le gaspillage des ressources se poursuit

En 1989, on estimait que 35 % de la population vivait en dessous du seuil de pauvreté. Officiellement, ce ratio est tombé à moins de 10 %, chiffre difficilement crédible au vu de la chute généralisée de la production, notamment dans le domaine agricole. En outre, même s'il est difficile d'obtenir des informations fiables à ce propos, la sécurité alimentaire reste une préoccupation majeure. Pour montrer l'attachement du pouvoir à la population, l'électricité, l'eau et le gaz sont gratuits. Cette mesure renforce de facto le gaspillage : la consommation nationale de gaz est en constante augmentation depuis 1992 (alors que la production a baissé de 40 %), le Turkménistan détient l'un des records mondiaux d'inefficacité énergétique. Enfin, dans un pays qui n'est qu'un grand désert, gaspiller l'eau, phénomène toujours aussi important dans l'agriculture, est extrêmement préoccupant pour l'avenir.

La doctrine turkmène de la neutralité

En matière de défense, le pouvoir turkmène se félicite en chaque occasion d'avoir opté pour la « neutralité perpétuelle » qu'il a fait entériner par la 50e session de l'ONU. Cela lui permet de refuser depuis le 11 septembre 2001 toute participation à une alliance militaire quelconque sans mandat de l'ONU. Il a toutefois tempéré cette approche en autorisant la mise en place de convois humanitaires en direction de l'Afghanistan à partir de son territoire, après avoir néanmoins refusé catégoriquement la mise à disposition de ses bases aériennes pour la coalition internationale chargée de la lutte anti-terroriste en Afghanistan.

Plusieurs éléments jouent en faveur d'un maintien de la stabilité du pays. L'homogénéité de sa population (77 % d'origine turkmène) est un facteur important. En outre, malgré ses nombreux excès, le président turkmène semble soucieux de préserver la concorde entre les principales confédérations tribales turkmènes.

Des interrogations sur l'apparente stabilité turkmène

Depuis l'indépendance, les conditions de vie n'ont cessé de se dégrader et la population se paupérise. Afin de limiter les risques de mécontentement et de renforcer la cohésion nationale, le président isole de plus en plus le pays par une politique nationaliste outrancière. Les visas d'entrée ou de sortie du territoire sont délivrés au compte-gouttes, les mariages mixtes découragés, tout comme l'emploi du russe, pourtant largement parlée au Turkménistan. Une esquisse de contestation du pouvoir absolu du président semble se développer. Ainsi, en mars et avril 2002, une quinzaine de hauts dignitaires turkmènes, dont le responsable des services secrets, le ministre de la Défense et le chef de la sécurité frontalière, ont été limogés pour corruption et abus de pouvoir. S'il est vrai que S. Niazov est coutumier du fait, l'ampleur de ces destitutions est sans commune mesure avec les fréquentes mutations intervenues auparavant au sein du pouvoir, dont les motifs réels restent sujets à caution. L'étendue de cette purge pourrait aussi être un premier signe d'une contestation grandissante au sommet du pouvoir turkmène.

Sur le plan extérieur, la Russie peut devenir une menace dans la mesure où pour des raisons économiques, elle veut garder la main mise sur l'exportation du gaz turkmène afin d'éviter qu'il ne lui fasse concurrence. En novembre 2001, Moscou semblait appuyer l'attaque contre le régime de S. Niazov lancée par Boris Chikhmouradov. On pouvait se demander si la Russie, comme d'ailleurs les États-Unis, n'étaient pas favorables à l'installation à Achgabat d'un dirigeant plus conciliant et plus fréquentable. Cependant, l'arrestation rocambolesque de B. Chikhmouradov, revenu en Turkménistan fin 2002, et sa condamnation à la prison à perpétuité pour tentative d'assassinat du président, laissent à penser que Moscou a opté pour une solution pragmatique de soutien au pouvoir actuel. La signature, annoncée pour le courant 2003, de nouveaux protocoles de coopération en matière de sécurité, de livraison et de transport de gaz turkmène semble confirmer que la Russie préfère lâcher l'opposition à S. Niazov plutôt que de laisser le champ libre au renforcement de l'influence américaine.

Le risque islamiste reste crédible, même si S. Niazov mène une politique très active de lutte contre tous les groupes religieux. Ces attaques peuvent paraître motivées par la crainte d'une montée de l'islamisme, mais elles semblent en réalité davantage destinées à empêcher la formation d'une société civile.

Entre neutralité permanente et développement des exportations gazières

La politique étrangère du Turkménistan est fondée sur le statut de neutralité que le pays a adopté en 1995 et qui répond surtout à des préoccupations d'ordre économique. Ce statut permet en effet à S. Niazov de vendre son gaz au plus offrant sans aucune considération politique.

Sur le plan régional, le pouvoir développe une politique visant à isoler la population du reste de la zone. Ainsi en 1998, le pays instaure des taxes douanières qui paralysent les échanges avec l'Ouzbékistan et le Kazakhstan ; en juin 1999, il est le premier des cinq États d'Asie centrale à imposer des visas aux ressortissants de la CEI. Afin de décourager toute immigration, le gouvernement a décidé en 2001 de ne plus reconnaître les diplômes délivrés dans les autres pays de la CEI.

La politique extérieure du Turkménistan répond à deux objectifs prioritaires : attirer les investissements étrangers et faciliter la reprise d'échanges commerciaux permettant l'accès aux mers chaudes. Ainsi, la république entretient des relations politiques privilégiées avec les pays utiles à son économie : la Turquie, qui constitue le premier débouché pour son gaz (à compter de 2002 le Turkménistan lui en livrera 16 milliards de m^3 par an), et l'Iran, son voisin immédiat incontournable pour le transit de ses exportations

Le Turkménistan entretient d'ailleurs avec la Turquie, l'Iran et l'Afghanistan de fructueuses relations économiques. Ainsi, malgré sa position laïque, il conservait, jusqu'en septembre 2001, les liens les plus étroits des cinq pays d'Asie centrale avec le régime taliban. À plusieurs reprises, S. Niazov a tenté de jouer le rôle de médiateur entre les taleban et l'Alliance du Nord. Le Turkménistan a participé au groupe de négociations 6+2 réunissant tous les voisins de l'Afghanistan. On peut penser que cette fonction de conciliateur a été menée par Niazov dans le but de favoriser le projet d'évacuation du gaz turkmène via l'Afghanistan et le Pakistan.

Le souci majeur du Turkménistan est de mettre rapidement sur le marché ses hydrocarbures et de s'assurer une certaine diversité de débouchés afin de prendre son autonomie par rapport à la Russie. Mais en raison de sa situation géopolitique, pris en étau entre cette dernière et l'Iran, le pays a opté dans l'immédiat pour un partenariat avec Moscou, en l'attente de nouveaux gazoducs. Cependant la politique nationaliste de renforcement de la cohésion nationale pousse le gouvernement à prendre des mesures discriminatoires envers les Russes. Ainsi, alors qu'en 1995, le pays avait reconnu la coexistence de la double nationalité russe et turkmène, le turkmène est devenu la seule langue nationale ; sa maîtrise est désormais obligatoire pour postuler à un emploi public. Cette politique provoque le départ de nombreux Russes, ce qui va très rapidement poser un problème économique au pays puisqu'il s'agit de la population la plus qualifiée.

Bien que doté d'un statut de neutralité permanente, le Turkménistan est membre de la CEI. Il ne participe pourtant que rarement aux réunions au sommet et est absent de toutes les organisations infra-CEI. Il privilégie les relations bilatérales qui sont, néanmoins, elles aussi conflictuelles. Le Turkménistan est le seul des cinq États d'Asie centrale à ne pas être membre du Groupe de Shanghaï. De même, il n'a pas rejoint la Communauté économique eurasiatique, n'a pas signé le pacte de sécurité collective des pays de la CEI, ni intégré la Coopération centre-asiatique (anciennement Communauté économique centre-asiatique) à laquelle ont pourtant adhéré les quatre autres ex-républiques soviétiques de la région.

Cette ambiguïté se retrouve également sur le plan international : alors qu'officiellement S. Niazov refuse d'adhérer à des organisations supranationales de crainte d'altérer sa souveraineté, le Turkménistan est membre de l'ONU, de l'OSCE, de la BERD et possède des accords d'assistance technique avec l'Union Européenne (deux programmes TACIS ont été signés avec le Turkménistan, l'un en 1991 et l'autre en 1999, mais leur mise en œuvre est restée problématique).

Un renforcement des forces de sécurité pour régler des différends frontaliers ?

La délimitation des frontières avec les pays voisins, notamment les frontières terrestres avec le Kazakhstan et l'Ouzbékistan, demeure un facteur important de discorde. En 2000, les contrôles armés aux frontières avec ces pays ont été renforcés. Des incidents sont survenus en 2001, lorsque deux cents Ouzbeks qui tentaient de passer la frontière, à la fin du ramadan, pour se rendre dans des cimetières ouzbeks situés en territoire turkmène, ont été violemment repoussés par les forces turkmènes. Un autre contentieux important persiste avec l'Azerbaïdjan à propos de la délimitation de la mer Caspienne, les deux pays revendiquant la propriété d'un même gisement offshore de gaz (Kyapaz/Serdar).

En 1999, les dépenses militaires représentaient 15 % du budget de l'État et on estimait que l'armée comptait 18 000 hommes. Par ailleurs, le président veut accroître d'un millier de personnes le Comité de sécurité nationale (nouvelle appellation du KGB turkmène) qui passerait ainsi à 2 500 personnes et permettrait d'exercer un plus grand contrôle sur les étrangers. Le pouvoir turkmène poursuit donc une politique à la fois isolationniste et hostile vis-à-vis de ses voisins centre-asiatiques, sans parvenir à diminuer sa dépendance face à la Russie.

Conclusion

En un peu moins de quinze années, les changements survenus dans l'espace postsoviétique et dans chacun des États qui le composent sont considérables : construction d'identités nationales dans les frontières actuelles ; élaboration de nouvelles législations même si certaines sont loin d'être appliquées ; redémarrage des économies après l'effondrement lié à l'éclatement de l'URSS et aux crises qui l'ont suivi ; découverte d'un environnement international ouvert, etc. Mais le tableau qui s'offre à nous, une fois égrenées ces quinze analyses de réalités nationales complexes et divergentes, est bien éloigné du schéma d'une transition univoque qui aurait vu ces ex-républiques soviétiques prendre rapidement le chemin de la démocratie et du marché.

Les États baltes constituent un cas à part tant leur trajectoire diffère de ceux de la CEI. Leur intégration dans l'OTAN le 29 mars 2004 puis dans l'Union européenne le 1er mai 2004 a été préparée par une période d'intenses réformes institutionnelles, économiques et politiques qui les ont rapprochés des modes de fonctionnement européens auxquels ils étaient préparés par une histoire spécifique, jamais oubliée durant leur période soviétique. Ils entrent dans la cohorte des nouveaux États de l'Union et devraient bénéficier des garanties de stabilité de celle-ci pour peu que la croissance globale se confirme. Mais, les avatars politiques récents le rappellent, il faudra compter longtemps avec la fragilité des institutions tant étatiques que sociales et avec les interférences de la rivalité américano-russe dans leurs affaires intérieures, interférences qui pourraient même s'accentuer sur le plan économique avec la montée en puissance de la Russie.

Dans les autres États, le bilan de cette première phase d'indépendance est contrasté et les résultats obtenus sont bien loin des espoirs fondés par la majorité de leurs populations qui voyaient dans l'indépendance et la fin du système soviétique la voie la plus rapide pour rejoindre un « modèle occidental » idéalisé. La réalité est toute autre avec, dans plusieurs cas, la dérive vers une gamme diversifiée de régimes autoritaires qui se soucient fort médiocrement des facteurs structurels qui pourraient assurer le bien être de leurs concitoyens. Ce n'est pas un hasard si, dans une étude qui a fait grand bruit, l'ONG britannique Global Witness comparaît récemment quatre États pétroliers, l'un d'Asie centrale, le Kazakhstan, avec trois États africains (Angola, Congo-Brazzaville et Guinée équatoriale). L'étude montre que l'absence de transparence dans l'utilisation des investissements et crédits accordés par les compagnies ou États occidentaux masque en fait la « disparition » d'énormes sommes des caisses publiques et favorise les inégalités et l'instabilité. Et de fait, même si la nature des héritages impériaux différait considérablement, la situation actuelle de plusieurs pays de la région a plus de points communs avec certains États postcoloniaux africains qu'avec les États européens que ces populations aspiraient à rejoindre.

Il ne s'agit pas ici de nier la réalité des réformes engagées, des apprentissages et des mises à niveau déjà effectués dans un délai somme toute extrêmement bref, au cours d'une période d'autant plus complexe qu'elle fut agitée de multiples crises et conflits. On a sans doute sous-estimé l'ampleur de la crise globale du système soviétique et le recul manque pour évaluer les capacités de rebonds de sociétés éprouvées par cette singulière expérience mais qui n'ont pas perdu certaines de leurs spécificités, des niveaux de formation élevés, de remarquables capacités d'adaptation au moins chez les plus jeunes, etc. Mais le bilan est d'autant plus amer pour une partie de ces populations qu'elles attendaient tout autre chose de ces indépendances.

Sur le plan économique, le changement radical du système d'allocation des ressources a fait apparaître de nouvelles logiques conditionnant les choix, les lieux et les méthodes de production. Mais ceci s'est accompagné d'un vaste détournement de richesses au bénéfice de cercles restreints qui ont accaparé l'essentiel des secteurs capables de fournir un quelconque profit. L'apparition des groupes oligarchiques — qu'ils soient à caractère semi-étatiques ou totalement privés, c'est un des traits communs à l'ensemble de la zone —, n'est nullement une garantie de stabilisation des économies nationales. Une étude récente de l'exemple russe par la Banque mondiale tend au contraire à démontrer que les pratiques de ces groupes financiers et industriels perpétuent une gestion irrationnelle des ressources, favorisant l'exportation de capitaux à des fins spéculatives ou personnelles et la dilapidation de segments entiers de l'ancienne structure industrielle. L'implication de ces groupes oligarchiques et plus généralement des États dans la nécessaire modernisation/diversification du tissu industriel, une des conditions indispensables au rétablissement d'économies saines, reste aléatoire. Or dans le même temps, la remise en cause des interdépendances multiples qui résultaient du mode de répartition — de plus en plus contesté — des activités à l'époque soviétique s'est traduite, dans la plupart des États, par l'effondrement des secteurs industriels traditionnels de transformation. Le redémarrage des économies, effectif à partir du milieu des années 1990, repose souvent sur des bases fragiles, liées au sort des industries extractives.

Le choix par quelques États comme la Biélorussie ou l'Ouzbékistan de retarder les réformes économiques structurelles en tentant de différer le passage au marché a paru protéger, un temps, certains acquis sociaux de l'époque soviétique mais entraîne de profondes distorsions dont les conséquences sont de plus en plus sensibles. Mais si la multiplication des pratiques corruptrices est un élément récurrent de cette période de transformation, il serait trop facile de l'imputer seulement à l'immaturité des structures institutionnelles ou à l'immoralité des personnels dirigeants postsoviétiques. Sous une forme exacerbée, elles reflètent et amplifient les faiblesses du système libéral dans son ensemble : fragilité des instruments de surveillance des flux financiers, insuffisance des modalités de contrôles politiques et sociaux sur la gestion des entreprises et des administrations.

Cette période a été particulièrement traumatisante sur le plan social pour des populations touchées par la perte des repères inculqués à l'époque soviétique. Même si la stabilisation économique, effective depuis 1995-98, tend à en élargir la base, seule une minorité (la classe moyenne en formation et les « nouveaux riches ») profite réellement des nouvelles libertés et des acquis de la croissance retrouvée : choix des lieux de vie et d'études, voyages à l'étranger, accès à des soins et des services diversifiés mais onéreux, etc. La majorité a subi — quand à elle — le contrecoup des crises et l'accroissement des écarts de revenus, décuplés en quelques années. De nombreuses familles sont ainsi contraintes à l'enfermement dans des systèmes précaires d'autosuffisance agricole ou dans le recours à des solutions d'attente épuisantes en ville, reposant sur des emplois déqualifiant et sous payés. Pour de nombreux actifs, il n'y a guère d'autre solution qu'un exil difficile, en Russie ou en Occident, pour des travaux non déclarés et mal rémunérés, dans des conditions de sécurité aléatoires quand il ne s'agit pas de différentes formes de criminalité ou de prostitution. Le délitement des systèmes sociaux et d'aide étatique conduit, dans plusieurs pays, à voir remis en cause plusieurs des acquis qui faisaient la fierté de ces sociétés à l'heure de l'indépendance comme la scolarisation généralisée et la quasi-absence d'analphabétisme ou l'éradication des grandes maladies infectieuses traditionnelles. Quoique partiellement masqués par les statistiques officielles, l'explosion du chômage, la réapparition de poches d'illettrisme, la progression des décès dus à la tuberculose ou au SIDA dans un contexte démographique dégradé, sont des signes alarmants de la nouvelle réalité sociale auxquels doivent faire face les États de la CEI.

Sur le plan politique enfin, même si les situations diffèrent fortement entre l'espèce de théocratie turkmène et le régime policier biélorusse, la majorité des élites au pouvoir se sont engagés dans des dérives autoritaires inquiétantes. Alors que les nouvelles institutions affichent, avec la bénédiction d'experts et d'organismes officiels occidentaux, des intentions démocratiques louables, leur application est fragmentaire. L'absence de séparation réelle des pouvoirs est générale ainsi que la mainmise de clans aux composantes diverses — recyclage des anciennes élites soviétiques, nouveaux clans régionaux, ethnocraties — sur les rouages essentiels du pouvoir. On assiste un peu partout à l'élimination progressive de la liberté de presse et d'opinion, les opposants étant réduits au silence quand ils ne sont pas emprisonnés, poussés à l'exil ou éliminés. Ces dérives ne signifient pas que l'aspiration démocratique apparue lors de la *perestroïka* et les ébauches de nouvelles pratiques n'aient pas laissé de traces comme en témoignent les tensions récurrentes observables en Asie centrale ou à Minsk. Mais la faible cohérence des réactions occidentales face à ces dérives est loin de la pédagogie démocratique affichée officiellement. Les opinions publiques locales ne comprennent pas le double langage trop systématiquement pratiqué par les États-Unis et l'Union européenne qui, tout en critiquant certains abus, sont prompts à appuyer des pouvoirs nationaux corrompus ou autoritaires, fermant les yeux sur leurs pires pratiques comme la répression anti-islamique de masse en Ouzbékistan ou les entraves systématiques à toute opposition en Kirghizstan ou plus récemment en Azerbaïdjan.

En tenant compte des dérives que connaît aujourd'hui la Russie toujours empêtrée dans le conflit tchétchène, on peut s'inquiéter des tensions croissantes apparues dans les derniers États à pratiquer une relative liberté d'opinion et de presse comme l'Ukraine et la Moldavie d'un côté, l'Arménie et la Géorgie de l'autre. L'analyse de la situation politique dans ce dernier pays sera à coup sûr instructive, après l'implication des autorités américaines et quelques ONG internationales comme l'Open Society de Georges Soros ou le Liberty Institute dans les événements qui ont conduit à l'éviction d'Édouard Chévardnadzé. Car si les conseils et aides des programmes occidentaux (TACIS, FMI) ont largement favorisé l'abolition des institutions soviétiques et l'ébauche de nouveaux cadres juridiques, ils peinent à accompagner le cheminement vers de nouvelles pratiques plus conformes aux modèles qu'ils tentent d'insuffler. En négligeant l'impact de la perte de repères lié à l'effondrement des institutions étatiques antérieures, ces « expertises » semblent plutôt concourir à l'apparition des dérives actuelles, semant souvent le doute dans les opinions publiques nationales sur la validité même de ces réformes.

Cette entrée massive d'influences extérieures, qu'elles soient gouvernementales ou non, dans un environnement jusqu'ici confiné, suscite des interrogations et des interprétations diverses. D'un côté, et c'est là un enseignement majeur dont on mesure encore mal toutes les conséquences, en proposant une véritable alternative en terme de partenariat et de zone d'influence, l'Occident a créé une des conditions indispensables à l'affirmation par tous ces États de leur souveraineté, dégagée, au moins potentiellement, de l'influence univoque de Moscou. Sans impliquer une quelconque rupture des liens, cette marge de manœuvre, ouverte y compris pour des alliés traditionnels de la Russie, est un élément clef dans leur négociation de rapports nouveaux avec l'ancienne puissance tutélaire, fondamentale tant sur le plan économique que stratégique. Dans le même temps, l'implication croissante des États-Unis dans les choix stratégiques mais aussi de politique intérieure, de ces pays ne peut qu'inquiéter Moscou même si ces processus s'inscrivent dans une stratégie d'influence mondiale qui dépasse largement ce cadre eurasiatique. On n'ose imaginer les conséquences qu'aurait une telle interférence extérieure dans les affaires d'un voisin des États-Unis, Mexique par exemple.

Moscou est ainsi placée au pied du mur : Vladimir Poutine s'est bien gardé d'affronter directement cet interventionnisme américain au Caucase ou en Asie centrale. Mais ce recul tactique a ses limites. Outre les voix critiques de plus en plus nombreuses en Russie pour reprocher des concessions jugées par trop unilatérales, le choix stratégique de Moscou est certainement de gagner du temps. Temporairement affaiblie, la Russie n'a pas les moyens d'empêcher ces évolutions qui voient son monopole d'influence contesté jusque chez ses voisins immédiats, avec de plus le consentement actif de ces derniers. Mais on ne peut pas nier l'évidence : le plus fort de la crise surmonté, la Russie retrouve peu à peu ses forces et sa volonté d'affirmer ses intérêts nationaux. Et l'on ressent déjà chez tous ses voisins depuis la Baltique jusqu'en Ukraine, de Géorgie en Asie centrale le regain d'intérêt et l'implication croissante de la politique russe sur tous les plans, stratégique, économique ou culturel. Face à la concurrence accrue entre

Washington et Moscou, les autorités russes sauront-elles évoluer dans le sens d'un jeu plus ouvert, débarrassé des instruments traditionnels d'un néo-impérialisme fait de pressions militaires et économiques ? Si l'on en juge par les événements survenus à l'été 2003 dans le détroit de Kertch avec l'Ukraine ou les gesticulations autour des affaires abkhazes et adjares, rien n'est moins sûr. Sous une forme feutrée, l'impérialisme libéral préconisé voici peu par Anatole Tchoubaïs a d'autant plus de quoi inquiéter ses voisins qu'il est énoncé dans une période où des sociétés russes ont repris des positions dominantes dans plusieurs secteurs stratégiques de certains voisins : énergie électrique, distribution de gaz et d'essence, etc…

Et c'est bien là un des défis auxquels vont être confrontés aussi bien les dirigeants russes que ceux de l'Union européenne élargie ou le futur président américain : il ne fait guère de doute que la Russie va recouvrer une grande partie de sa force et prétendre à retrouver son rôle de grande puissance régionale. Comment faire en sorte que ce rétablissement logique ne se fasse pas au détriment de la souveraineté des nouveaux États indépendants ?

Chronologie
Bibliographie

Chronologie

Principaux accords et traités de la CEI

8 décembre 1991 : accords de Minsk créant la CEI (Russie, Biélorussie, Ukraine).

21 décembre 1991 : accords d'Alma-Ata, élargissant la Communauté (Moldavie, Arménie, Azerbaïdjan, Kazakhstan, Kirghizstan, Ouzbékistan, Tadjikistan, Turkménistan). Les onze présidents signataires s'engagent à respecter les traités et accords signés par l'Union soviétique. Création de deux organes exécutifs, le Conseil des chefs d'État et de gouvernement. Accord des quatre puissances nucléaires (Russie, Ukraine, Biélorussie, Kazakhstan) sur l'instauration d'un commandement unique des forces nucléaires stratégiques (créé le 30 décembre 1991 à Minsk).

13 mars 1992 : accords sur le partage de la dette extérieure de l'ex-URSS : l'Ukraine remboursera 16,37 % ; la Russie 61,4 %, les autres républiques se partageant le reste.

20 mars 1992 : création à Kiev d'une force collective de maintien de la paix.

15 mai 1992 : six États sur onze (la Russie, le Kazakhstan, l'Arménie, le Tadjikistan, le Kirghizstan, l'Ouzbékistan) signent à Tachkent un Traité de sécurité collective (La Biélorussie, l'Azerbaïdjan, la Géorgie se joindront en 1992-1993).

7 octobre 1992 : le parlement azéri refuse la ratification de l'adhésion à la CEI.

20 septembre 1993 : adhésion de l'Azerbaïdjan à la CEI et au Traité de sécurité collective.

24 septembre 1993 : à Moscou, signature par neuf États d'un accord-cadre d'union économique (espace économique unique, libre circulation des marchandises, unification des régimes douaniers). L'Ukraine et le Turkménistan sont associés.

23 octobre 1993 : adhésion de la Géorgie à la CEI (le 3 février 1994, adhésion au Traité de sécurité collective).

8 avril 1994 : ratification officielle de l'adhésion de la Moldavie à la CEI.

24 avril 1994 : création du Comité inter-étatique économique, première structure supranationale, siège à Moscou. La Russie détient 50 % des voix, l'Ukraine, quatorze, le Turkménistan s'abstient, le Tadjikistan est observateur.

10 février 1995 : accord sur le Système de défense aérienne unifié à Almaty (dix États sans l'Azerbaïdjan ni la Moldavie)

26 mai 1995 : signature à Minsk par sept pays du Traité de défense commune des frontières extérieures. l'Ouzbékistan, le Turkménistan, l'Azerbaïdjan, la Moldavie et l'Ukraine s'opposent à la présence de gardes russes sur leurs frontières.

16 octobre 1996 : Création d'un ministère des Finances de la CEI par l'Arménie, l'Ukraine, la Russie, la Géorgie, le Kazakhstan, la Moldavie, le Tadjikistan.

23 octobre 1997 : au sommet de Chisinau, critique de la « communauté à géométrie variable » et décision d'engager une réforme en profondeur de la CEI. (le 29 avril

1998, B. Berezovski est nommé secrétaire exécutif de la CEI chargé de préparer ces réformes).

2 avril 1999 : l'Azerbaïdjan, la Géorgie et l'Ouzbékistan décident de sortir du Traité de sécurité collective qui est reconduit le 21 mai par six Etats (Russie, Biélorussie, Kazakhstan, Arménie, Tadjikistan, Kirghizstan).

11 octobre 2000 : décision d'une force d'intervention ou réaction rapide (Russie, Biélorussie, Kazakhstan, Arménie, Tadjikistan, Kirghizstan) dont le premier élément est créé le 25 mai 2001 pour l'Asie centrale (État-major à Bichkek).

Les accords régionaux séparés au sein de la CEI

Avec la Russie

29 mars 1994 : Nazarbaev propose son Union eurasiatique, idée rejetée par Eltsine

6 janvier 1995 : instauration d'une Union douanière entre la Russie et la Biélorussie, rejointes le 20 janvier par le Kazakhstan.

29 mars 1996 : élargissement de l'Union douanière Russie-Biélorussie-Kazakhstan au Kirghiz-stan et signature d'un Traité pour l'approfondissement de la coopération.

2 avril 1996 : création de l'Union des républiques souveraines (SSR), par la Russie et la Biélorussie.

2 avril 1997 : signature du Traité d'Union Russie-Biélorussie et le 23 mai du Statut de l'Union.

26 février 1999 : adhésion du Tadjikistan à l'Union douanière.

10 octobre 2000 : à Astana, l'Union douanière devient la Communauté économique eurasienne ; répartition des droits de vote : Russie 40 %, Biélorussie et Kazakhstan 20 %, Kirghizstan et Tadjikistan 10 %.

Sans la Russie

23 avril 1994 : accord de coopération économique des cinq États d'Asie centrale (le 4 janvier 1993 le sommet de Tachkent envisage le Traité de coopération)

10 janvier 1994 : création par l'Ouzbékistan et le Kazakhstan d'un traité instaurant un espace économique unifié, signé le 30 avril par Kirghizstan ; le 8 juillet 1994 il devient la Communauté économique centre-asiatique (CAEC)

13 octobre 1997 : annonce à Strasbourg (en marge du Conseil de l'Europe) de la création du GUAM, associant la Géorgie, l'Ukraine, l'Azerbaïdjan et la Moldavie.

26 mars 1998 : le Tadjikistan adhère à la Communauté économique centre-asiatique.

23 avril 1999 : au sommet de l'OTAN à Washington, l'Ouzbékistan rejoint le GUAM qui devient GOUAM.

7 juin 2001 : signature à Yalta d'une charte du GOUAM pour organiser les échanges et le transport mais excluant les sphères politiques et militaires.

28 décembre 2001 : le Kazakhstan, la Kirghizie, l'Ouzbékistan et le Tadjikistan décident de transformer la Communauté économique centre-asiatique en Organisation de la coopération centre-asiatique (CACO). Elle deviendra effective le 28 février 2002.

13 juin 2002 : l'Ouzbékistan suspend sa participation au GOUAM.

Principaux accords hors CEI

Avec la Russie

6 mars 1992 : création du Conseil des États de la mer Baltique (10 États dont 3 États baltes et Russie puis 11 avec l'Islande)

25 juin 1992 : création à Istanbul de la Zone de coopération économique de la mer Noire (ZCEMN : onze États dont la Russie, l'Ukraine, la Moldavie, l'Arménie, l'Azerbaïdjan et la Géorgie).

3 décembre 1993 : proposition par l'OTAN du Partenariat pour la Paix (PpP).

22 juin 1994 : la Russie signe le PpP.

24 juin 1994 : accord de partenariat Union européenne-Russie.

8 juillet 1994 : la Russie invitée au G7 de Naples.

25 janvier 1996 : adhésion acceptée de la Russie au Conseil de l'Europe.

26 avril 1996 : traité de sécurité régionale signé à Shanghaï par la Chine, la Russie, le Kazakhstan, le Kirghizstan, le Tadjikistan.

27 mai 1997 : acte fondateur des relations Russie-OTAN, création du Conseil permanent commun (19+1)

23 février 1998 : création de l'Eurorégion Baltija avec les États baltes et la Russie (Kaliningrad).

17 novembre 1998 : adhésion de la Russie au Forum de Coopération économique Asie-Pacifique

25 novembre 1998 : adoption à Bruxelles de la Dimension septentrionale (avec les trois États baltes et la Russie)

15 juin 2001 : l'Ouzbékistan rejoint le traité de Shanghaï qui devient l'Organisation de coopération de Shanghaï.

Mai 2002 : création du Conseil OTAN-Russie à 20 membres qui remplace le Conseil permanent commun.

Sans la Russie

12 mai 1990 : création du Conseil des États baltes (trois républiques baltes).

Novembre 1991 : création de l'Assemblée balte (première session en février 92).

30 novembre 1992 : adhésion de l'Azerbaïdjan, du Kazakhstan, du Kirghizstan, du Turkménistan et de l'Ouzbékistan à l'OCE (Organisation de la coopération économique avec l'Iran, le Pakistan et la Turquie).

1er mai 1992 : création d'une Zone de libre échange des trois États baltes.

26 janvier 1993 : Conseil de défense des pays baltes.

Mai 1993 : Adhésion de la Lituanie (le 11) et de l'Estonie (le 14) au Conseil de l'Europe.

13 septembre 1993 : accord de libre-échange balte et création d'un Conseil baltique des ministres.

1994 : adhésions au Partenariat pour la Paix de la Lituanie (27 janvier) Estonie (3 février) Ukraine (8 février) Lettonie (14 février) Moldavie (16 mars) Géorgie (23 mars) Azerbaïdjan (4 mai) Turkménistan (10 mai) Kazakhstan (27 mai) Kirghizstan (1er juin) Ouzbékistan (13 juillet)

14 juin 1994 : accord de partenariat Union européenne-Ukraine, idem avec Moldavie le 28 novembre, le Kazakhstan le 23 janvier 1995, le Kirghizstan le 9 février 1995, la Biélorussie le 6 mars 1995, l'Arménie, l'Azerbaïdjan et la Géorgie le 22 avril 1996, l'Ouzbékistan 21 juin 1996.

18 juillet 1994 : accords de libre-échange Union européenne-États baltes.

31 janvier 1995 : la Lettonie adhère au Conseil de l'Europe.
8 février 1995 : lancement du Bataillon balte.
12 juin 1995 : accords d'association Union européenne-troisÉtats baltes.
26 septembre 1995 : l'Ukraine adhère au Conseil de l'Europe.
10 juillet 1995 : la Moldavie adhère au Conseil de l'Europe.
Octobre-novembre 1995 : début de procédure d'adhésion des États baltes à l'Union européenne.
7 juin 1996 : l'Ukraine participe au sommet du Conseil de l'initiative centre-européenne.
29 mai 1997 : charte de partenariat Ukraine-OTAN (officialisée le 9 juillet).
31 mars 1998 : lancement des négociations d'adhésion de l'Estonie.
9 septembre 1998 : sommet TRACECA à Bakou avec 32 États dont la Moldavie, l'Ukraine, trois du sud Caucase et cinq d'Asie centrale.
22 janvier 1999 : Création d'une force conjointe de maintien de la paix par l'Ukraine, l'Azerbaïdjan et la Géorgie.
27 avril 1999 : admission de la Géorgie au Conseil de l'Europe.
15 février 2000 : lancement des négociations d'adhésion de l'Union européenne avec la Lettonie et la Lituanie.
25 janvier 2001 : admissions de l'Arménie et de l'Azerbaïdjan au Conseil de l'Europe.
29 mars 2004 : Entrée des trois États baltes dans l'OTAN.
1er mai 2004 : Entrée des trois États baltes dans l'Union européenne.

Bibliographie

Généralités

BERELOWITCH A., RADVANYI J., *Les 100 portes de la Russie*, Paris, Éd. de l'Atelier, 1999.

BREMMER I., TARAS R. (éd), *New States, New Politics*, Cambridge University Press, 1997.

COLAS D. (éd), *L'Europe post-communiste*, Paris, PUF, 2002.

COPPIETERS B. et al. (éd), *Commonwealth and Independance in Post-soviet Eurasia*, Londres, Frank Cass, 1998.

DRESSLER W. (éd.), *Le second Printemps des nations*, Bruxelles, Bruylant, 1999.

« La Russie et les autres pays de la CEI 2003 », *Courrier des Pays de l'Est*, 2004.

LEWIN M., *Le siècle soviétique*, Fayard, *Le Monde Diplomatique*, 2003.

MOTYL A., *The Decay, Collapse and Revival of Empires*, New York, Columbia University Press, 2002.

On consultera avec profit les deux principales revues portant sur cette zone publiées en français : le *Courrier des Pays de l'Est* (CPE, La Documentation française) et la *Revue d'études comparatives Est-Ouest* (RECEO, CNRS) ainsi que les *Cahiers d'études sur la méditerranée orientale et le monde turco-iranien* (CEMOTI). En anglais l'UNDP (United Nation Development Program) publie les (*Human Developement Report*) voir aussi les *Country Report* de The Economist Intelligence Unit.

Les États baltes

CHAMPONNOIS S., DE LABRIOLLE F., *L'Estonie*, Paris, Karthala, 1997.

CHAMPONNOIS S., DE LABRIOLLE F., *La Lettonie*, Paris, Karthala, 1999.

CHAMPONNOIS S., DE LABRIOLLE F., *Dictionnaire historique de la Lettonie*, Armeline, Crozon, 2003, 329 p.

CHAMPONNOIS S., DE LABRIOLLE F., *Dictionnaire historique de la Lituanie*, Crozon, Armeline, 2001.

CLEMENS W, *The Baltic Transformed. Complexy Theory and European Security*, Lanham, Rowman & Littlefield, 2001.

ECKENCRANTZ J., FEIGELSON K. (dir.), « Intellectuels, médias et médiations autour de la Baltique », Questions de communication, presses universitaires de Nancy, n° 6, octobre 2004.

JACOB A., *Les pays baltes. Indépendance et Intégrations*, Ed. Alvik, Paris, 2004, 335 p.

HANSEN B., HEURLIN B., *The Baltic States in World Politics*, Richmond, Curzon, 1998.

LAURISTIN M., HEIDMETS M., « The Challenge of the Russian Minority Emerging Multicultural Democracy in Estonia », Tartu University Press, 2002.

LIEVEN A., *The Baltic Revolution*, New Haven, Yale University Press,1994.

NIES S., *Stratégies et sécurité en région balte après le retour aux indépendaces (1991-2004)*, l'Harmattan, Paris, 2004, 196 p.

Plasseraud Y., *Les États baltiques – Les sociétés gigognes*, Armeline, Crozon, 2003, 435 p.
Vihalemm P., *Baltic Media in Transition*, Tartu University Press, 2002.

Les États du Sud-Ouest

Cazacu M., Trifon N., « La Moldavie ex-soviétique, histoire et enjeux actuels », *Cahiers d'Iztok*, Paris, 2/3 Akratie,1993.
Chevtchenko J., *Ukraine, bibliographie des ouvrages en français* xviie-xxe *siècles*, Pub. de l'Est parisien, 2000.
Dima N., *From Moldavia to Moldova, the Soviet-Romanian Territorial Dispute*, New York, Columbia University Press, 1991.
Drweski B., *La Biélorussie*, Paris, PUF, coll. « Que Sais-Je ? », 1993.
De Tinguy A., (éd.), *L'Ukraine, nouvel acteur du jeu international*, Bruxelles, Bruylant, 2001.
Goujon A., Lallemand J.-C., Symaniec V., *Chroniques sur la Biélorussie contemporaine*, Paris, L'Harmattan, 2001.
Harasymiv B., *Post Communist Ukraine*, Toronto, Canadian Institute of Ukrainian Studies Press, 2002.
Kappeler A., *Petite histoire de l'Ukraine*, Paris, Institut d'études slaves, 1997.
King C., *The Moldovans*, Stanford, Hoover Institutions Press, 1999.
Lewis A. (éd), T*he E.U. and Ukraine : Neignbours, Friends, Partners ?*, London, Kogan Ltd.
Marples D., *Belarus. A Denationalized Nation*, Amsterdam, Harwood University Press, 1999.
Morooney J., Kuzio T., Molchanov M, (éds), *Ukrainian Foreign Policy. Theroritical and Comparative Perspectives*, Westport, Praeger.
Richard Y., *La Biélorussie, Une géographie historique*, Paris, l'Harmattan, 2002.
Ruzé A., *La Moldova entre la Roumanie et la Russie de Pierre le Grand à Boris Eltsine*, L'Harmattan, Paris, 1997.

La Fédération de Russie

Berelowitch A., Wieviorka M., *Les Russes d'en bas*, Paris, Le Seuil, 1996.
Bréaut Y. et al, *La Russie et son ex-empire*, Paris, Presses de Science Po, 2003.
Brown A., Shevtsova L. (ed.), *Gorbachev, Eltsin and Putin Political Leadership in Russia's Transition*, Carnegie Endowment, 2001.
Comité Tchétchénie, *Tchétchénie, 10 clefs pour comprendre*, Paris, La Découverte 2003.
Eckert D. et Kolossov V., *La Russie*, Flammarion, 1999.
Glucksmann A., Longuet Marx, F. *et al.*, *Tchétchénie, la guerre jusqu'au dernier*, Paris, Mille et une nuits, 2003
Hanson P., Bradshaw M., *Regional Economic Change in Russia*, Cheltenham, Edward Elgar, 2000.
Lacoste Y. (réd), « La Russie, dix ans après », *Hérodote*, n° 104, 2002.
Lesage M. (réd), *Les institutions de la Russie*, Paris, La Documentation Française, 1998.
Mc Faul M., *Russia's unfinished Revolution, Political Change from Gorbachev to Putin*, Cornell Univ. Press, 2001.
Mendras M. (réd), *Russie, le gouvernement des provinces*, Genève, CRES, 1997.
Radvanyi J., *La Nouvelle Russie*, Paris, Armand Colin, 2004.
Sapir J., *Le krach russe*, Paris, La Découverte, 1998.
Shevtsova L., *Eltsin's Russia*, Carnegie Endowment, 2000.

SOKOLOFF G., *Métamorphose de la Russie*, Paris, Fayard, 2003.
VICHNIEVSKI A., *La Faucille et le Rouble*, Paris, Gallimard, 2000.

Les États du Caucase

ALTSTADT, A. L., *The Azerbaijani Turks*, Stanford, Hoover Institution Press, 1992.
ARDILLIER-CARRAS F., BALABANIAN O., *L'Arménie, avant-poste chrétien dans le Caucase*, Paris, Glénat, 2003.
AVTORKHANOV A., BENNIGSEN BROXUP M. (éd.), *The North Caucasus Barrier*, Londres, Hurst, 1992.
BEROUTCHACHVILI N.,RADVANYI J., *Atlas géopolitique du Caucase*, Paris, INALCO, 1998.
CAHIERS DE CHAILLOT, n° 65, *Le Sud Caucase, un défi pour l'Union européenne*, Institut d'études de sécurité, Paris, 2003.
CHUFRIN G. (éd), *The security of the Caspian Sea Region*, Oxford University Press, 2001.
CONSTANT A., *L'Azerbaïdjan*, Paris, Kartala, 2002.
COPPIETERS B., *Contested borders in the Caucasus*, VUB Press, 1996.
DJALILI (éd), *Le Caucase postsoviétique : la transition dans le conflit*, Bruxelles, Bruylant,1995.
GACHECHILADZE R., *Georgia, Space, Society, Politics*, Londres, UCL, 1995.
GORDADZE T., MOURADIAN C., « États et nations en Transcaucasie », *Problèmes politiques et sociaux*, n° 827, Paris, La Documentation française, 1999.
HELLY D., « Le paysage politique du nouvel Azerbaïdjan indépendant », *Cahiers d'études sur la Méditerranée orientale et le monde turco-iranien (CEMOTI)*, 1998, n° 26.
Herzig E., *The New Caucasus: Armenia, Azerbaijan and Georgia*, Londres, Pinter, 1999.
LIBARIDIAN G., *Modern Armenia*, Londres, Transaction publishers, 2004.
LIBARIDIAN G., *La construction de l'Etat en Arménie*, Paris, Karthala, 2001.
LONGUET-MARX F. (éd), *Caucase : axes anciens, nouveaux enjeux*, Genève, CRES, 1998.
MOURADIAN C., *L'Arménie*, Paris, PUF, coll. « Que-Sais-Je ? », n° 851, 2002 (3e éd.).
MUTAFIAN C., Van Lauwe E., *Atlas historique de l'Arménie*, Paris, Autrement, 2001.
SARIAN A., *L'Arménie, un marché ?*, Paris, CFCE, 1999 (2e éd.).
SIECA E. et TOUMARKINE A., *Géopolitique de la mer Noire*, Paris, Karthala, 2000.
« Les slaves et le Caucase », SLOVO, n° 18, Paris, INALCO.
SUNY, R., *The Making of the Georgian Nation et Transcaucasia : Nationalism and Social Change*, University of Michigan Press, 1983.
TÜTÜNCÜ M., *Caucasus : War and Peace*, Harlem, 1998.
VANER S.(éd.), « La Caspienne, une nouvelle frontière », *Cahiers d'études sur la Méditerranée orientale et le monde turco-iranien (CEMOTI)*, n° 23,1997.

Les États d'Asie centrale

AKINER S., *Tajikistan, Desintegration or Reconciliation ?*, London, Royal Institut of International Affairs, 2001.
BOFINGER P., FLASSBECK H., HOFFMANN L., STEINHERR A., *Kazakstan 1993-2000*, Heidelberg, Physica, 2001.
DJALILI, M-R, KELLNER, T., *Géopolitique de la nouvelle Asie centrale*, Paris, PUF, 2001.
DRESSLER W., « La reconstruction des rapports russo-kazakhs depuis 1991 ou les aléas de l'utopie eurasiatique », *Asie centrale*, Cahiers du CFCE, mai 1998.
FALKINGHAM J., « Welfare in Transition: Trends in Poverty and Well-being in Central Asia », Londres, *CASE Paper*, février 1999.
LACOSTE Y. (réd), *Le Cercle de Samarcande, Hérodote*, n° 84, 1997.
MOHABATOV K., *Tajikistan*, Paris, Ed. Kharavan, 1999.

Petric, B-M., *Pouvoir, dons et réseaux en Ouzbékistan postsoviétique*, Paris, PUF, 2002.
Poujol, C (éd.)., *Dictionnaire de l'Asie centrale*, Paris, Ellipses, 2001.
Poujol C., *Le Kazakhstan*, Paris, PUF, 2000.
Peyrouse S., *Des chrétiens entre athéisme et Islam, regards sur la question religieuse en Asie centrale*, Paris, Maisonneuve et Larose, 2003.
Raballand G., *Un marché : Kirghizstan*, Paris, Les éditions du CFCE, 1998.
Roy O., *La nouvelle Asie centrale, la fabrication des nations*, Paris, Le Seuil, 1998
Roy O., *L'Islam mondialisé*, Paris, Seuil, 2002.
Ruffin H., Waugh D., *Civil Society in Central Asia*, John Hopkins University, 2000.
Vinatier L., *L'islamisme en Asie centrale*, Paris, Armand Colin, coll. « L'Histoire au présent », 2002.

Liste des sigles
Table des cartes
Table des matières
Index

Liste des sigles

AIOC : Azerbaïdjan International Operating Company

APEC : Asia-Pacific Economic Cooperation

BERD : Banque européenne pour la reconstruction et le développement

BP : British Petroleum

CEI : Communauté des États indépendants

CMI (en russe **VPK**) : Complexe militaro industriel

COCONA : Conseil de coopération nord-atlantique

FMI : Fond monétaire international

FSB (ex **KGB**) : sigle russe du Service fédéral de la sécurité d'État

GUAM : acronyme des membres (Géorgie, Ukraine, Azerbaïdjan et Moldavie)

HCR : Haut Commissariat aux réfugiés

ICE : Initiative centre-européenne

IDE : Investissements directs étrangers

IDH : Indicateur de développement humain

NEI : Nouveaux États indépendants

OCE : Organisation de la coopération économique (avec Iran, Turquie, Pakistan)

OMC : Organisation mondiale du commerce

ONU : Organisation des Nations unies

OSCE : Organisation pour la sécurité et la coopération en Europe

OTAN : Organisation du traité de l'Atlantique Nord

PC (**PCUS**) : Parti communiste (Parti communiste de l'Union soviétique)

PIB : Produit intérieur brut

PME : Petites et moyennes entreprises

PpP : programme « Partenariat pour la Paix » de l'OTAN

PRI : Parti de la renaissance islamique

RSFSR : République socialiste fédérative soviétique de Russie

TACIS : Technical Assistance for the Community of Independant States

TRACECA : Transport Corridor Europe Caucasus Asia

UE : Union européenne

UEO : Union de l'Europe occidentale

URSS : Union des Républiques socialistes soviétiques

ZCEMN : Zone de coopération économique de la mer Noire

Table des cartes

Les États baltes : page 14
– L'Estonie : page 16
– La Lettonie : page 28
– La Lituanie : page 40

Les États du Sud-Ouest : page 52
– La Moldavie : page 54
– L'Ukraine : page 66
– La Biélorussie : page 80

La Fédération de Russie : pages 94-95

Les États du Caucase : page 110
– L'Arménie : page 112
– L'Azerbaïdjan : page 124
– La Géorgie : page 136

Les États d'Asie centrale : pages 150-151
– Le Kazakhstan : page 152
– Le Kirghizstan : page 164
– L'Ouzbékistan : page 176
– Le Tadjikistan : page 188
– Le Turkménistan : page 200

Table des matières

INTRODUCTION **L'ex-URSS comme champ de forces** 7

Gérard Wild

PREMIÈRE PARTIE **Les États baltes**

Céline Bayou, Matthieu Chillaud, Kristian Feigelson, Emmanuel Mathias, Arnaud Serry

L'Estonie **16**

Une identité singulière et volontariste 18

Vers un modèle de démocratie nordique 20

Un succès économique fondé sur l'adoption de principes libéraux 22

À la recherche d'une sécurité globale 25

La Lettonie **28**

Une affirmation identitaire crispée 30

Une transformation politique radicale 32

Les ambiguïtés de réformes économiques globalement réussies 34

Une intégration résolue dans le système stratégique européen 37

La Lituanie **40**

Une nation ancienne tournée vers le futur 42

Envie de démocratie et besoin d'État 44

Les aléas de la recherche d'un équilibre socioéconomique 46

Faire face au syndrome de l'encerclement 49

DEUXIÈME PARTIE **Les États du Sud-Ouest**

La Moldavie **54**

Hervé Dupouy

Moldave ou roumaine, une identité nationale déchirée 56

Un État à consolider 58

Une économie entre innovation et héritages du passé 61

Une voie moldave entre Roumanie et Russie ? 64

L'Ukraine **66**

Bruno Drweski, Vitaly Denysyuk, Charles Urjewicz, Gérard Wild

Une souveraineté finalement assumée 68

Une lente évolution des conceptions politiques et étatiques 71

Une irrésolution économique lente à surmonter 73

Entre Occident et Russie, un choix délicat 76

La Biélorussie **80**

Bruno Drweski, Vitaly Denysyuk, Charles Urjewicz, Gérard Wild

Une identité équivoque 82

Un présidentialisme autoritaire et populiste 85

Une trajectoire économique atypique 87

Les limites du choix stratégique pro-russe 90

TROISIÈME PARTIE **La Fédération de Russie**

Jean Radvanyi, Gérard Wild, Françoise Daucé, Jean-Robert Raviot

Une identité postimpériale à construire 97

Une voie autoritaire vers la démocratie ? 100

Économie : vers une consolidation durable ? 102

Consolider un espace géostratégique contesté 106

QUATRIÈME PARTIE **Les États du Caucase**

L'Arménie **112**

Claire Mouradian, Armand Sarian

Un pays assiégé ? 114

Un « bon élève » des réformes aux résultats moyens 116

Une transition économique soumise à de fortes contraintes 118

Une politique de sécurité du « moindre mal » 121

L'Azerbaïdjan **124**

Damien Helly

Une identité azerbaïdjanaise en construction 126

Entre ouverture et stabilité : un présidentialisme contesté 127

Le « nouveau Koweït » mis en doute 130

Entre ambitions internationales et frustrations géopolitiques 132

La Géorgie **136**

Silvia Serrano, Michèle Kahn, Jean Radvanyi

Une identité fragile, entre mythes et réalités 138

Une démocratie naissante sous l'emprise des clans 140

Du « pays de cocagne » au chaos économique 142

Sécurité nationale : entre Moscou et Washington ? 145

CINQUIÈME PARTIE **Les États d'Asie centrale**

Le Kazakhstan **152**

Wanda Dressler, Marlène Laruelle, Isabelle Ohayon, Catherine Poujol, Gaël Raballand, Julien Thorez

Un difficile consensus pour construire son identité étatique 154

La présidentialisation du système politique 157

Le « Léopard des neiges » de l'Asie centrale, mythe et réalité 158

La vocation à devenir le « pont entre Orient et Occident » 161

Le Kirghizstan **164**

Raphaëlle Mathey, Boris-Mathieu Pétric, Gaël Raballand, Julien Thorez

Une indépendance acquise sans mouvement national 166

Les limites d'un « modèle démocratique » centre-asiatique 168

Les multiples dépendances de l'économie kirghize 170

La difficile définition d'une politique extérieure crédible 173

L'Ouzbékistan **176**

Catherine Poujol, Gaël Raballand, Raphaelle Mathey

Une identité plurielle pour une consolidation singulière 178

Transition politique : du régime soviétique au régime ouzbek 179

L'économie au service de la stabilité sociale 182

La politique étrangère au service de la stabilité interne 185

Le Tadjikistan **188**

Habiba Fathi

Un pays en quête d'identité nationale 190

Vers la normalisation ? 193

La difficile consolidation socioéconomique 195

Un nœud stratégique sous contrôle extérieur 197

Le Turkménistan **200**

Catherine Poujol, Irène Kamenka, Raphaëlle Mathey, Gaël Raballand

L'identité turkmène après douze ans de pouvoir du Turkmenbachi 202

Le pays du décideur unique 203

Le « modèle économique turkmène » : dirigisme et opacité 206

La doctrine turkmène de la neutralité 208

Conclusion **213**

Jean Radvanyi

ANNEXES

Chronologie **221**

Jean Radvanyi

Principaux accords et traités de la CEI 221

Les accords régionaux séparés au sein de la CEI 222

Principaux accords hors CEI 223

Bibliographie **225**

TABLES ET INDEX

Liste des sigles **231**

Table des cartes **233**

Index **238**

Index des principaux noms de personnes et d'organismes

A

Abachidze, Aslan, 140, 142
Abdoulajanov, Abdoumalik, 192
Adamkus, Valdas, 51
Aga Khan, Fondation, 196
Agzybirlik, 203, 205
Akaev, Askar, 167 et suiv., 174
Akilov, Akil, 192
Aliev, Heydar, 127 et suiv., 132, 135, 169
Aliev, Ilham, 121, 127 et suiv.
APEC, 96
Assemblée des Peuples, 154
Atovulloyev, Dodojon, 194, 199
Azerbaïdjan International Operating Company (AIOC), 131

B

Beknazarov, Azimbek, 169
Ben Laden, Oussama, 190
Berdiev, Batyr, 204
Berezovski, Boris, 101
Birlik, 181
Brejnev, Léonid, 138

C

Charte américano-balte, 27, 37, 49
Chevardnadze, Édouard, 139 et suiv., 145 et suiv.
Chikhmouradov, Boris, 204
COCONA (Conseil de coopération nord-atlantique), 81, 96
Comité Karabagh, 116 et suiv., 122
Communauté économique eurasienne, 161, 197, 198
Communauté économique centre-asiatique, 162
Communauté des États indépendants (CEI), 34, 36, 48
Conférence sur l'interaction et les mesures de confiance en Asie (CIMCA), 163
Conseil Russie-OTAN (ou Conseil à 20), 27, 38, 51, 109
Conseil balte, 13, 26, 96
Conseil de l'Europe, 45, 57, 116, 127
Conseil d'État, 101
Conseil de la Fédération, 101
Cour européenne des droits de l'homme, 34

D

Dachnaktsoutioun, 117 et suiv.
Démirdjan (Karen), 117
Dimension septentrionale, 50

E

Eltsine, Boris, 21, 58, 101 et suiv., 107 et suiv.
Erk, 181 et suiv.

F

Flotte de la mer Baltique, 50
Fonds monétaire international (FMI), 35, 119, 142, 172, 183, 203
Front populaire
letton, 34
azéri, 129

G

Gamsakhourdia, Zviad, 138 et suiv.
Garaev, Khochali, 205
Gorbatchev, Mikhail, 8, 102, 107
Gousinski, Vladimir, 101
Groupe de Minsk, 121
GUAM, 13, 65, 76, 78, 107, 134, 144, 185, 198
Groupe de Shanghaï *voir* Organisation de coopération de Shanghaï

H

Hanamov, Nourmoukhamed, 204
Hizb-ut-Tahrîr (Parti de la Libération), 181, 190

I – J

Initiative Centre-européenne, 55, 81
Ilves, Toomas Hendrik, 20
Iouchtchenko,Victor, 72
Ivanov, Sergueï, 108
Jalalov, Abdulhafiz, 180
Jirinovski, Vladimir, 102

K

Kajegueldine, Akejan, 157 et suiv.
Kallas (Siim), 20
Karimov, Islam, 179 et suiv., 192
Karékine Ier, 115
KFOR, 26, 49
Khodorkovski (Mikhail), 101, 105
Khoudaberdiev, Makhmoud, 192
Kotcharian, Robert, 117, 121
Koulov, Felix, 169
Kourbanov, Pirdjan, 204
Kvachnine, Anatoli, 108
Koutchma, Léonid, 72, 77

L – M

Loukatchenko, Alexandre, 82 et suiv., 88 et suiv.
Lublin, traité de, 43
Markarian, Antranik, 117
Masaliev, Absamat, 167
Masaliev, Ichkhak, 175
Massoud, Akhmed Chakh, 198 et suiv.
Meri, Lennart, 21
Molotov-Ribbentrop (traité), 57
Moutalibov, Ayaz, 129
Mouvement islamique d'Ouzbékistan (MIO), 181, 190 et suiv., 199
Mouvement national arménien (MNA), 116 et suiv.

N

Namangani, Djouma, 181, 193, 199
Nazarbaev, Noursoultan, 154, 158, 162, 198
Nazarbaeva, Dariga, 158
Niazov, Saparmourad, 202 et suiv., 209 et suiv.
Nouri, Saïd, 199
Nourmamedov, Nourberdi, 205

O

OMC, 47, 65, 77, 105, 122
Opposition islamique unifiée (OIU), 190, 193, 195, 199
Orazov, Khoudaïberdy, 204
Organisation de la conférence islamique (OCI), 134, 175, 190
Organisation de coopération économique (ECO), 175
Organisation de coopération de Shanghaï, 107, 162, 174, 185, 198, 211
Organisation mondiale du commerce, 171
OSCE, 19, 22, 31, 34, 64, 121, 133, 146, 175, 180, 190, 211
OTAN, 25 et suiv., 30 et suiv., 43 et suiv., 133

P

Pacte de Sécurité collective *voir* Traité
Pacte de stabilité pour l'Europe du Sud-Est, 65
Pacte de Varsovie, 107
Partenariat pour la Paix (PpP), 27, 37, 50, 67, 81, 162, 175, 185
Parti communiste, 59, 157, 168, 194, 202
Parti de la renaissance islamique (PRI), 181, 190, 193 et suiv.
Paskas (Rolandas), 45
Patiachvili (Djoumbar), 142
Patriarcat de Moscou, 57, 68, 82, 97

Poutine, Vladimir, 38, 51, 58, 97, 100 et suiv., 106 et suiv., 162
Primakov, E., 106

R

Rahmonov Emomali, 190 et suiv.
Rastokhez, 194
Roukh, 70
Rouzimouradov, Yousouf, 182
Rüütel, Arnold, 21

S

Saakachvili (Mikhail), 138 et suiv.
Sarkissian, Serge, 117
Sarkissian, Vazken, 117
Sergueiev, Igor, 108
Sèvres, traité de, 115
SFOR, 26
Smirnov, Igor, 58
Snegur, Mircea, 56
Solikh, Mokhammed, 181
Staline, Joseph, 57, 138, 140

T

Tamerlan, 178
Tangrykouliev, Pirimkouli, 205
Tarlev, Vasile, 59 et suiv.
Tartu, traité de, 19
Ter Petrossian, Levon, 117 et suiv., 123
TRACECA, 144
Touradjonzade, Akbar, 199
Traité de sécurité collective, 107, 122, 146, 162, 174, 186
Turkmenbachi *voir* Niazov, Saparmourad

U – V

Union douanière centre-asiatique, 157, 198
Union économique eurasienne, 13, 78, 85, 107
Union européenne (UE), 19 et suiv., 21, 30 et suiv., 36, 43 et suiv., 47 et suiv., 64
Union de l'Europe occidentale (UEO), 27
Union régionale eurasienne, 154, 161
Union Russie-Biélorussie, 13, 65, 81, 107
Vike-Freiberga, Vaira, 31, 32
Voronine, Vladimir, 57 et suiv., 64

Y – Z

Yeni Azerbaijan Partiyasi (YAP), 128 et suiv.
Youldachev, Tahir, 181, 199
Zone de coopération économique de la mer Noire (ZCEMN), 13, 65, 122, 134

N° d'éditeur : 10113856 - NC - D.L : juin 2004
Imprimé en France par EMD S.A - 53110 Lassay-les-Châteaux - N° 12168